ARCHE

IMBI NEEME

Die Wahrheit und andere Erinnerungen

ROMAN

Aus dem australischen Englisch
von Andrea O'Brien

ARCHE

Die Originalausgabe erschien 2020 unter dem Titel
The Spill bei Penguin Random House Australia Pty Ltd.

MIX
Papier aus verantwortungsvollen Quellen
FSC® C083411

ISBN 978-3-7160-2803-2

Deutsche Erstausgabe
1. Auflage 2022

Rechtevermittlung: Michael Meller Literary Agency
Lektorat: Nina Hübner
Gesetzt aus der Utopia Std
Satz: Greiner & Reichel, Köln
Druck und Bindung: CPI books GmbH, Leck
Printed in Germany

www.arche-verlag.com
Facebook: ArcheVerlag
Instagram: arche_verlag

FÜR MEINE SCHWESTERN

NACH DEM UNFALL

1982

Die beiden Mädchen warteten auf der Veranda vor dem Bruce Rock Pub auf ihre Mutter, doch an diesem heißen Spätnachmittag brachte ihnen selbst der Schatten keine Erleichterung. Um sich die Zeit zu vertreiben, ließen sie die Beine baumeln und wirbelten dabei heiße Luft und roten Staub auf, während unter ihnen einige hechelnde Hunde auf ihre Besitzer warteten.

Drinnen trank Tina, die Mutter der Mädchen, mit den Stammgästen um die Wette. Ein starker Drink war jetzt genau die richtige Medizin, um den Schrecken des Unfalls und den ganzen Mist davor zu vergessen. Die anderen Gäste fanden es amüsant, dass eine Dame aus der Stadt ganz selbstverständlich am Tresen ihrer Kaschemme saß und mitsoff, als würde sie dazugehören.

»Mein verdammter Mann kommt jetzt den ganzen verdammten Weg aus Perth angefahren«, erzählte sie, »nur wegen dem verdammten Unfall.«

Einer der Alten hob sein Glas. »Auf den verdammten Unfall!«, grölte er.

»Auf den verdammten Unfall!«, stimmten die anderen ein und hoben ihre Gläser.

Lachend prostete Tina ihnen zu, als wäre der Unfall ein Anlass zum Feiern.

Hin und wieder brachte der Wirt den Mädchen Limonade

nach draußen, die allerdings wässrig schmeckte, weil die Eiswürfel so schnell schmolzen. Beim dritten Mal kam Tina mit raus und drückte ihnen eine Tüte Samboys Salt and Vinegar in die Hände.

Als Samantha, das jüngere Mädchen, ihre Mutter sah, sprang sie schnell auf die Füße. »Kommt Daddy?«, fragte sie, aber Tina hörte nicht zu. Ihre Aufmerksamkeit galt dem Wirt.

»Ist es nicht *wunderbar*, wie Bevan sich um uns kümmert?«, lallte sie.

»Evan«, korrigierte der Wirt.

»Evan. Was sagt man, Mädchen?«

Die beiden dankten dem Wirt, eine nannte ihn Bevan, die andere Evan.

Evan/Bevan nickte kurz und verschwand wieder in der Bar. Tina wollte ihm folgen, aber Samantha hielt sie fest.

»Mum?« Die Frage nach ihrem Vater hing noch in der Luft.

Tina seufzte und wand sich sanft aus ihrem Griff. »Ja, Sammy. Euer Vater ist auf dem Weg ... keine Ahnung, was *das* bringen soll.«

Als sie die Tür zur Bar aufschob, brach drinnen Jubelgeschrei aus.

»Glaubst du, er ist bald hier?«, fragte Samantha ihre Schwester.

»Klar.« Weil sie älter war, fühlte Nicole sich verpflichtet, mit einer Sicherheit zu antworten, die sie nicht empfand.

»Wieso ist das Auto einfach umgekippt?«

»Ich glaube, Mum ist zu schnell in die Kurve gefahren.«

»Hast du ihr gesagt, dass sie sich beeilen soll?«

»Blödsinn!«, rief Nicole wütend. »Wieso sollte ich?«

»Weil du dein *Young Talent Time* nicht verpassen wolltest.«

Nicole verzog das Gesicht. »Erzähl doch keinen Quatsch.«

Dann baumelten sie wieder mit den Beinen. Der blaue Fleck auf Samanthas Oberschenkel, direkt über dem Knie, war bereits angeschwollen.

»Der wird bestimmt schön bunt«, sagte sie zufrieden. »Den zeige ich am Montag allen in der Schule.«

Nicole konzentrierte sich immer noch auf ihre finstere Miene, als Samantha den Verband über dem linken Auge ihrer Schwester berührte. »Tut's weh?«

Nicole zuckte die Achseln. »Bisschen.«

»Aber dein Schnitt ist nicht so groß wie mein Fleck«, behauptete Samantha, und dann bemerkte sie die Wölbung in der Brusttasche von Nicoles Kleid. »Hey, was hast du da drin?«, fragte sie.

»Nichts«, sagte Nicole, aber ihr Ton verriet sie.

»Ein Lolli! Unfair!«, rief Samantha. »Wieso hast du so einen und ich nicht?«

»Weil sie mich genäht haben.«

Nach dem Unfall hatten ein paar Leute angehalten, sie in Decken gewickelt und hinten in ihrem Kombi ins Bruce Rock Memorial Hospital gebracht. Zwei Stunden lang hatten sie zusammen mit einigen verletzten Samstagmorgensportlern in der Notaufnahme gewartet, aber am Ende brauchte nur Nicole medizinische Hilfe. Danach hatte ihr die Schwester einen Lolli für ihre Tapferkeit hingehalten, und Nicole hatte ihn genommen, obwohl sie jetzt schon in der Siebten und damit viel zu alt war für Lollis.

»Mein Fleck ist größer, aber ich hab nichts gekriegt«, jammerte Samantha. »Komm, wir teilen ihn uns. Wir lutschen nacheinander, okay?«

»Wäh! Eklig!«

Samantha versuchte, ihr den Lolli aus der Tasche zu ziehen. »Gib her! Du willst ihn doch sowieso nicht.« Ihre Stimme wurde immer schriller, wie ein Wasserkessel kurz vorm Kochen.

Nicole seufzte, rückte den Lolli aber raus. Wenn ihre Schwester so anfing, gab man besser nach. Zufrieden schob Samantha den ergatterten Schatz in die Tasche ihres Kleids. Dann ließ sie wieder die Beine baumeln, als wäre nichts geschehen.

»Wo ist eure Mutter?«

Das war Craigs erste Frage, noch bevor er seine Töchter begrüßte oder sich erkundigte, ob sie verletzt waren.

Nicole nickte in Richtung Bar. »Da drin.«

»War sie davor auch schon hier?«

»Wovor?«

»Vor dem Unfall.«

Der war zwar erst ein paar Stunden her, aber es fühlte sich wie eine Ewigkeit an, seit ihr Wagen von der Straße abgekommen war. Alles, was davor gewesen war, selbst die kalte Toastscheibe beim Frühstück im Motel, war jetzt schon so weit weg, so fremd, als wäre das alles gar nicht ihnen passiert, sondern zwei anderen Mädchen und deren Mutter.

Nicole kratzte sich am Kopf. »Ich hab sie mit einer …«, setzte sie an, beendete den Satz aber nicht. »Nein, sie hat nichts getrunken.«

»Sicher?«

»Wir sind zu schnell gefahren«, sagte Samantha.

»Sind wir nicht«, zischte Nicole.

»Hast du gesagt!«

»Gar nicht.«

»Mädchen!«, rief Craig. Er streckte die Hand aus und berührte sanft Nicoles Gesicht, die Stelle über dem Verband. Sein Ärger schmolz wie Butter in der Sonne. »War's schlimm, Nic?«

»Nee. Sieben Stiche hab ich gekriegt, hat aber nicht wehgetan. Nicht doll.«

»Hast du vorn gesessen?«

»Nein, ich!«, rief Samantha dazwischen. »Hab Nicole überredet.«

»Gar nicht! Mum hat gesagt, wir sollen Plätze tauschen.«

»Hat sie nicht!«

»Egal«, sagte Craig, je eine Hand auf den Schultern seiner Töchter. »Wichtig ist nur, dass Sammy vorn war. Sie ist zu jung, um ohne Gurt hinten zu sitzen.«

»Ich hab einen blauen Fleck am Bein«, fuhr Samantha eifrig fort, um ihren großen Auftritt auszukosten. Sie hob das Kleid und präsentierte ihren Oberschenkel. »Der wird bestimmt schön bunt. Und ich hab einen Lolli gekriegt!«

Samantha mied Nicoles Blick.

»Das hast du dir verdient«, sagte Craig. »So, jetzt wartet ihr beiden schön hier, ich hole eure Mutter, und dann fahren wir heim.«

»Aber was ist mit Mums Auto?«, fragte Nicole. »Und unseren Sachen?«

»Alles schon erledigt«, versicherte Craig. »Das war der leichte Teil.«

Als Craig die Bar betrat, kreischte Tina los.

»Das ist mein verdammter Mann aus dem verdammten Perth!«

»Auf den verdammten Mann aus dem verdammten Perth!«, riefen die Gäste und hoben ihre Gläser.

Craig ignorierte die feuchtfröhliche Begrüßung und trat direkt auf seine Frau zu. »Abmarsch!«

»Verpiss dich!«, sagte Tina. »Ich bin beschäftigt.« Ein BH-Träger war ihr den Arm heruntergerutscht und hing dort wie eine Flagge auf halbmast.

Craig packte sie am Ellbogen und bugsierte sie unter dem Johlen und den Pfiffen der anderen Gäste zur Tür hinaus.

»Du tust mir weh«, keifte Tina, als sie auf die Veranda kamen, aber dann lachte sie drauflos.

»Du tust Mum weh!« Nicole zog an Craigs Ärmel, während Samantha ein Heulkonzert anstimmte, was unter den wartenden Hunden lautes Gebell auslöste.

Tina kicherte unkontrolliert, Craig packte sie umso härter. »Verehrtes Publikum! Der Zirkus verlässt die Stadt!«

Erst als sie alle in Craigs Wagen saßen, bemerkte jemand, dass Tina immer noch ihr Swan Lager in der Hand hielt. Sie führte das Glas an die Lippen und trank gierig.

Die Mädchen hielten die Luft an. Im Mazda RX7 ihres Vaters durften sie weder trinken noch essen.

»Meine Güte, Tina!«, sagte Craig. »Hast du noch nicht genug?«

»Nee. Da geht noch was.«

»Also mir reicht's.«

»Ehrlich, Craig? Das glaube ich dir nicht.« Tina sah ihn bedeutungsschwanger an.

Craig zögerte kurz, beugte sich aber dann vor und versuchte, seiner Frau das Glas wegzureißen, was unweigerlich dazu führte, dass sich dessen restlicher Inhalt auf seine kostbaren Sitzpolster ergoss.

»Es reicht!«, sagte er und warf das leere Glas kurzerhand aus dem Fenster, wo es auf dem glutheißen Asphalt in tausend Scherben zerbrach.

»Reicht nicht«, murmelte Tina mürrisch.

Craig ignorierte sie, stattdessen ließ er den Motor aufheulen, es klang wie ein Metalllöwe, der seine Beute warnt. Tina sackte auf ihrem Sitz zusammen.

Nachdem er den Motor noch ein paarmal hochgedreht hatte, fuhr er los. Im Wagen herrschte Schweigen, nur Samantha, auf dem Rücksitz, zog in regelmäßigen Abständen die Nase hoch. Biergestank begleitete ihre Fahrt über die lange rote Straße nach Perth.

Nicole

Nach der Bestattung stand ich auf einmal allein da. Dad und Celine hatten mit dem Rest der Familie wegen des Wolkenbruchs fluchtartig Reißaus genommen, was blöd war, denn jetzt hatte ich keine Mitfahrgelegenheit zum Haus.

Zunächst gesellte ich mich zu einer größeren, mir völlig unbekannten Gruppe Trauergäste, die unter einem mächtigen Baum standen und auf eine Weise über meine Mutter redeten, aus der ich schloss, dass sie nicht wussten, wer ich war.

»Regen bis zum Absaufen, genau das richtige Wetter für die alte Säuferin«, bemerkte ein Mann in knittrigem Leinenblazer.

»Ich versteh gar nicht, wozu sie sie überhaupt beerdigen. Der ihre Leiche ist so gut konserviert, dass sie sowieso nicht verwest«, meinte ein anderer.

Die Frauen gackerten, aber dann erkannte mich wohl doch eine von ihnen, denn sie stieß ihren Nachbarn in die Seite und zischte: »Psst! *Tochter!*«

Sie wanzte sich an mich ran. »Nicole, richtig?« Mir stellten sich die Nackenhaare auf. »Deine Trauerrede war wirklich schön. Wir alle kannten deine Mum noch aus der Schulzeit.«

»Sehr traurig, das alles«, sagte der Mann mit dem Leinenblazer.

»Ja, sehr schön, was du da in der Kirche gesagt hast«, sagte ein anderer. »Herzliches Beileid!«

Steck dir dein Beileid sonst wohin!, dachte ich, nickte aber höflich und machte mich schleunigst vom Acker. Lieber nass werden, als die unaufrichtigen Beileidsbekundungen dieser Leute abzukriegen. Der Sommerregen in Perth war wirklich beeindruckend. Zwischen den fetten, schweren Tropfen war so viel Abstand, dass man sich fast zwischen ihnen hindurchlavieren konnte, ohne nass zu werden.

Aber natürlich wurde ich trotzdem klatschnass.

Während ich über den Friedhof lief, musste ich an eine Szene aus meiner Kindheit zurückdenken. Wir waren zu lange am Strand geblieben, und am späten Nachmittag war der Wind dermaßen aufgefrischt, dass uns der Sand ins Gesicht peitschte. Vom Indischen Ozean her war ein Sturm aufgezogen, hatte mit Blitzen den Horizont erleuchtet. Samantha und ich waren zum Auto gelaufen, um dort Schutz zu suchen, aber Mum war oben auf den Dünen stehen geblieben, hatte aufs Meer geblickt und den Sturm begrüßt.

Ich blieb stehen, warf einen Blick zurück zu dem Loch in der Erde, in dem jetzt meine tote Mutter lag.

Der Sturm ist endlich vorbei, Mum, dachte ich.

Als mein Vater sah, wie nass ich war, sprang er aus seinem Lexus ES 350 und holte ein Handtuch aus dem Kofferraum.

»Danke, Dad«, sagte ich.

Allerdings war das Handtuch nicht für mich gedacht, sondern für den Rücksitz seiner Luxuskarosse.

Celine, auf dem Beifahrersitz, blickte in den Rückspiegel und versuchte konzentriert, ihr verschmiertes Make-up zu retten. »Muss mein Gesicht wieder aufmalen«, bemerkte sie fröhlich, während ich vorsichtig auf den Rücksitz kletterte. »Wo hast du deinen hübschen Märchenprinzen gelassen?«

»Jethro ist schon vorgegangen, um die Caterer zu empfangen.« Ich zupfte das Handtuch unter mir zurecht.

»Den musst du dir warmhalten. Bei eurer Hochzeit kannst du mir danken, dass ich euch verkuppelt hab.«

Ich biss die Zähne zusammen und rang mir ein höfliches Lächeln ab. Jethro und ich waren schon seit zehn Jahren ein glückliches Paar, aber Celine versuchte immer noch, mich unter die Haube zu bringen, als wären wir in den Fünfzigerjahren.

»Mach ich«, stieß ich hervor.

Selbst unter der dicken Schminke sah Celine im Spiegel blass und aufgedunsen aus. Mir fiel Samanthas Mutmaßung ein, dass Celine versuchte, schwanger zu werden. Vielleicht hatte sie recht.

»Fertig!«, rief Celine und drehte den Spiegel wieder zum Fahrer. Dad fummelte sofort daran herum, dann widmete er sich der elektrischen Feineinstellung der Seitenspiegel.

Wenn das so weiterging, würden wir nie hier wegkommen. Ich verspürte den plötzlichen Drang, mich wie ein Hund zu schütteln und seine kostbaren Polster vollzuspritzen.

»War das Meg vorhin?«, fragte Dad, immer noch mit den vielen Knöpfen und Hebeln beschäftigt.

»Ja«, sagte ich.

»Die hab ich seit über dreißig Jahren nicht mehr gesehen.«

»Wer ist Meg?« Celine bürstete sich mit langen, kräftigen Bewegungen das Haar.

»Tinas Schwester«, antwortete Dad.

»War das die, die beim Heulen so eine hässliche Fratze gezogen hat? Sah aus wie Tina, aber … viel jünger?«

»Sie sind nur zwei Jahre auseinander. Unglaublich, aber wahr.«

»Echt? Na, dann hat sie aber eine richtig gute Hautcreme.«

»Und eine funktionstüchtige Leber«, rief ich von hinten und schämte mich umgehend dafür. Es war viel zu früh, um sich über Mums Alkoholproblem lustig zu machen. »Ich fand's lieb von Tante Meg, dass sie gekommen ist.«

Es hatte mich tatsächlich überrascht, dass sie für die Trauerfeier extra aus Melbourne eingeflogen war, obwohl sie Mum in den vergangenen dreißig Jahren kaum gesehen hatte. Doch aus eigener Erfahrung wusste ich, dass Schwestern immer miteinander verbunden blieben, über Zeit und Distanz hinweg. Meg hatte dasselbe Recht, um Tina zu trauern, wie alle anderen.

»Herzliches Beileid«, sagte Celine, die sich jetzt zu mir umgedreht hatte, um mir ihre volle Aufmerksamkeit zu schenken. »Ich habe Tina natürlich nur ein paarmal getroffen, aber eines weiß ich genau: Sie hat dich und Samantha sehr geliebt.«

Es war ein schwacher Trost, von der dritten Frau meines Vaters zu hören, dass meine tote Mutter mich geliebt habe, besonders, da ihre Worte vom Sirren der elektrischen Seitenspiegel untermalt wurden. Aber Celine meinte es gut, das wusste ich.

»Es war nicht immer leicht mit ihr«, gab ich zu. Mein Vater nickte, möglicherweise aus Zustimmung. Vielleicht galt die Kopfbewegung aber auch nur seinen blöden Spiegeln.

Dafür, dass so viele Berufssäufer zu Tinas Beerdigung gekommen waren, war erstaunlich wenig Alkohol im Umlauf. In unserem geräumigen Wohnzimmer standen die Leute mit leeren Gläsern herum, einige warfen immer wieder erwartungsvolle Blicke Richtung Küche.

»Was ist mit den Getränken?«, flüsterte Jethro.

»Ich glaube, wir wissen beide, was bei den Getränken los ist. Oder besser, *wer*.«

Jethro verdrehte die Augen. »Hätte ich mir auch denken können. Soll ich mich drum kümmern?«

»Nein, ich mach das schon.«

Streit war mir zuwider, aber es war nicht fair, die Beilegung einer weiteren von meiner Schwester angezettelten Krise auf Jethro abzuwälzen. Gerade, als ich mit meinem leeren Glas auf die Küche zusteuerte, kam mir Tante Meg in die Quere.

»Nicky«, sagte sie, meinen Arm fest im Griff, die Augen gerötet. »Können wir uns kurz unterhalten? Es gibt ein paar Dinge, die ich dir und Sammy sagen muss, bevor ich morgen wieder nach Melbourne zurückfliege.«

Mir war klar, dass ich mit ihr reden sollte, aber momentan hatte ich andere Sorgen. »Klar, Tante Meg«, sagte ich, während ich mich aus ihrem Griff befreite, »aber später, okay? Ich muss mich hier erst um was kümmern.«

In der Küche fragte ich die eigens engagierte Kellnerin, was mit den Getränken war.

Die Frau sah mich schuldbewusst an. »Ihre Schwester hat uns angewiesen, den Ausschank etwas hinauszuzögern. Sie wirkte ziemlich … bedrohlich.«

Ich blickte durch die offene Küchentür. Samantha stand in der Menge und funkelte mich böse an. Ich musste schlucken.

»Ja, kommt hin«, murmelte ich, während ich mein leeres Glas in Samanthas Richtung erhob. Mir war klar, dass ich diese Schlacht nicht gewinnen würde. »Und jetzt bringen Sie mir eine Tasse Wodka. Und zwar sofort«, sagte ich zur Kellnerin.

Der große Vorteil einer Trauerfeier ohne Alkohol bestand darin, dass gegen halb acht alle Gäste gegangen waren, sogar Tante Meg, die allerdings noch auf der Türschwelle darauf beharrte, dass sie vor ihrem Rückflug unbedingt mit mir und Samantha sprechen müsse.

»Ich ruf dich morgen früh an«, sagte ich und tätschelte ihr den Arm. Nachdem die Gute seit Jahrzehnten kaum ein Wort mit uns gewechselt hatte, konnte ihr Anliegen sicher noch einen Tag warten.

Als der letzte Gast aus der Tür war, streifte ich die Schuhe ab und sank neben Samantha auf die Couch. Sie saß stocksteif da, die Hände im Schoß. Mit Schuhen.

Eine Weile herrschte Schweigen. Es war das erste Mal seit Mums Tod, dass wir miteinander allein waren. Dafür hatte ich gesorgt, obwohl sie mich immer wieder am Telefon angefleht und mir Nachrichten geschickt hatte, aber alles zu spät, Mum war schon tot. Sogar jetzt konnte ich ihre Nähe nur aushalten, weil ich genug Wodka intus hatte, um meine Trauer erträglich zu machen.

Irgendwann wurde es mir zu blöd, und ich zog ein Puzzle unterm Tisch hervor.

»Das hab ich mir für nach der Trauerfeier aufbewahrt«, sagte ich, als ich es auf den Tisch stellte. »Hat Mum gehört. Ist eine gute Möglichkeit, ihr Andenken zu ehren, finde ich.«

Ich verschwieg ihr, dass ich das Puzzle eigentlich mit Jethro machen wollte, der sich sofort verdrückt hatte, weil er Samantha nicht ausstehen konnte.

»Ach, du meine Güte!« Samantha betrachtete die Schachtel mit unverhohlenem Abscheu. »Wenn es Tina gehört hat, fehlen bestimmt ein paar Teile.«

»Na und?«

»Ich halte es für Zeitverschwendung, wenn ein Puzzle nicht vollständig ist.«

»Das Leben ist ein Puzzle, bei dem Teile fehlen«, sagte ich, während ich den Deckel hob. »Und wir spielen trotzdem mit.«

»Ja, und manche kommen besser weg als andere.«

Ich ignorierte ihre Bemerkung, suchte stattdessen die Teile für den Rand zusammen. Samantha sah sich im Zimmer um.

»Das Foto hab ich seit Jahren nicht mehr gesehen«, sagte sie nach ein paar Minuten, den Blick auf das gerahmte, von Rosen umgebene Bild von unserer Mutter gerichtet, das auf dem Eckschrank stand. Es war 1968 entstanden, dem Jahr, in dem sie unseren Vater kennenlernte. »Sie sieht so hübsch aus.«

»Das ist das Netteste, was du in den letzten zwanzig Jahren über sie gesagt hast«, rutschte es mir heraus. »An meinem vierzigsten Geburtstag hast du sie noch eine ›verdammte Pissflitsche‹ genannt.«

»Ich glaube, wir wissen beide, wer daran Schuld hatte«, erwiderte sie, die Lippen verzogen.

»Na, die *andere* Pissflitsche weiß zumindest genau, wem *du* die Schuld gibst.« Als mir die Worte rausgerutscht waren, begriff ich, dass die Wodkadröhnung wohl doch keine gute Idee gewesen war.

Samantha rutschte auf ihrem Polster herum. »Ich weiß bis heute nicht, warum du sie damals eingeladen hast«, bemerkte sie steif.

Ich widmete mich wieder dem Puzzle, darum bemüht, das Thema abzuhaken.

»Neu?«, fragte Samantha. Sie meinte den Schrank selbst, nicht mehr das Foto.

»Nein, den haben wir aus dem gelben Zimmer geholt. Ganz schön schwer, das Scheißding.« Ich warf ihr einen Seitenblick zu, bevor ich mich korrigierte. »Schwer wie Marmorkuchen, sozusagen.«

Ich hatte ein Lächeln erwartet, aber Samantha verzog nur genervt das Gesicht. Vor ewigen Zeiten hatte uns eine ihrer Schulfreundinnen bei einem Besuch einen Marmorkuchen mitgebracht. Mum hatte ein Stück probiert und verkündet, jetzt wisse sie endlich, wieso es *Marmor*kuchen heiße. Danach hatte sie das Wort als Maßeinheit für alles Schwere verwendet. Samantha hatte den Witz nie verstanden, aber ich fand ihn immer noch zum Totlachen.

»Ach komm, Sam. Nimm's nicht so schwer!« Ich stupste sie in die Seite. »Kapierst du? *Marmor? Schwer?*«

Als zusätzliches Friedensangebot hielt ich ihr den offenen Puzzlekarton hin. Samantha rang sich ein winziges Lächeln ab.

»Okay, ich helfe dir«, sagte sie. »Hast du ein Brett oder eine Puzzleunterlage?«

»Nee, hier auf dem Tisch geht es auch.«

»Aber was, wenn das Puzzle im Weg ist?«

»Dann gehen wir eben ins andere Wohnzimmer.«

Wie gewonnen, so zerronnen. Unser zerbrechlicher Frieden war sofort wieder in Gefahr, weil ich sie daran erinnert hatte, dass wir in einem Haus mit mehr als einem Wohnzimmer residierten. Sie zog eine solche Leichenbittermiene, dass mir angst und bange wurde. Aus unerfindlichen Gründen hatte sie sich auf »Jethros Millionen« eingeschossen, wie sie das Vermögen meines Partners gern nannte. Wenn sie darüber sprach, was oft geschah, klang es, als hätte ich mir einen wohlhabenden Freund geangelt, nur um sie damit zu ärgern.

Samantha hielt noch eine Weile an ihrer Miene fest, bis sich ihr Gesicht plötzlich entspannte. »Du machst den Rand«, bestimmte sie, ihre volle Aufmerksamkeit jetzt auf den Karton gerichtet, »ich suche die Teile.«

Während ich den Rand legte, dachte ich an die Beerdigung zurück. Über meine Ansprache hatte Samantha kein Wort verloren.

»Wie fandest du eigentlich meine Trauerrede?«, stieß ich hervor. Meine Fresse, dieser Wodka weckte den Tiger in mir. Normalerweise müsste ich all meinen Mut zusammennehmen, um ihr eine solche Frage zu stellen. Wenn das so weiterging, würde ich sie als Nächstes zur Rede stellen, warum sie Mum nicht ein einziges verdammtes Mal im Krankenhaus besucht hatte.

»Ganz okay«, sagte Samantha mit angetäuschtem Achselzucken.

»Ganz *okay*?«

»Ja, war gut.«

»Gut?« Ich war stinksauer. Für ein hingeworfenes »gut« hatte ich einfach zu viele Stunden mit der Rede verbracht.

»Ja, gut.«

»Du meinst, du hättest es besser machen können? Erinnerst du dich noch an deine Rede zu meinem einundzwanzigsten Geburtstag?«

»Da hab ich keine Rede gehalten.«

»O doch! Du hast so hochtrabend davon erzählt, dass Schwestern wie Sicherheitsgurte sind.«

»Stimmt nicht. So was würde ich nie sagen.«

»Mum und ich haben uns darüber immer köstlich amüsiert.«

»Mum war nicht mal dabei.«

»War sie wohl.«

»War sie nicht«, entgegnete Samantha bestimmt. »Ich sollte es wissen, schließlich habe ich die Einladungen verschickt. An sie ist keine rausgegangen.«

Ich war sicher, dass Mum auf meiner Feier gewesen war, konnte mich noch genau erinnern, wie sie mit mir in Mount Lawley auf dem Gartensofa gesessen hatte.

»Außerdem«, fuhr Samantha fort, »selbst wenn sie dort gewesen wäre und ich die Rede tatsächlich gehalten hätte, wäre nichts davon bei ihr hängen geblieben. Du weißt genau, dass sie damals jeden Tag besoffen war.«

»Weißt du, Sam, in Wahrheit hat sie nichts vergessen«, versetzte ich gehässig. Es regte mich auf, dass sie Mums Alkoholproblem immer so übertrieben darstellte, als hätte unsere Mutter nichts anderes mit ihrem Leben angestellt. »Sie hat sich an mehr erinnert als Dad. Der war nämlich viel zu sehr mit seinen Ehefrauen beschäftigt.«

Natürlich hatte ich es absichtlich so ausgedrückt, als hätte er dreißig und nicht drei Frauen geheiratet. Ich wusste genau, dass Samantha mich nur wieder in den üblichen endlosen Streit verwickeln wollte.

»Wenigstens hat er seine Frauen geliebt, Tina hatte ja nur Gefühle für die Flasche«, sagte sie und zog ein weiteres Puzzleteil aus dem Karton.

»Oho, wer ist jetzt die Pissflitsche hier?«

»Du bist betrunken.«

»Bin ich nicht. Ich bin müde und emotional. Schließlich haben wir heute unsere Mutter beerdigt.«

»Unglaublich, dass du dich ausgerechnet heute besäufst.«

Plötzlich überkam mich eine Welle der Müdigkeit. Der Wodka hatte seine Wirkung getan.

»Lassen wir das«, schlug ich vor.

»Okay.« Samantha stand auf und fing an, die leeren Gläser abzuräumen. »Lassen wir das.«

»Und das hier lassen wir auch. Die Cateringleute kommen morgen und kümmern sich darum. Dafür bezahlen wir sie schließlich.«

»Lass mich einfach machen.«

»Okay, solange dein ›machen lassen‹ nicht wieder was mit Jethros Plattensammlung zu tun hat.«

»Wer sortiert denn auch seine Platten nach dem Kaufdatum?«, murmelte Samantha.

»Jemand, dem Erinnerungen wichtig sind?«

Samantha schnaufte empört und räumte weiter ab. Ich ließ das Puzzle links liegen und machte es mir stattdessen auf dem Sofa bequem, während meine Schwester Heinzelmännchen spielte.

»Genau wie früher«, rief ich, aber sie ignorierte mich.

Auf dem Foto hatte meine Mutter ihr Haar zu einer Frisur aufgetürmt, die der Schwerkraft zuwiderzulaufen schien, ihr Blick war klar, das Grinsen breit. Es stand in krassem Widerspruch zu der Person, die meine Mutter in ihren letzten Tagen im Mount Hospital gewesen war, im Krankenbett, an Maschinen angeschlossen, gelbe Haut im Neonlicht.

Dieser Zerfall.

Ich schloss die Augen und gab mich der Erschöpfung hin. Und dem Wodka.

»Ich bin dann mal weg.«

Samantha sah zu mir hinab, eine Keramikvase mit einem großen Strauß weißer Lilien in der Hand.

Ich hatte keine Ahnung, wie viel Zeit vergangen war, Minuten oder Tage. Aus unerfindlichen Gründen lag ich auf dem Boden und hatte ein Kissen unterm Kopf. Verschämt kletterte ich zurück aufs Sofa.

»Du bist runtergefallen«, teilte Samantha mir mit. Sie hatte die Zähne zusammengebissen. »Bist aber nicht mal aufgewacht.«

»Ich war ziemlich müde. *Und* emotional, falls du es vergessen hast.«

»Nein, Gott bewahre.« Sie bewegte den Kopf zur Vase. »Ist das deine?«

»Keine Ahnung. Kann sein.«

Samantha sah mich fassungslos an. »Willst du im Ernst behaupten, du weißt nicht, ob das deine Vase ist oder nicht?«

»Wieso? Machst du regelmäßig in deiner Küche Inventur? Vielleicht wurde sie mit den Blumen geliefert?«

Samantha atmete tief ein. »Ich nehme die mit nach Hause, wenn's dir nichts ausmacht. Trent mag Lilien sehr.«

Obwohl meine Schwester seit über zwanzig Jahren mit ihm verheiratet war, war mir völlig neu, dass mein Schwager auf Lilien stand.

»Nimm ruhig noch andere mit, wenn du willst. Es sind so viele. Ehrlich, was soll ich mit diesen verdammten Blumen anfangen?«

»Vielleicht erinnerst du dich beim nächsten Mal dran, wenn du jemandem Blumen kaufst«, zischte Samantha.

»Was soll das nun wieder heißen?«

»Tante Meg hat angerufen«, fuhr Samantha einfach fort. »Sie will mit uns sprechen, bevor sie fliegt.«

Ich ließ Samantha weiterreden, obwohl ich immer noch gern wissen wollte, welches Problem sie mit mir und Blumen hatte. »Ja, ich weiß. Vielleicht will unsere Geistertante uns endlich erklären, warum wir sie die letzten dreißig Jahre nicht gesehen haben.«

»Möglich. Ich habe ihr gesagt, dass wir uns morgen Mittag im Blue Duck mit ihr treffen.«

»Morgen Mittag? Hättest du mich nicht vorher fragen können? Vielleicht habe ich morgen einen wichtigen Termin?« Hatte ich zwar nicht, aber trotzdem. Seit ich mit Jethro zusammen war, hatte ich mich zu einem veritablen Luxusweibchen entwickelt, ein Umstand, der Samantha so richtig auf die Palme brachte.

»Seit wann hast du wichtige Termine?«

Ich schloss die Augen und wartete, bis die Haustür geräuschvoll ins Schloss gefallen war. Und kaum war es passiert, vermisste ich sie fast genauso sehr wie meine Mutter.

»Ist die Luft rein?«

Jethro streckte vorsichtig den Kopf zur Tür herein.

»Jepp, ist sie.«

»Gott sei Dank!« Er spazierte mit einer Flasche Rotwein und zwei Gläsern ins Zimmer. »Ich hoffe, sie hat die Finger von meiner Plattensammlung gelassen.«

»Ich hab's ihr strengstens untersagt.«

»Als würde sie das von irgendwas abhalten«, murmelte Jethro. »Aber egal, genug von Samantha. Ich finde, wir sollten einen Toast aussprechen.« Er schenkte Wein ein und drückte mir ein Glas in die Hand. »Auf Tina!«, sagte er, sein Glas erhoben. »Ihr Licht schien zu hell und verlosch zu schnell.«

»Auf Tina!«

Der Wein funkelte wie ein Edelstein, das Rot wirkte kostbar und nicht giftig, wie Samantha immer behauptete.

»Auf Tina!«, wiederholte ich und trank.

Mit jedem Schluck Wein spürte ich, wie sich in mir eine innerliche Wärme ausbreitete, aber bei diesem Gefühl musste ich unweigerlich an meine tote Mutter denken, die jetzt in einem finsteren Loch auf dem Friedhof lag und diese besondere Wärme des Weines nie wieder erleben würde. Doch als ich mich zu Jethro hindrehen wollte, um diesen Gedanken mit ihm zu teilen, stieß ich mit dem Knie den Puzzlekarton vom Tisch und verstreute die Teile im ganzen Zimmer.

Da kamen mir endlich die Tränen.

Teil Nr. 1: 1984

»Was machst du da?«

Samantha gab sich alle Mühe, Nicole zu ignorieren, die sie anglotzte, während sie versuchte, das Laken festzuzurren.

»Sag schon, Sam! Was zum Teufel machst du da?«

»Ich will, dass es schön aussieht«, erklärte Samantha. »Helen Millet hat ein Laken mit Rüschen, das zu ihren Vorhängen passt.«

»Na, also das hier sieht echt blöd aus.«

»Genau wie du!«

Samantha wusste ohne hinzusehen, dass Nicole eine Grimasse schnitt, beschloss aber, nicht weiter darauf einzugehen. Bevor Helen Millet kam, gab es noch so viel zu tun. Alles sollte perfekt sein. Seit man sie mit Helen in die Siebte gesteckt hatte, hatte Samantha öfter Zeit mit ihr verbracht, und diese Übernachtung würde ihre Freundschaft besiegeln, da war sie sicher.

»So!« Zufrieden betrachtete sie ihr Werk, während sich Nicole demonstrativ auf ihrer Matratze rekelte. »Kannst du nicht wenigstens dein Bett machen?«, fragte Samantha.

»Ach, ich dachte, wir legen einfach ein Laken drüber. Weißt schon, damit es ›schön aussieht‹«, höhnte Nicole.

Samanthas Augen brannten, aber sie wandte sich rasch ab, bevor ihre Schwester sie weinen sah.

Tina hingegen gab sich zur Abwechslung mal richtig Mühe, im Haus aufzuräumen und zu putzen, bevor Helen Millet kam. Sie kramte sogar den alten Staubsauger hervor, den Samantha völlig vergessen hatte, und zerrte ihn über den fadenscheinigen Teppich, schüttelte die Sofakissen auf und lüftete alle Zimmer. Die ganze Zeit über sang sie Lieder aus dem Radio mit.

Nicole hielt sich die Ohren zu und tat, als wäre ihr das schrecklich peinlich. »Mum!«, rief sie, lachte aber dabei.

Samantha war das Lachen vergangen, denn sie hatte gesehen, wie Tina ein großes Glas mit klarer Flüssigkeit leer trank. Seit dem Unfall vor zwei Jahren versetzte sie der Anblick ihrer Mutter mit einem Getränk in der Hand in nervöse Unruhe, selbst wenn es nur nach Wasser aussah.

Um Punkt siebzehn Uhr stand Helen Millet vor der Haustür, einen pinken Rucksack auf dem Rücken und ein Kopfkissen unter dem Arm. Ihre Mutter, in reinweißer Stoffhose, einen pastellgelben Pullover über den Schultern, stand neben ihr.

»Wir freuen uns so, dich bei uns zu Gast zu haben, Helen!«, sagte Tina mit kristallklarer Stimme.

»Ich habe einen Marmorkuchen mit Vollkornmehl gebacken, zum Nachtisch«, sagte Helens Mutter und drückte Tina eine Tupperdose in die Hand. »Ich versuche, Helen ohne Weizenprodukte zu ernähren.« Dann zog sie eine weiße Visitenkarte aus der Tasche. »Und hier ist meine Nummer, für den Notfall.«

Kaum hatte sie die Tür geschlossen, schob sich Tina die Karte demonstrativ in den BH, was Helen Millet glücklicherweise entging, denn sie war mit ihrem Rucksack beschäftigt.

»Zum Abendessen gibt's Nudeln«, flüsterte Samantha ihrer Freundin zu. Sie hoffte inständig, dass Nudeln nicht zu viel Weizen enthielten.

»Hmm, mein Leibgericht«, flüsterte Helen zurück. Samantha strahlte.

Während Tina kochte, versuchten sich Samantha und Helen

an ihrem Puzzle, das halb fertig auf dem Küchentisch lag. Nicole saß in der Ecke und las. Wieso sie das tat, konnte Samantha sich nicht erklären. Sonst las ihre Schwester immer nur im Bett. Aber sie würde sich von ihr nicht den Spaß verderben lassen.

Das Puzzle bestand aus unzähligen kleinen Teilen, die meisten davon gehörten zum Himmel. Samantha gelang es zwar nicht oft, die Teile zusammenzusetzen, aber es machte ihr großen Spaß, sie farblich zu sortieren. Immer wieder spitzte sie zu Helen rüber, ängstlich darum bemüht, dass ihre Freundin sich nicht langweilen möge, doch Helens Miene war nicht zu deuten. Samantha fand es auch aus anderen Gründen schwierig, sich zu konzentrieren. Dieses ständige Klirren der Eiswürfel in Tinas Glas machte sie zunehmend nervös. Irgendwann stand sie auf und schnappte sich das Glas von der Frühstückstheke.

»Kann ich einen Schluck?«, fragte sie, damit Tina verstand, dass ihre Tochter genau wusste, was sie da trank.

Aber Tina lachte nur. »Wenn du achtzehn bist«, erwiderte sie und nahm ihr das Glas aus der Hand. »Ich mach dir gern einen Eiswürfel in den Sirup, wenn du was Besonderes willst.«

Nicole hob den Blick vom Buch. »Boah, danke, Tina! Sirup mit Eiswasser. Lecker!«

»Wer nicht will, der hat schon«, versetzte Tina. »So, und jetzt entschuldigt mich bitte, ich muss telefonieren.«

Auf dem Weg hinaus stieß sie heftig mit der Hüfte gegen den Tisch, woraufhin der Puzzlekarton und sämtliche Teile auf dem Boden landeten, was sie aber gar nicht zu registrieren schien.

Samantha sprang sofort auf und machte sich daran, alles wieder einzusammeln.

»Du nennst deine Mum Tina?«, wandte sich Helen an Nicole. Die Puzzleteile auf dem Boden waren ihr offenbar auch egal.

»Na, so heißt sie schließlich. Manchmal nennen wir sie auch Teensy«, sagte Nicole.

»Das sagt nur unser Dad zu ihr. Meine Schwester will nur angeben.« Samantha wollte Helens volle Aufmerksamkeit zurück.

»Blöde Arschgranate«, sagte Nicole.

»Mum!«, rief Samantha, bereute ihre automatische Reaktion jedoch sofort, denn jetzt würde Tina zurückkommen, in die Küche, zu ihrem Glas.

Tina blieb allerdings, wo sie war. »Ich muss Tante Meg zum Geburtstag gratulieren!«, rief sie aus dem Flur.

»Haben wir das nicht schon gestern gemacht?«, fragte Nicole.

Samantha nickte. Sie hatten ihrer Tante *Happy Birthday* aufs Band gesungen.

Nach einer Weile kehrte Tina zurück in die Küche. »Ich weiß, dass wir sie gestern angerufen haben«, sagte sie. »Das ist jetzt schon die vierte Nachricht, die ich ihr draufgesprochen hab. Hoffentlich ruft sie diesmal zurück.«

Sie bahnte sich einen Weg durch die verstreuten Puzzleteile und an Samantha vorbei, um an ihren Drink zu kommen.

Samantha biss sich auf die Lippe.

Statt ihr Abendessen wie sonst auf dem Schoß zu verzehren, aßen sie diesmal am Küchentisch, denn Tina hatte einfach eine Tischdecke über das halb fertige Puzzle gelegt. Diese Ausnahme gefiel Samantha allerdings gar nicht, denn sie wusste aus Erfahrung, dass ihre sorgfältig nach Farben sortierten Teile beim Abziehen der Decke quer durch die Küche segeln würden. Sie war die Einzige in der Familie, die sich über fehlende Teile aufregen konnte.

Beim Essen erzählte Tina ihnen Anekdoten aus ihrer Kindheit, unter anderem die von Tante Meg, die sich in der Grundschule in die Hosen gemacht hatte. »Sie hat sich so geschämt, da hab ich ihr meine Unterhose gegeben. Blöd war nur, dass ich danach in der Pause nicht mehr dran gedacht und vor den Jungs aus der Sechsten Rad schlagen geübt habe.«

»Mum!«, rief Nicole. »Du blamierst Samantha vor unserem Gast.«

Aber Samantha hatte vor lauter Sorge gar nicht richtig zugehört, zu oft hatte Tina sich schon aus der Flasche auf dem Kühlschrank nachgeschenkt. Sechs Mal seit Helens Ankunft. Sechs Gläser mit irgendeinem Gesöff.

»Wer will Nachtisch?« Tinas Worte klebten aneinander fest. Offenbar hatte sie den Marmorkuchen vergessen, denn sie holte Eiscreme aus dem Kühlschrank und drückte jedem einen Löffel in die Hand.

»Ran an den Speck, Mädels!«, sagte sie. »Ich geh dann mal …«

Sie verließ die Küche, ohne den Satz zu beenden.

»Meine Mum würde uns nie erlauben, aus dem Becher zu essen«, sagte Helen zu Samantha.

»Tut mir echt leid. Willst du eine Schüssel? Oder lieber ein Stück Marmorkuchen?«

»Nein, ich find's irgendwie cool.«

»Mum gehört eben zur Boheme«, sagte Nicole mit einem zufriedenen Lächeln.

Samantha hatte zwar keine Ahnung, wer oder was das war, aber wenn solche Leute Eiscreme direkt aus dem Becher löffelten, konnten sie ihr gestohlen bleiben.

Helen Millet wusste es sicher auch nicht, wollte aber wohl mehr herausfinden, denn sie sah Nicole erwartungsvoll an. Die ließ sich nicht zweimal bitten.

»Letztes Wochenende gab's bei uns Schokoriegel und Apfelspalten zum Abendessen. Und einmal durften wir ihr die Haare schneiden. Nicht nur die Spitzen, so richtig.«

Helen war ganz Ohr. Samantha funkelte ihre Schwester so böse an, wie sie nur konnte, aber das nützte nichts. Nicole machte weiter. »Einmal, als Sam keine sauberen Socken mehr hatte, hat Mum ein Paar zusammen mit dem Geschirr in der Küchenspüle gewaschen und sie zum Trocknen in den Backofen gelegt. Als sie

sie wieder rausgezogen hat, waren sie hart wie ein Brett. Mum hat sie *Socken à la mode* genannt.«

»Deine Mum ist so witzig!«, rief Helen entzückt. In diesem Moment erkannte Samantha, wie faszinierend Nicole und Tina für jemanden wie Helen sein mussten, und sie wurde richtig wütend.

Sie hatte das Gefühl, sich und die anderen von oben zu betrachten. »Tina ist nicht witzig, sie ist betrunken«, hörte sie sich sagen, wobei sie den Löffel auf den Tisch knallte. »Hier, komm mit.«

»Hey, was hast du vor?«, fragte Nicole, plötzlich besorgt.

Aber das, was sich in Samantha Bahn gebrochen hatte, ließ sich nicht mehr aufhalten. Diese Andere Samantha war stinkwütend und bedauerte es zutiefst, Helen Millet zu sich eingeladen zu haben. Sie wollte Tina bestrafen und Nicole dazu, weil sie ihr Geheimnis preisgegeben hatte, selbst Helen Millet hatte eine Strafe verdient, einfach, weil sie da war.

Sie nahm ihren Gast fest an die Hand, zog sie zu Tinas Schlafzimmer und zeigte ihr die beiden Weinkartons und die fast leere Flasche Whisky auf ihrem Nachttisch, wo normale Leute Bücher hatten oder Fotos und Dekokitsch.

»Siehst du das? Nicht witzig, nicht cool.«

»Du bist echt eine blöde Sau, Sam«, zischte Nicole.

»Verpiss dich aus Mums Zimmer.«

»Immer schön ruhig mit den jungen Pferdchen!« Tina erschien neben Nicole und lachte.

Helen verfolgte das Spektakel mit aufgesperrtem Mund. Samantha wusste nicht, was Helen Millet schockierender fand, Tinas Alkoholvorrat, Nicoles Ausdrucksweise oder das Gelächter ihrer Mutter.

Die drei Mädchen putzten sich schweigend die Zähne und lagen schon um kurz vor zehn in den Federn. Helen schlief auf einer Matratze am Boden zwischen Samanthas und Nicoles Betten.

»Wieso ist das Laken unter deiner Matratze so komisch?«, fragte Helen, an Samantha gerichtet.

»Das sind Rüschen«, sagte Nicole.

Samantha konnte nicht erkennen, ob ihre Schwester sie verspotten wollte. »Hat meine Mum gemacht, wahrscheinlich war sie besoffen«, sagte sie gehässig, knipste aber rasch das Licht aus, damit keiner von beiden ihr Gesicht sah. Sie hoffte, dass sie alles Vorausgegangene in der Dunkelheit vergessen und stattdessen wie andere Mädchen flüstern und kichern würden.

Statt zu flüstern und zu kichern sagte Helen kleinlaut: »Ich möchte nach Hause.«

Samantha seufzte und knipste das Licht wieder an. »Okay. Dann sagen wir meiner Mum, sie soll deine Mum anrufen.«

Nach dem Abgang von Helen und ihrer Mutter, immer noch in reinweißer Hose und mit pastellgelbem Pulli über den Schultern, kehrten Samantha und Nicole in ihr Zimmer zurück. Auf dem Weg in ihre Betten mieden sie die Matratze, als wäre sie eine Leiche.

»Ich finde, dein Bett sieht schön aus so«, bemerkte Nicole, aber Samantha wusste, dass sie sie nur aufheitern wollte. Es sah dämlich aus. Jetzt konnte sie es selbst sehen.

Nicole war rasch eingeschlafen, aber Samantha lag noch ewig wach. Irgendwann wurde im Wohnzimmer der Fernseher abgeschaltet, und sie hörte Tina, die sich sanft an der Wand entlang durch den Flur tastete und den Hörer vom Telefon hob.

»Ich vermisse dich, Meg«, sagte sie. Aber das hatte sie einfach so in den Hörer gesagt, denn Samantha hatte sie vorher nicht wählen hören. Eine Weile herrschte Stille, dann ertönte ein dumpfes Klacken. Tina hatte aufgelegt und wankte geräuschvoll in ihr Schlafzimmer.

Samantha dachte darüber nach, wie lange es schon her war, seit Tante Meg sie das letzte Mal besucht hatte. Dann stellte sie sich vor, wie sie eines Tages in einem anderen Haus leben würde, ohne ihre Schwester, und dieser Gedanke kam ihr absurd vor. Obwohl Nicole sie manchmal echt aufregte, würde sie sie sicher genauso vermissen, wie Tina jetzt Meg vermisste.

»Nicole«, flüsterte sie im Halbdunkel, aber ihre Schwester schlief tief und fest. Sie überlegte kurz, ob sie zu ihr ins Bett kriechen sollte, wie früher, als sie noch kleiner war, verwarf den Gedanken aber rasch wieder, denn Nicole würde sicher genervt reagieren. Vielleicht sollte sie besser in Tinas Bett. Sie wusste, dass ihre Mutter noch nicht schlafen, sondern bis in die frühen Morgenstunden lesen würde.

Und richtig, Tina war wach, las aber nicht. Stattdessen lag sie vollständig angezogen auf ihrem Bett und schniefte. Als sie Samantha erblickte, setzte sie sich allerdings rasch auf und strahlte sie an. »Hallo, mein kleiner Schatz!«, rief sie und tippte auf die leere Stelle neben sich. »Hast du schlecht geträumt?«

Samantha schüttelte den Kopf, kletterte aber ins Bett. »Ich kann nicht schlafen.«

»Tut mir leid, dass deine Freundin gegangen ist. Für manche Kinder ist es richtig schwierig, bei Fremden zu übernachten.«

Samantha wollte etwas erwidern, brach aber völlig unerwartet in Tränen aus.

»Na, na, alles wieder gut«, sagte Tina und legte ihr den Arm um die Schultern.

»Nein, nichts ist gut!« Samantha schluchzte und vergrub sich in den Armen ihrer Mutter. »Was, wenn mich nie im Leben jemand mag? Wenn niemand meine Freundin sein will?«

»Ach, ach«, sagte Tina sanft. »Manchmal dauert es ein bisschen, bis man echte Freunde findet. Und ich mag dich! Sehr sogar. Nicole mag dich. Und ich bin ziemlich sicher, dass auch Helen dich mag.«

»Jetzt nicht mehr.«

»Da wär ich mir nicht so sicher. Aber mal was anderes: Ich hab vorhin ein Stück Marmorkuchen probiert und mir fast den Zahn daran abgebrochen. Jetzt weiß ich, warum der Kuchen so heißt!«

Samantha kicherte und kuschelte sich noch enger an ihre Mutter. Als sie die Augen schloss und langsam wegdämmerte, musste sie an Helen Millets reinweißes Rüschenlaken denken. Das war alles egal, denn das alles war garantiert nicht besser als das Bett, in dem sie jetzt lag. Sie wünschte, es wäre immer so.

Teil Nr. 2: 1991

Nicoles einundzwanzigster Geburtstag begann wie alle anderen langen, gleichförmigen Tage in Inverness Crescent, wo sie seit einiger Zeit mit Tom und Kim wohnte. Mittags aufstehen, eine Bong rauchen, danach Frosties und Coco Pops essen - dieses Mal allerdings ohne Milch, weil jemand, vermutlich Tom, einen leeren Karton in den Kühlschrank zurückgestellt hatte. Anschließend *Zeit der Sehnsucht, Reich und Schön, Die Fraggles*. Zwischendrin noch eine Bong.

Doch dann stand Samantha plötzlich vor der Tür.

Unangekündigte Besuche ihrer Schwester waren an sich nicht ungewöhnlich, manchmal kam sie in ihrem hellbraunen Datsun 180B auf dem Weg zur Berufsschule vorbei, um sie über die Wirkung von Marihuana aufzuklären. Bei solchen Gelegenheiten komplimentierte Nicole ihre Schwester meist mit wüsten Beschimpfungen sofort zur Tür hinaus.

Samanthas innige Zuneigung zu diesem Auto brachte Nicole auf die Palme. Ihre Schwester verbrachte mehr Zeit mit Polieren und Saugen als ihr Vater, und der hatte einen Jaguar XJ3. Nicole war es ein Rätsel, wie Leute ihre Blechkarossen dermaßen vergöttern konnten. Sie besaß so was nicht mal. Völlig unnötig. Sie musste nur jeden zweiten Donnerstag wegen der Stütze auf dem Amt in Mirrabooka antreten, aber dafür konnte sie locker den

Grünen Mercedes benutzen. Grüner Mercedes war Kims Name für die Stadtbusse, denn die kamen alle »vom selben beschissenen Hersteller«, selbst die, die nach Mirrabooka fuhren. Nicole fand Donnerstage extrem anstrengend. Sie hatte keine Ahnung, wie Leute es schafften, jeden Tag Vollzeit zu arbeiten. Aber dieser regelmäßige Termin in Mirrabooka gab ihrem Alltag zumindest so was wie eine Form, eine feste Routine. Wenn ihre Stütze nicht wäre, hätte Nicole vermutlich auch das letzte bisschen Zeitgefühl verloren.

So kam es auch, dass sie die Party zu ihrem einundzwanzigsten Geburtstag glatt vergessen hätte, wäre Samantha nicht bei ihr aufgeschlagen.

»Keine Macht den Drogen ist an der Tür«, verkündete Kim. »Und sie hat Spielsachen dabei.«

»W...was?« Nicole war auf dem Sofa weggedöst, hatte es nicht mal klingeln gehört.

»Jetzt machen wir dich mal ein bisschen schön!«, verkündete Samantha fröhlich, schob sich an Kim vorbei und marschierte mit Föhn, Lockenwickler-Set und Schminkkoffer in der Hand in die Küche. Nicole kroch vom Sofa und schlappte hinter ihr her.

»Willst du eine klassische Hochsteckfrisur? Oder soll ich dich richtig auftoupieren? *Big Hair*, so wie Cindy Crawford?«, fragte Samantha, während sie sich auf dem Küchentisch ausbreitete. »Ich könnte dir sogar einen Schönheitsfleck aufmalen.«

»Mach, was du meinst«, sagte Nicole, obwohl sie ziemlich sicher eine Hochsteckfrisur wollte, aber sie hatte die Planung und Ausführung ihre Geburtstagsparty schon vor einiger Zeit ihrer Schwester überlassen.

»Also *Big Hair*!«, rief Samantha und stöpselte das Wickler-Set ein.

Nicole ergab sich in ihr Schicksal.

»Spielt ihr Verkleiden?«, fragte Tom, der sich für seine Schicht in der Dog-Swamp-Videothek fertig machte. Er war der Einzige in dieser WG mit einem festen Job, aber den machte er nur, weil er auf diese Weise an neue Filme und Pornos herankam.

Nicole zeigte auf die Einladung, die sie schon vor Wochen an den Kühlschrank gepappt hatte, direkt neben den Griff, wo Tom sie auf jeden Fall sehen musste. »Heute Abend steigt meine Geburtstagsparty.«

»O ja, das. Na, dann mal viel Spaß!«

»Kommst du etwa nicht?«, fragte Samantha fassungslos.

»Vielleicht nach der Arbeit.« Er zog einen fast leeren Orangensaftkarton aus dem Kühlschrank, trank den letzten Schluck und stellte ihn wieder zurück. »Man sieht sich.«

»Ich dachte, Tom ist dein Freund«, flüsterte Samantha, als er die Küche verlassen hatte.

Nicole zuckte die Achseln. Sie hatte sich nie einen Namen für ihre Beziehung zu Tom überlegt. Wenn sie Lust hatten, schliefen sie miteinander, was unterm Strich gar nicht so oft vorkam.

»Hey, du hast ja immer noch eine Narbe«, rief Samantha, den Finger auf der Stelle über Nicoles Braue, wo man sie vor fast zehn Jahren genäht hatte. »Ich frag mich, was dich damals beim Unfall so verletzt hat, das war ein echt tiefer Schnitt.«

»Mein scharfer Verstand«, sagte Nicole.

Samantha drehte die erste Strähne auf die heißen Lockenwickler. »In letzter Zeit muss ich oft an den Unfall denken.«

»Ich hab's total vergessen.«

»Wie betrunken Mum gewesen ist.«

»Sie behauptet, sie war nüchtern.«

»Wir wissen beide, dass das nicht stimmt.«

In Wahrheit war sich Nicole nicht sicher, was sie glauben sollte. Egal, wie oft sie Samantha versicherte, dass sie Tina nur mit der Flasche in der Hand gesehen, sie aber nicht daraus trinken gesehen hatte, ihre Schwester unterstellte ihrer Mutter grundsätzlich das Schlimmste. Sie wollte keinen Streit, deswegen konzentrierte sie sich auf die heißen Wickler auf ihrer Kopfhaut und ließ den Augenblick verstreichen.

Dank Samantha erschien Nicole pünktlich und stocknüchtern zu ihrer Party, die in Mount Lawley bei Craig und Donna-Louise stattfinden sollte. Sie hatte versucht, Kim mitzuschleppen, aber die hatte nur gemeint, sie würde später kommen, was vermutlich hieß, dass sie sich lieber wegbeamen und *Highway 2* glotzen wollte.

Nicole schnappte sich einen West Coast Spritz aus einem Kühlbehälter im Hauswirtschaftsraum, um sich die ganze Misere irgendwie schönzutrinken oder zumindest die Wogen ihrer Turmfrisur etwas zu glätten.

Als sie in den Garten kam, fiel ihr auf, wie viel Mühe Samantha sich gegeben hatte. Sämtliche Bäume waren mit Lichterketten behängt, der Garten mit Teelichtern in bunten Gläsern dekoriert. Hinten am Zaun hing sogar ein Schild mit Nicoles Namen in eigens ausgeschnittenen hellroten Lettern.

Aus dem Nichts stand ihre Schwester plötzlich neben ihr, Arm in Arm mit Trent, ihrem hundetreuen Freund. »Gefällt es dir? Trent und ich haben den ganzen Nachmittag dekoriert.«

Trent beugte den Kopf. »Sammy hat fast alles allein gemacht.«

»Ich find's total schön!«, sagte Nicole, und es stimmte sogar.

Samantha strahlte. »Nur das Beste für meine allergrößte und allerbeste Schwester!«

Der Abend verging mit weinseligen Plaudereien. Irgendwann stand Nicole endlich allein da und konnte die Party von außen betrachten. Sie sah Craig und Donna-Louise gemeinsam mit paar älteren Verwandten der Familie Cooper Hof halten, sie unterhielten sich vermutlich über Steuertricks und Immobilienpreise. Sie sah ihre Cousins, verwöhnte Schnösel, die an der University of West Australia irgendwas mit Jura oder BWL studierten und sich jetzt in der Ecke ins Koma soffen. Sie sah ein paar ehemalige Mitschülerinnen, die sie größtenteils bereits vergessen hatte. Sie sah sogar ein paar von Craigs Geschäftspartnern in ihren Nylonhosen und Blazern schwitzen.

Aber Kim fehlte, war ja klar. Genau wie Tom.

Tina war auch nicht gekommen.

Gerade als sie Samantha suchen wollte, um sie zu fragen, wo ihre Mutter blieb, stand auf einmal Ben Porter, mit dem sie in der Zehnten gegangen war, vor ihr.

»Hey, Nicky! Danke für die Einladung«, sagte er.

Nicole bemühte sich redlich, keine Grimasse zu schneiden. Sie hasste es, wenn jemand sie außerhalb der Familie Nicky nannte.

»Gern geschehen, *Benny*«, entgegnete sie. Warum Samantha diesen Typen eingeladen hatte, war ihr schleierhaft. Eigentlich hätte auch ihrer Schwester klar sein müssen, dass Nicole ihn nicht mehr sehen wollte, vor allem, nachdem er sie damals auf dem Klassenausflug so fies abserviert hatte, dass sie die gesamte Bootsfahrt heulend auf dem Klo verbracht hatte.

Keine Ahnung, ob Ben sich daran erinnerte, er tat zumindest so, als wäre es nie passiert. Stattdessen erzählte er ihr lang und breit von seiner letzten Bali-Reise, die er vor Kurzem mit seiner Verlobten unternommen hatte. Nicole erkannte sofort, dass Ben sich ernsthaft für einen coolen Globetrotter hielt und nicht kapierte, dass er nur ein Dorfschulze im 96FM-T-Shirt war, der bei einer flüchtigen Bekannten im Garten Dosenbier trank.

»Du solltest auch mal hinfliegen, Nicky! Ist so exotisch da. Und superbillig. Kuta ist eigentlich fast schon ein Vorort von Perth.«

Nicole lächelte und nickte, und dann legte jemand *Eternal Flame* auf. Als Ben sie zum Tanzen aufforderte, wusste sie, dass dies die schlimmste Nacht ihres Lebens sein würde.

Bei der nächstbesten Gelegenheit machte sie sich vom Acker und suchte nach Samantha, die sich mit Trent in einen versteckten Winkel des Gartens zurückgezogen hatte.

»Du hast hoffentlich so richtig Spaß?«, fragte Samantha munter.

»Wo ist Mum?«

Peinliches Schweigen. Samantha sah zu Boden, Trent lief rot an.

»Ich hol uns noch 'ne Pepsi«, sagte Trent und machte die Biege.

»Ich höre?«

»Sie ... ich hab sie nicht eingeladen«, antwortete Samantha. »Aber Tante Meg schon. Sie konnte nur nicht, lässt aber Glückwünsche ausrichten!«, fügte sie eifrig hinzu. Dann strahlte sie ihre Schwester an, als würde das alles wiedergutmachen.

Nicole gingen die Glückwünsche ihrer Tante am Arsch vorbei. Sie hatte die Frau seit Jahren nicht mehr gesehen. »Das ist doch gequirlte Scheiße!«, sagte sie. »Du lädst unsere Geistertante und diesen Flachwichser Porter ein, aber unsere Mutter nicht?«

»Dad meinte, Donna-Louise würde sich mit ihr im Haus nicht wohlfühlen«, sagte Samantha mit einem Achselzucken, den Blick immer noch gesenkt.

Ich wusste nicht, dass wir hier Donna-Louises Party feiern, hätte sie am liebsten gesagt, doch selbst das stimmte nicht. Sie drehte sich zu Craig und Donna-Louise um, die beide schwer damit beschäftigt waren, die Kissen auf dem Gartensofa zu ordnen. Wahrscheinlich hatte es jemand gewagt, sich draufzusetzen.

»Ich hab dich mit Ben Porter gesehen«, wechselte Samantha das Thema. »Es sah aus, als würdet ihr euch amüsieren.« Sie hatte wieder diesen hohen Ton am Leib, der Nicole wie eine Mücke im Ohr sirrte.

»Ja, ich hab den ganzen Abend so getan, als würde ich mich köstlich amüsieren«, versetzte sie und bedauerte ihre Worte sofort.

Samantha sah aus, als würde sie gleich in Tränen ausbrechen. »Ich dachte, du hättest Spaß«, sagte sie mit zitternder Stimme.

»Ja, hab ich auch! Echt jetzt. Voll!«, versicherte Nicole ihrer Schwester. »Und Mum wäre sowieso nicht gekommen, auch wenn du sie eingeladen hättest.«

Samantha nickte und akzeptierte die Lüge nur zu gern. In diesem Moment bedauerte Nicole Tinas Abwesenheit jedoch umso schmerzlicher.

Glücklicherweise hielten sich die Gratulanten nicht mit langen Reden auf. Craig sagte ein paar Worte über seine Erstgeborene und betonte vor allem, wie stolz er auf sie sei. »Wie hübsch sie doch ist«, sagte er und zeigte auf ihr *Big Hair*. Alle klatschten, Big Hair machte einen Knicks.

Dann stand Samantha auf und erzählte die Geschichte vom Unfall im Jahr 1982. Es hatte ihr vermutlich das Leben gerettet, sagte sie, dass Nicole und sie kurz vorher die Plätze getauscht hatten.

»Auf dem Rücksitz konnte man sich nicht anschnallen. Als kleinere Schwester wäre ich vielleicht aus dem Auto geschleudert worden und gestorben. Ich finde, dass Schwestern«, sagte Samantha schließlich, »einander stützen und schützen sollten. Wie Sicherheitsgurte.«

Irgendjemand rief: »Ahhh!«, was Samantha zum Strahlen brachte. Sie war offensichtlich stolz auf das Bild. Nicole sah sich erneut nach ihrer Freundin Kim um, aber die glänzte weiterhin durch Abwesenheit.

»Rede!«, rief ein Cousin, der in seinem pinken Nadelstreifenhemd mit Hosenträgern wohl aussehen wollte wie Michael Douglas in *Wall Street*.

Nicole erhob sich, dankte ihren Gästen fürs Kommen und setzte sich wieder. Dann sprang sie noch mal auf, dankte Samantha und Trent für die Mühe und Craig und Donna-Louise für die

Gastfreundschaft. Ein drittes Mal stand sie auf, um zu sagen, dass sie Tina vermisste, aber da drehte jemand die Musik auf, und die Gäste wandten sich anderen Dingen zu.

Nicole konnte sich nicht erinnern, wann sie sich je so einsam gefühlt hatte.

Nach einer weiteren Stunde hirnlosem Small Talk verbreitete sich langsam Aufbruchstimmung unter den Gästen, und Nicole entspannte sich endlich ein wenig. Die Tortur war fast vorüber. Aber dann hatten Samantha und Trent ihr unter großem Tamtam die Augen zugehalten und sie vors Haus geführt.

»Überraschung!«, riefen sie und gaben ihren Blick frei. Vor dem Haus stand ein Partybus und wartete nur darauf, alle Gäste in den Club namens Gobbles zu chauffieren.

Das überraschte Nicole tatsächlich. Als sie Samantha informierte, dass sie schon immer mal mit dem Gobbles-Partybus durch die Stadt hatte gondeln wollen, troff ihre Stimme vor Sarkasmus. Das hätte sie sich auch sparen können, ihre Schwester hatte keinen Sinn für Zwischentöne.

Nach der großen Enthüllung herrschte auf einmal hysterische Betriebsamkeit, einige Gäste stiegen in den Bus, andere in ihre Autos. Craig und Donna-Louise bugsierten sogar die Nadelstreifencousins auf den Rücksitz ihres Jaguars, was Nicole besonders mutig fand, wenn man bedachte, wie betrunken die Jungs waren.

»Komm schon, Nic! Steig ein!«, rief Samantha, schon halb im Bus.

»Johnno will, dass ich mit ihm fahre!«, rief Nicole zurück. Johnno war eine ziemlich sichere Nummer, denn auf der Party gab es gleich drei Gäste mit diesem Namen.

»Aber du wolltest doch mit dem Partybus …«, rief Samantha.

Nicole zuckte bedauernd die Achseln, wandte sich ab und versteckte sich hinterm Haus.

Als die Luft rein war, setzte sie sich auf das Gartensofa, pulte am Nagellack herum, den Samantha ihr unbedingt hatte auftragen müssen, und fragte sich, ob Tom nach seiner Schicht vielleicht doch noch herkommen und sie küssen würde. Auf einmal hatte sie große Sehnsucht nach Nähe.

Sie legte sich hin und schloss die Augen.

Eine Weile später riss eine schrille Stimme sie aus dem Schlaf. »Mein Baby ist einundzwanzig! Bin ich zu spät dran zum Gratulieren?«

Es war Tina, die auf absurd hohen Stöckelschuhen über den Gartenweg eierte und triumphierend mit einer Flasche Lambrusco und zwei Champagnerflöten aus Plastik herumfuchtelte.

»Viel zu spät«, sagte Nicole.

»Gut. Wie ich den Scheiß hasse.« Tina stellte die Flasche auf den Tisch, daneben die Gläser, auf denen Nicole jetzt Sternchensticker entdeckte, die sie sehr an Fleißaufkleber aus der ersten Klasse erinnerten. »Herrje, was ist denn mit deinen Haaren passiert?«

»Samantha.«

»Ah ja, das erklärt alles.«

Tina schraubte die Flasche auf, ließ geräuschvoll die Lippen ploppen und schenkte beide Gläser bis zum Rand voll, sodass Lambrusco auf den Tisch schwappte. Sie drückte Nicole eines in die Hand, das andere hob sie wie eine Fackel über ihren Kopf. »Auf dich! Darauf, dass du den Schlüssel gefunden hast. Oder was auch immer«, sagte Tina. »Ich wünsche dir eine Menge, liebste Nicole, aber am meisten wünsche ich dir ein erfülltes Leben. Mach's nicht so wie ich. Verprass es nicht.«

Nicole wollte etwas erwidern, aber Tina hob die Hand. Ihr Lächeln war verschwunden. »Ich weiß, du glaubst, Gras rauchen wäre was anderes. Ist es aber nicht.«

Sie saßen noch lange auf dem Sofa, tranken das süßliche Gesöff, betrachteten die funkelnden Lichter in den Bäumen, die

Teelichter, die jetzt nach und nach verloschen. Als der Lambrusco leer war, streifte Tina durch den Garten und fand unter den Klapptischen noch eine Flasche Tia Maria.

»Tia Maria, golden brown«, trällerte sie beim Einschenken. *»Drink it while everyone else is in town.«*

Aber nicht alle waren in der Stadt. Nicole vermutete, dass Kim und Tom auf dem Sofa in Inverness Crescent lagen. Aber die beiden konnten ihr gerade gestohlen bleiben. Sie hatten sich nicht mal die Mühe gemacht, die zwei Kilometer zu ihrer Party zurückzulegen.

»Ich hab das hier echt vermisst«, sagte Tina nach einer Weile. Nicole sah ihre Mutter überrascht an. So lange war es schon her, dass sie, Samantha, Tina und Craig zusammen in diesem Haus gewohnt hatten, Nicole hatte komplett vergessen, dass dieses Haus auch mal Tinas Heim gewesen war. Nachdem Donna-Louise es nach ihrem Einzug einmal umgekrempelt hatte, war es schwer, sich Tina in diesem beigefarbenen Domizil vorzustellen.

»Es gibt ein paar Dinge«, Tina trank einen Schluck Tia Maria, bevor sie fortfuhr, »ein paar Dinge, die ich dir erst sagen wollte, wenn du alt genug bist. Und jetzt ...«, wieder trank sie, »jetzt bist du alt genug.«

»Was denn?« Nicole beugte sich vor, nervös, aber auch ein bisschen kribbelig vor Neugier.

»Deine Stiefmutter ist eine Fotze.«

»Mum!«

»Ach, komm schon, Nicole. Ich war schon immer der Marmorkuchen auf der Geburtstagsfeier. Jahrelang war ich nett und höflich zu ihr, Samantha liebt sie mehr als mich, aber es stimmt. Sie ist eine Fotze.«

»Donna-Louise ist ganz okay«, bemerkte Nicole, aber kaum waren die Worte gesagt, fiel ihr auf, dass sie nicht zutrafen, denn ihr gegenüber war Donna-Louise ungefähr so warmherzig wie der Eisberg, der die *Titanic* versenkt hatte.

»Und das ist noch nicht alles. Noch längst nicht. Aber nicht heute Abend. Heute Abend, mein wunderbares Kind, ist Party angesagt!«

»Darauf trinke ich!«, rief Nicole, probierte einen Schluck und verzog angewidert das Gesicht. Tia Maria war wie Hustensaft mit Kaffeegeschmack.

»Ach, da bist du«, sagte Craig auf einmal, er war hinter ihrem Rücken über die Terrasse aus dem Haus gekommen. Nicole merkte, wie Tina gefror. »Samantha hat dich im Club überall gesucht. Alle haben dich vermisst.« Er sprach zwar mit Nicole, hatte aber nur Augen für Tina.

»Mir war nicht nach Tanzen«, sagte Nicole. Sie stellte ihr Glas auf den Tisch. »Wo ist Donna-Louise?«

»Im Bett. Kopfweh. Ich wollte gerade das Licht ausmachen, als ich euch hier draußen gehört habe. Die Party ist also noch nicht vorbei.«

Immer noch starrte er Tina an. Nicole konnte sich nicht erinnern, wann sie das letzte Mal in einer solchen Situation mit ihren Eltern allein gewesen war.

Tina schnappte sich Nicoles halb volles Glas und trank es aus.

Nicole spürte, dass sich ein großes Unwetter zusammenbraute. »Lass uns gehen, Mum«, sagte sie.

»Ich fahr euch nach Hause«, sagte Craig.

Nicole runzelte die Stirn. »Aber wir wohnen in unterschiedlichen Richtungen.«

»Kein Problem, ist doch nicht weit. Ich fahr erst zu dir, dann bringe ich Tina nach Bassendean. So spät solltet ihr nicht zu Fuß nach Hause gehen, vor allem nicht mit solchen Absätzen, Teensy.«

Als sie ihren alten Spitznamen hörte, musste Tina lächeln. Hinter den dunklen Wolken brach die Sonne hervor.

»Teensy«, wiederholte sie. »So hat mich schon seit Jahren keiner mehr genannt. Was war mein Name für dich noch mal? Außer Arschloch, meine ich?«

Nicole hielt den Atem an, aber Craig nahm es mit Humor. »Craggy«, sagte er.

»Ah ja, Craggy. Also, *Craggy*, danke für das nette Angebot, das ich gern annehme.«

Craig streckte seinen Arm aus. »Dann komm mal mit, *Teensy*.« Die beiden schlenderten an der Hauswand entlang zur Auffahrt.

Nicole folgte mit einigem Abstand, verstört vom Anblick ihrer Eltern, Arm in Arm, als würden sie zum Altar schreiten. Sie konnte es kaum erwarten, Samantha von diesem seltsamen Frieden zu erzählen – falls ihre Schwester ihr je verzeihen würde, dass sie nicht aufgetaucht war zu ihrer eigenen Party im Gobbles.

Samantha

Die Trauergäste kriegten sich gar nicht mehr ein, alle schwärmten davon, wie *geschmackvoll* alles war. Das Haus. Die Möbel. Das Catering. Normalerweise würde mich das total aufregen, denn es war doch wohl klar, dass das nichts mit Nicoles erlesenem Geschmack zu tun hatte, sondern einzig und allein dem Geld ihres Partners geschuldet war. Aber heute ging mir etwas anderes viel mehr auf den Zeiger.

Nicht nur hatte Nicole auf meine Bitte, bei der Trauerfeier keinen Alkohol auszuschenken, überhaupt nicht reagiert, nein, sie hat auch noch dafür gesorgt, dass der Wein in Strömen floss. Auf Tinas Trauerfeier!

Als ich mit meinem Mineralwasser im Weinglas in Nicoles Wohnzimmer stand, musste ich mir wirklich alle Mühe geben, nicht auszurasten. Neben mir unterhielt sich Trent mit einem entfernten Cousin von Tina, aber meine Aufmerksamkeit galt der größeren Gruppe in der anderen Ecke des Zimmers.

In der Aussegnungshalle und auf dem Friedhof hatten sich diese Leute, Tinas Freunde aus der Kneipe, noch relativ gesittet benommen, aber dann, im Haus, wurden sie mit zunehmendem Alkoholkonsum immer lauter. Sie kreischten und gestikulierten wild wie eine Gänseschar vor dem Abflug oder vor einer bösen Zankerei. Als ich sie so beobachtete, musste ich auf einmal an

Tina denken, ich sah sie geradezu vor mir, als stünde sie mitten unter ihnen, schriller und hektischer als alle anderen. Plötzlich wurde es in meinem Brustkorb ganz eng.

Trent stieß mich an.

Ich sah ihn an. »Hm?« Er zeigte auf den Cousin, ich sollte mich am Small Talk beteiligen.

»Ihr habt echt ein schönes Haus«, sagte er. »Sehr geschmackvoll.«

Er hatte sich vor einigen Minuten vorgestellt, aber sein Name war mir bereits entfallen.

»Nein, das gehört uns ...«, setzte ich an.

»Danke«, sagte Trent. »Wir sind auch ziemlich stolz darauf.«

Dann grinste er mich zufrieden an.

»Ja, das sind wir«, stimmt ich ein. »Sehr, sehr stolz.« Trent grinste noch breiter.

»Ich steh ja mehr auf Boote«, sagte der Cousin. »Hab Tina vor ein paar Jahren mitgenommen auf eine Flussfahrt. Aber nicht mit dem Ding, das ich jetzt habe, sondern mit dem davor. War 'n interessantes altes Mädchen.«

»Wer? Tina?«

»Nein, nein, mein Boot. Ich hab mir jetzt ein neues zugelegt, *Second Wind*, ihr wisst schon, nach dem Song von Billy Joel?«

Ich hatte mich bereits wieder ausgeklinkt, meine Aufmerksamkeit galt dem Kellner, der mit einem vollen Tablett auf uns zusteuerte. Der Cousin nahm sich ein Glas Schampus, aber Trent lehnte kopfschüttelnd ab. Er wusste es besser, als ausgerechnet heute in meinem Beisein Alkohol zu trinken. Der Kellner bahnte sich einen Weg zum Sofa hinter uns, wo meine Tochter Rosemary saß, in ihr Handy vertieft, die große Liebe ihres Lebens. Als er ihr ein Glas Wein anbot, musste ich an mich halten, um nicht auf ihn loszugehen. Glücklicherweise lehnte meine Tochter ab.

»Hast du das gesehen?«, zischte ich Trent zu, kaum dass der

Cousin sich ein paar Schritte entfernt hatte, um sich Nachschlag vom Büfett zu holen. »Der Kellner hat Rose gerade Wein angeboten!«

»Sie ist zwanzig, Sam«, murmelte Trent mit vollem Mund. »Boah, diese Foie gras ist echt gut. Hast du die schon probiert?«

»Aber sie sieht aus wie siebzehn«, protestierte ich, merkte aber rasch, dass Trent mir keine Hilfe war. Ich überließ ihn seinen Kanapees und marschierte in die Küche.

»Wer hat hier das Kommando?«, fragte ich.

Eine nervöse Person mit gestreifter Schürze über dem grellbunten Blumenkleid trat vor. »Ich. Wieso?«

»Würden Sie den Ausschank von Alkohol bitte einschränken?« Das sagte ich in einem Tonfall, den ich mir sonst für lästige Werbeanrufe aufsparte.

»Wir richten uns nur nach den Anweisungen der Gastge…«

»Die Mutter der Gastgeberin - meine Mutter - war Alkoholikerin und ist an akutem Leberversagen gestorben. Es ist völlig pietätlos, die Trauergäste, unter denen sich übrigens auch meine minderjährige Tochter befindet, mit Alkohol abzufüllen. Sie haben sicher kein Interesse an einer offiziellen Beschwerde bei Ihrem Vorgesetzten.«

Die Frau schluckte meine kleine Notlüge über Roses Alter und nickte betreten.

»Gut. Dann haben wir uns ja verstanden.«

Mit klopfendem Herzen kehrte ich zu Trent und seinem neuen Freund zurück.

Trent sah mich fragend an und tätschelte mir die Schulter. »Alles okay?«

Ich atmete tief durch. »Ja.« Seine Berührung holte mich immer auf den Boden der Tatsachen zurück. »Ich musste nur wegen einer Kleinigkeit in der Küche Bescheid sagen.«

In dem Moment kam Rosemary zu uns rüber, den Mantel schon in der Hand. »Lass uns gehen, Dad«, sagte sie. Mich ignorierte sie völlig, denn wir hatten uns kurz vor der Beerdigung über ihre Kleidung gestritten.

»Wieso nimmst du Rose mit?«, fragte ich verwirrt. Sie war mit ihrem eigenen Wagen gekommen, was ich nach unserem Streit als kleine Erleichterung empfunden hatte.

»Ich bring sie zur Arbeit und fahre ihre Rostlaube dann zu Simon in die Werkstatt. Er hat gemeint, er würde sich das mal anschauen. Als Gefallen.« Trent wandte sich zum Cousin um. »Sorry, Rick. Ich muss Rose zur Arbeit fahren.«

»Heute?«, fragte Rick, dessen Name tatsächlich Nick lautete, wie mir jetzt einfiel.

»Ja, sie konnte ihre Schicht nicht tauschen«, entschuldigte ich meine Tochter eilig. »Sie und Tina standen sich aber auch nicht besonders nahe.«

Rosemary senkte verlegen den Blick. Plötzlich verspürte ich den großen Drang, diesem Fremden zu erklären, warum es nicht Roses Schuld war, dass sie ihre Großmutter in den letzten zehn Jahren nur ein paar Mal gesehen hatte. Die Entscheidung, den Kontakt einzuschränken, hatte ich aus gutem Grund getroffen, wie ich Rick/Nick gern ausführlicher erläutert hätte.

Aber Trent und Rosemary waren bereits im Aufbruch begriffen, und der Cousin plapperte schon wieder über sein Boot. »Du kannst gern mal mitkommen auf eine Flussfahrt. Dein Mann und deine Tochter auch«, sagte er.

Ich ging nicht weiter darauf ein, sondern sah den beiden hinterher. Rose stand mit dem Mantel im Arm an der Tür und wartete, bis Trent sich noch ein paar Häppchen Foie gras organisiert hatte. Ich fragte mich, wie es ihr wohl auf meiner Beerdigung gehen würde. Würde sie wie Tante Meg in Tränen ausbrechen, wenn sie den Sarg in die Erde hinabließen? Oder wäre sie vor Trauer wie betäubt, so wie ich jetzt?

Meine Aufmerksamkeit wanderte wieder zur Küche. Nicole stand in der offenen Tür und unterhielt sich mit der Frau vom

Catering. Ich straffte den Rücken, bereit für die nächste Schlacht, doch dann drehte sich meine Schwester zu mir um und hob ihr Glas. Ich war erleichtert, aber auch ein wenig enttäuscht über ihr schnelles Nachgeben, denn die Wut über den Wein hatte mir wenigstens etwas Halt gegeben.

Als Nicole den letzten Gast verabschiedet hatte, versuchte ich, es mir auf der Wildledercouch bequem zu machen. Sie war so weiß und edel, dass ich es immer schwierig fand, mich darauf zu entspannen. Nur jemand, der keine Kinder hatte, konnte sich so ein unpraktisches Möbelstück anschaffen.

Es regte mich auf, dass Nicole lallte, als sie mir das lächerliche Puzzle mit den garantiert fehlenden Teilen wie ein Friedensangebot hinschob.

Zuerst dachte ich noch, es läge daran, dass sie müde war. Nicole hatte den ganzen Nachmittag nur Tee getrunken. Als die Unterhaltung aber kurz danach außer Kontrolle geriet, stand fest, dass sie tatsächlich betrunken war. Da stand ich auf und fing an, die Gläser einzusammeln, um meine Wut an etwas Sinnvollem auszulassen, wie Donna-Louise es mir beigebracht hatte.

»Genau wie früher«, lallte Nicole und fläzte sich auf das weiße Wildlederungetüm.

Ich musste daran denken, wie oft ich das Backsteinhaus an der Railway Parade gewienert hatte, während Tina betrunken herumlag und Nicole Bücher las.

Jetzt war Tina tot, und Nicole lag betrunken herum.

Überhaupt nicht wie früher.

Während ich im Zimmer herumwuselte und Gläser aufs Tablett stellte, bemühte ich mich, meine jetzt leise auf dem Sofa schnarchende Schwester zu ignorieren und nicht an meine tote Mutter zu denken, auf dem kalten Friedhof. Ich hatte mich nicht vernünftig von ihr verabschiedet. Wenn ich meine Scham zuließ, fühlte es sich an, als würde ich mir die Haut mit einer scharfen Glasscherbe aufschneiden.

Nach ein paar anstrengenden Minuten gab ich auf, ließ das Tablett stehen und beschloss, mich ungestört im Erdgeschoss umzusehen. Seit dem katastrophalen Abendessen anlässlich Nicoles vierzigsten Geburtstags vor einigen Jahren hatte ich keine Gelegenheit mehr dazu gehabt - noch eine Erinnerung, die wehtat wie ein Schnitt mit einer Glasscherbe.

Ich schob diese Gedanken zur Seite und konzentrierte mich. Nicht mal Trent gegenüber hatte ich zugegeben, wie sehr ich mich in dieses Haus verliebt hatte. Mit seinen hohen Decken, den hellen, großzügigen Räumen und dem atemberaubenden Blick auf den Fluss war es genau das Gegenteil unseres dunklen, engen Stadthauses in Maylands. Natürlich steckte auch eine Menge Geld darin.

Ich ging in mein Lieblingszimmer, das Wohnzimmer im vorderen Teil des Hauses, mit den großen Fenstern zum Fluss, setzte mich auf eines der beiden ausladenden Chesterfield-Sofas mit den wolkig-weichen Kissen und genoss die Aussicht. Tagsüber glitzerte der Fluss wie ein Edelstein, aber selbst im schwindenden Licht wirkte er noch immer imposant. Mit einem kleinen Seufzer sank ich in die Kissen, die mit Daunen gefüllt waren, wie ich jetzt feststellte - garantiert von einem seltenen Vogel.

Vorsichtig legte ich die Füße auf den Couchtisch, der sicher mehr gekostet hatte als mein Auto. Nicole machte es ebenso, und ich beneidete sie immer darum, wie lässig sie sich in dieser edlen Einrichtung bewegte.

Als über mir eine Tür zuklappte, zog ich meine Füße rasch wieder vom Tisch. Das war sicher Jethro. Seit besagter Geburtstagsfeier spielte er mit mir Verstecken. So lange wie er hatte das Spiel allerdings noch niemand durchgehalten. Und überhaupt hinkte der Vergleich, denn ich suchte nicht nach ihm.

Als ich aufstand, um das Tablett aus dem hinteren Wohnzimmer zu holen, blieb mein Blick an einigen Fotos auf der Anrichte hängen. Die meisten stammten von Jethros Familie. Ein paar zeigten Jethro und Nicole in irgendwelchen exotischen Ländern, auf anderen war ein jüngerer Jethro in Blazer und Krawatte seiner Privatschule zu sehen. Dahinter entdeckte ich ein Bild, das mir bekannt vorkam, ein gerahmtes Foto unserer Familie am Tag meiner Hochzeit, das ich Nicole zu Weihnachten geschenkt hatte. Es war die einzige gemeinsame Aufnahme von Dad, Donna-Louise, Nicole und mir.

Als ich sie mir genauer ansah, bemerkte ich in der oberen Ecke des Rahmens ein Passfoto von Tina. Wieder spürte ich diese Enge in der Brust. Jahrelang hatte ich nichts als Erleichterung darüber empfunden, dass Tina nur kurz zu meiner Hochzeit gekommen war. Der Tag war schon stressig genug gewesen, auch ohne ihre besondere Art, Chaos zu verbreiten. Doch Nicoles Versuch, Tina ins Bild zu implantieren, zeigte mir, dass meine Schwester das offenbar anders sah. Und dieser seltsame Knoten in meiner Brust deutete darauf hin, dass ich jetzt, da Tina nicht mehr da war, womöglich ebenso empfand.

Ich schnappte mir das Tablett und trug es an der immer noch schlafenden Nicole vorbei in die Küche. Dort sah ich sofort, was anlag: eine Flasche Wodka in der Ecke, der Deckel noch abgeschraubt. Daher wehte der Wind!

Bevor ich mich beherrschen konnte, war ich schon darauf zugeeilt, um mir einen großen, wunderbaren Schluck zu gönnen. Doch etwas hielt mich zurück. Ich stellte die Flasche wieder hin. Es gab in meinem Leben eine strikte Regel, und die lautete: Kein Alkohol am Steuer!

Aber ich wollte den Wodka. Brauchte ihn.

Ablenkung, sofort. Rasch nahm ich mir die Keksdose von der Arbeitsplatte, sie sah aus wie der Kopf des Krümelmonsters und war eindeutig ein Überbleibsel aus Nicoles Vergangenheit, als sie noch in einer schimmeligen Einzimmerwohnung in Inglewood hauste, mit einem Kühlschrank im Wohnzimmer. Die Dose hatte ihr bestimmt Darren geschenkt, ihr grässlicher Ex-Freund. Ich hatte nie verstanden, wieso sie sie mitgenommen hatte, besonders, da sie in dieser »geschmackvollen« Küche so auffällig fehl am Platze war.

Auf der Rückseite klebte sogar noch das Preisschild, typisch für Nicole, es nicht zu entfernen, obwohl sie das Ding schon mindestens zwanzig Jahre mit sich rumschleppte. Vier Dollar neunundneunzig, von Red Spot. Ich schüttelte den Kopf. Darren wusste, wie man Frauenherzen erobert.

Ich benetzte einen Scheuerschwamm mit Spülmittel und machte mich daran, das Schild abzuschrubben. Dabei dachte ich an Darren zurück. Trent hätte ihn aus vielerlei Gründen nie mit Nicole verkuppeln dürfen, und diese hässliche Keksdose, dieser Schandfleck in unser aller Leben, war nur einer davon.

Ich war fast fertig mit Schrubben, als ich eine Nachricht von Rosemary bekam.

Schicht früher vorbei @9. Dad und Auto noch bei Simon.

Das war ein direkter Befehl, sie abzuholen. Rosemary rang sich mir gegenüber nie ein *Bitte* oder *Danke* ab, schließlich war ich nur ihre Mutter. Dabei war ich bei ihrer Geburt fast *gestorben*. Als ich ihr das mal bei einem Streit hingeworfen hatte, erntete ich nur die vorhersehbare Antwort: Ich wünschte, du hättest es getan! Klar war das nur so dahingesagt, aber es hatte mich tiefer verletzt, als ich zugeben wollte.

Bis neun war es noch eine Stunde hin, nicht genug Zeit, um vorher heimzufahren, aber zu lange, um mit einer Flasche Wodka allein zu sein. Ich überlegte, ob ich Nicole aufwecken sollte. Einen neuen Streit mit ihr anzuzetteln würde auf jeden Fall ein bisschen Zeit totschlagen.

Wie auf Kommando hörte ich einen dumpfen Knall aus dem hinteren Wohnzimmer. Als ich herbeieilte, sah ich, dass Nicole von der Couch gerollt war. Allerdings hatten der Wodka und der weiche Läufer ihren Sturz so gedämpft, dass sie trotzdem weiterschlief. Also hob ich sanft ihren Kopf und schob ein Sofakissen darunter, um es ihr bequemer zu machen. Dann trat ich einen Schritt zurück und betrachtete sie eine Weile, sah zu, wie sich ihre Brust sanft hob und senkte.

Mit ihren manikürten Nägeln, der schicken Frisur und den teuren Klamotten sah sie so anders aus als die Nicole von damals, die völlig zugekifft auf dem vor Dreck starrenden Cordsofa in Menora gelegen hatte, in einer Sandwich-Bar Schichten abriss, alle paar Wochen mit Darren Schluss machte und im Schlafanzug zu Hause arbeitete, um sie herum lauter dreckige Kaffeebecher.

Ich stellte mir vor, wie es wäre, mich neben sie auf den weichen Läufer zu kuscheln, so wie früher, als wir noch klein waren und eine von uns - meist ich - schlecht geträumt hatte. Jahrelang war sie in meinem Leben die einzige Konstante gewesen, aber heute waren wir praktisch Fremde. Ich ließ sie weiterschlafen, schlenderte durchs Zimmer, las die Grußkarten an den Blumensträußen. Manche Namen kamen mir bekannt vor. Alte Freunde der Familie. Entfernte Verwandte. Die Schwestern aus der Privatklinik, wo Tina ihre letzten Tage verbracht hatte, Jethros Millionen sei Dank.

Schließlich blieb ich vor einem kleinen runden Tisch mit einem Riesenstrauß weißer Lilien stehen. Auf der Karte stand: *Für Nicole und Samantha und Anhang, herzliches Beileid. Ohne Tina ist es nur noch halb so lustig, sie wird uns fehlen. Die Gang aus der Ambassador Tavern.*

Alle Gefühle kamen auf einmal in mir hoch, die geballte Trauer, gerade erst mühsam verdrängt, drohte mich zu überwältigen. Allein der Alkohol hatte sie so *lustig* gemacht! Wie konnten diese Leute so gefühllos sein? Am liebsten hätte ich die Blumen quer über Nicoles teuren cremeweißen Teppich geschleudert und sie zertrampelt. Stattdessen marschierte ich wie ferngesteuert in die Küche, direkt auf die Wodkaflasche zu, als wäre sie das Einzige auf der Welt, das mir helfen könnte.

Ich hielt sie wie ein Baby sein Fläschchen mit beiden Händen umklammert und wollte sie gerade zum Mund führen, als mein Handy klingelte. Unbekannte Nummer.

»Hallo?«, sagte ich, während ich die Flasche vorsichtig zurückstellte.

»Sammy? Ich bin's, Meg. Deine Tante Meg. Entschuldige, dass ich so spät noch anrufe, ich habe ein paarmal versucht, Nicole zu erreichen, aber sie ist nicht rangegangen.«

»Sie schläft.«

»Oh, hm ... das ist jetzt ein bisschen blöd. Ich hatte eigentlich gehofft, vor meiner Abreise morgen noch mit euch beiden reden zu können. Es gibt da ein paar Dinge ...« Sie ließ den Satz in der Luft hängen.

»Tante Meg? Bist du noch da?«

»Es gibt ein paar Dinge, die ich euch beiden sagen muss. Es geht um die Scheidung eurer Eltern«, sagte sie, ihre Stimme wieder bestimmt und gefasst. »Sachen, die schon vor Jahren hätten besprochen gehört.«

Ich musste wieder zur Keksdose schauen. Die Situation mit Meg war wie die Sache mit dem Preisschild. Nicole würde es ständig vor sich herschieben. Also würde ich mich darum kümmern.

»Klar!«, sagte ich und machte für den folgenden Tag am Mittag einen Termin mit Meg aus.

Nachdem ich das Gespräch beendet hatte, wanderte mein Blick von der Wodkaflasche zum Lilienstrauß im Wohnzimmer. Da kam mir eine Idee. Ich trug alles - Wodka, Vase, Blumen - wie ein schlafendes Kind im Arm durchs Zimmer und verabschiedete mich von meiner Schwester.

»Ich fahr dann mal«, sagte ich zu Nicole, die langsam aus ihrem betrunkenen Dusel erwachte.

Es wunderte mich kein bisschen, dass sie den vereinbarten Termin mit Meg verschieben wollte. Ich musste ganze Überzeugungsarbeit leisten, damit sie sich nicht wieder wegduckte.

Auf dem Weg zur Tür wurde ich beim Anblick von Tinas Foto auf der Anrichte von verschiedenen Gefühlen überrumpelt: Bedauern, Traurigkeit, Verzweiflung, Zorn.

Es dauerte eine Weile, bis ich die Mülltonnen gefunden hatte, ordentlich aufgereiht standen sie in ihrem eigenen Holzhäuschen, das Nicole und Jethro für ihren kostbaren Müll errichtet hatten. Ich zerrte willkürlich eine heraus und pfefferte alles, Vase, Blumen und Wodka, hinein. Das war zwar Verschwendung, vor allem von Wodka, aber danach ging es mir besser. Ich hatte immer noch die Kontrolle.

Zumindest ein bisschen.

Teil Nr. 3: 1995

»Braut oder Bräutigam?«, fragte der Platzanweiser Nicole und Tina.

»Weder noch«, antwortete Tina mit einem Augenzwinkern. »Ich heirate nicht.«

»Wie bitte?«

»Braut«, ging Nicole dazwischen, und der Mann wies ihnen prompt einen Platz auf der linken Seite der Kirche zu.

»Für jemanden im Clownsanzug hatte der Typ echt wenig Sinn für Humor«, sagte Tina, nachdem sie sich auf eine der hinteren Bänke gesetzt hatte.

Nicole blieb stehen. »Wollen wir nicht weiter nach vorn?«

»Was? Neben deinen Vater und Donna-Louise?«

»Ja, da hast du auch wieder recht.« Nicole rutschte neben sie, vorsichtig, um ihr neues Blumenkleid nicht zu verknittern. Darüber trug sie eine Bikerjacke, das teuerste Kleidungsstück, das sie sich mit ihren fünfundzwanzig Jahren je geleistet hatte. Sie zog sie zurecht, darauf bedacht, sie zur Geltung zu bringen.

»Troy sieht nicht besonders gesund aus, sogar aus dieser Entfernung«, bemerkte Tina.

»Du meinst Trent.«

»Wer ist Trent?«, scherzte Tina.

Doch sie hatte recht, er sah tatsächlich nicht so gesund aus. Pachelbels Kanon in D-Dur ertönte, und Trent stand allein vorm Altar, bleich und nervös wie die Brautjungfern, die jetzt in ihren buttergelben Kleidern nach vorn schritten.

»Sein Gesicht hat dieselbe Farbe wie ihre Kleider«, flüsterte Nicole ihrer Mutter zu.

»Du bist jetzt sicher froh, dass du keine Brautjungfer sein wolltest«, flüsterte sie zurück. Nicole nickte, unterdrückte aber den Impuls, mehr dazu zu sagen.

Tina wusste nicht, dass Samantha ihre Schwester nicht mal gefragt hatte, aber jetzt war nicht der richtige Zeitpunkt, um sie aufzuklären. Nicht dass Nicole darüber traurig war. Nicht so richtig. Nur ein bisschen.

Die Musik änderte sich. Jetzt war Mendelssohn an der Reihe, der Hochzeitsmarsch. Tina fuhr herum. »Oh!«, rief sie. »Sieht sie nicht entzückend aus?«

Nicole drehte sich ebenfalls um. Da war Samantha an Craigs Arm, in ihrer vollen, weiß gerüschten Pracht. Nicole versuchte, ihren Blick zu erhaschen, aber vergeblich. Samanthas Blick war fest auf ihren Zukünftigen gerichtet.

»Meine Kleine«, sagte Tina mit feuchten Augen. Nicole nahm ihre Hand und drückte sie fest.

Vor dem Altar übergab Craig seine Tochter an Trent und setzte sich neben einen großen gelben Federhut, unter dem Nicole Donna-Louise vermutete.

»Sieht aus, als hätte sich Donna-Louise als Bibo verkleidet«, bemerkte Tina, deren Tränen getrocknet waren. Nicole war froh, dass sie nicht weiter vorn saßen.

Als sich die Gäste nach der Trauung auf den Kirchenstufen tummelten, zog Tina Nicole beiseite.

»Nic, mir geht es nicht so gut. Ich glaube, ich lasse das mit der Feier und gehe lieber nach Hause.«

Nicole war verwirrt. In der Kirche hatte ihre Mutter noch frisch und munter gewirkt. »Bist du sicher, Mum? Vielleicht hat Trents Mutter eine Kopfschmerztablette.«

»Nein, Schatz. Ich muss mich hinlegen«, sagte Tina mit zitternder Stimme.

»Dann ruf ich dir zumindest ein Taxi.« Jetzt war Nicole doch ein wenig besorgt. Sie zog ihr Handy aus der Tasche.

»Nein, nein, auf der Beauford Street kann ich sicher eins anhalten. Bitte entschuldige mich bei Sammy und Trent, richte ihnen aus, dass ich ihnen einen wunderbaren Tag wünsche.«

Nicole wollte protestieren, aber da kam einer von Trents Brüdern auf sie zu und schüttelte ihr die Hand. Als sie sich umwandte, war Tina verschwunden.

»Familie der Braut!«, rief die Fotografin.

Auf einmal wurde Nicole von einer Menschenmenge verschluckt und vor den Treppenstufen wieder ausgespuckt. Sie atmete tief durch, dann gesellte sie sich zu Samantha und Trent. »Sammy, du siehst wunderschön aus!«, sagte sie.

Samantha lächelte auf dieselbe verkniffene Art wie immer, wenn sie teuren Lippenstift trug. »Danke, Nic.«

»Hör zu, Mum ging's nicht so gut, sie ist schon gegangen«, sagte Nicole mit gedämpfter Stimme. »Aber sie lässt schön grüßen.«

Samantha nahm die Nachricht hin, ohne auch nur mit der Wimper zu zucken. »Wir haben dich neben Darren gesetzt, das ist der Typ, von dem ich dir erzählt habe«, flüsterte sie zurück. »Du weißt schon, der mit Trent arbeitet. Er ist Single.«

Nicole starrte sie an. »Hast du gehört, was ich gerade über Mum gesagt habe?«

»Jaja, hab ich gehört.« Samanthas Aufmerksamkeit galt jetzt Craig und Donna-Louise, die soeben die Stufen hinaufkamen.

»Gratuliere, mein Schatz!«, sagte Craig und küsste Samantha auf die Wange.

»Vater der Braut, bitte hier rüber.« Die Fotografin zeigte auf eine Stelle neben Trent. »Und Sie sind bestimmt die Mutter«, sagte sie zu Donna-Louise. Niemand korrigierte sie. »Sie stellen sich bitte da hin, neben Ihre hübsche Tochter.«

»Hallo, Nicole!«, sagte Donna-Louise, als sie sich zwischen die Schwestern drängte. Ihre gelben Federn stachen Nicole in den Hals.

»Sie sind die Schwester?«, fragte die Fotografin, an Nicole gewandt. »Sie sind ja noch größer, als man mir gesagt hat. Könnten Sie bitte eine Stufe tiefer gehen?«

Nicole brannten die Wangen, aber sie gehorchte ohne Murren. Heute Morgen vor dem Spiegel hatte sie sich elegant und attraktiv gefühlt, aber jetzt kam sie sich vor wie ein Trampeltier.

»Großartig. Okay. Familie der Braut? Alle mal ›Cheese‹ sagen!«, rief die Fotografin. Alle lachten, außer Nicole.

Als sie den Saal betrat, suchte Nicole ihren zugeteilten Platz und stellte fest, dass man sie an Tisch elf gesetzt hatte, ganz hinten, zusammen mit Leuten, die sie nicht kannte, neben Darren, von dem Samantha ihr seit Monaten die Ohren vollquatschte, als wäre er der absolute Traumprinz. Sie studierte den Sitzplan, um festzustellen, wo man Tina platziert hätte, wenn sie nicht gegangen wäre, konnte ihren Namen aber nirgends finden.

Es dauerte nicht lange, bis Nicole kapierte, warum Darren Single war. Er war gerade von einem vierjährigen Aufenthalt in Japan zurück, wo er als Englischlehrer gearbeitet hatte, und redete, als wäre er der einzige Mensch, der je eine andere Kultur kennengelernt hatte.

»In Japan zieht sich die Braut bei der Hochzeit mehrere Male um und ändert auch ihre Frisur«, erklärte Darren ihr bei der Vorspeise. Er sprach mit einem seltsamen Akzent, eine Mischung aus australischem und amerikanischem Englisch, rollte jedes Wort sorgfältig von der Zunge, als hatte er Angst, er könnte es in seinem Mund zerbrechen. »Deine Schwester hätte sich schon mindestens zweimal umgezogen.«

»Also so wie sonst auch«, scherzte Nicole, aber Darren reagierte nicht darauf.

»Außerdem reicht das frisch vermählte Paar seinen Gästen Geschenke, nicht andersherum. In Japan geben die Gäste dem Paar Geld, keine Küchengeräte, Geschirr oder Vahhsen. Das letzte Wort sprach er sehr affektiert aus. »Das ist erheblich praktischer, findest du nicht?«

»Vahhsen?« Nicole äffte seine Aussprache nach.

»Du weißt schon, das Gefäß, in das man Blumen stellt«, sagte Darren, der allen Ernstes zu glauben schien, sie wüsste nicht, was eine Vase war.

Beim Essen herrschte Schweigen. Nicole sah sich die anderen Gäste an, aufgetakelt, im feinsten Zwirn, so viele Fremde. Sie fragte sich, wie es sein konnte, dass Samantha haufenweise Leute kannte, die Nicole noch nie gesehen hatte.

»Was machst du so beruflich?«, fragte Darren.

»Ich bin offizielles Mitglied bei den Comancheros«, scherzte Nicole und wies auf ihre vorsichtig über den Stuhl gehängte Lederjacke. Darren sah sie verständnislos an. Er war eine echte Spaßkanone. Nicht. »Im Ernst? Ich schmiere Brote in einem Sandwich-Laden. Obwohl ich mich lieber Brotkünstlerin nenne.«

»In Japan hättest du es schwer, einen Job zu finden«, erwiderte Darren. »Die essen da keine Sandwiches.«

»Vielleicht könnte ich auf Sushi-Köchin umschulen?«

»Sushi kocht man nicht«, bemerkte Darren. »Samantha hat gemeint, du wärst Single? Wie alt bist du?«

»Fünfundzwanzig«, antwortete sie, ein wenig überrascht von seiner Direktheit.

Er lächelte wissend. »Ah ja.«

»Wie ›ah ja‹?«

»Nächstes Jahr bist du Weihnachtskuchen.«

»Bin ich was?«

»Weihnachtskuchen. In Japan essen sie am Weihnachtstag

einen ganzen Obstkuchen mit Sahne. Nach dem Zweiten Weihnachtstag, also am sechsundzwanzigsten, ist er nämlich nicht mehr gut.«

Nicole glotzte ihn noch eine Weile an, wandte sich dann aber demonstrativ von ihm ab. Sie versuchte, sich dem Gespräch über Pensionsmodelle der beiden älteren Herren zu ihrer Rechten anzuschließen, die sich zuvor als Freunde von Trents Vater aus dem Rotary Club vorgestellt hatten. Nach ein paarmal Nicken und Lächeln widmete sie sich wieder ihrem Essen. Während sie auf dem zähen Steak herumkaute, dachte sie sehnsuchtsvoll an das Buch, das zu Hause auf ihrem Nachttisch auf sie wartete, *Die Brücken am Fluss*, und die damit verbundene Aussicht, in eine freundlichere Welt abzutauchen, weit weg von ihrer Gegenwart mit Pensionsmodellen und, noch langweiliger, Menschen wie Darren, der gerade auf seinem Teller herumstocherte.

»Wie ist das Hühnchen?«, fragte sie.

»Trocken«, lautete seine Antwort. »In Japan sind Hochzeitsmenüs absolut fantastisch. Nicht so wie hier, wo man sich zwischen Scheißsteak oder Scheißhühnchen entscheiden muss.«

»Auf wie vielen japanischen Hochzeiten warst du denn schon, Darren?«

»Ähm, auf einer.«

Nicole leerte ihr Glas. »Du bist ein echter Flachwichser, das weißt du, oder?«

Darren zuckte die Achseln. »In Japan haben sie mir gesagt, ich sehe aus wie Michael J. Fox.«

Nicole lachte und schenkte sich Wein nach. Der war bitter nötig, wenn sie es bis zum Nachtisch schaffen wollte.

Nach ein paar Gläsern hatte Darren dann tatsächlich eine gewisse Ähnlichkeit mit Michael J. Fox, und als sie sich breitschlagen ließ, mit ihm auf die Tanzfläche zu gehen, stellte sich heraus, dass er gar nicht schlecht war. Und so entspannte sich Nicole zunehmend, ja, sie amüsierte sich sogar.

»Wie findest du Darren?«, fragte Trent sie, als sie auf dem Weg zur Toilette an ihm vorbeikam. Er hatte hektische Flecken im Gesicht, und seine Krawatte saß schief.

»Er ist witzig!«, rief Nicole. Zu diesem Zeitpunkt lag die peinliche Weihnachtskuchenunterhaltung bereits Stunden zurück. Sie und Trent wandten sich gleichzeitig zu Darren um, der Trents alter Tante gerade geduldig den Ententanz beibrachte.

»Hey, tut mir echt leid, dass du keinen Platz an unserem Tisch bekommen hast, aber Samantha wollte unbedingt, dass du neben Darren sitzt.«

Nicole sah Trent fassungslos an. »Das war ihr wichtiger, als mich zur Brautjungfer zu haben?«

Trent zuckte die Achseln. »Tja. Du kennst Sammy, sie hat immer ihre Gründe. Wie die Sache mit Tina. Wichtige Gründe gab es dafür.«

»Was meinst du da…«, setzte Nicole an, aber da tauchte Darren neben ihr auf.

»Da bist du!«, rief er und ergriff ihre Hand. »In Japan habe ich es mir zur Aufgabe gemacht, so vielen Leuten wie möglich den Ententanz beizubringen. Brauchst also gar nicht erst versuchen, dich davor zu drücken.«

Nicole wollte sich losreißen und ihre Unterhaltung fortsetzen, aber Trent war bereits verschwunden.

Nicht genug, dass sie mehrere Durchgänge mit dem Ententanz hinter sich bringen musste, nein, Nicole lernte danach auch noch den »Nutbush«. Irgendwann stand sie dann endlich auf der Terrasse, allerdings leistete Darren ihr Gesellschaft. Nicole, ganz schwindelig vom vielen Tanzen und Alkohol, war nur froh, endlich frische Luft schnappen zu können.

»Du bist so viel hübscher als deine Schwester«, teilte Darren ihr mit.

»Du hast überhaupt kein Feingefühl, oder?«

»Nach vier Jahren in einem Land, wo mich niemand verstanden hat, habe ich mir das abgewöhnt.«

»Dann erkläre ich's dir jetzt noch mal: Heute ist ein besonderer Tag für meine Schwester. Heute steht sie im Mittelpunkt und ist die Schönste auf der Welt.«

»Wenn du das sagst«, meinte Darren und beugte sich vor, um sie zu küssen.

Nicole, überrascht darüber, wie weich seine Lippen waren, ließ sich darauf ein. Nach ein paar Minuten ihrer stummen Hingabe zog er den Kopf zurück und betrachtete sie.

»Du bist so groß und stabil«, sagte er. »In Japan waren die Mädchen alle klein und zart wie Vögelchen, die zerbrechen würden, wenn man sie zu hart anfasst.«

»Weniger Japan, mehr Küssen«, sagte Nicole mit einer Stimme, die sie nicht wiedererkannte, während drinnen *Achy Breaky Heart* losging.

Teil Nr. 4: 1997

Selbst nach dem Blasensprung stritten sich Samantha und Trent vor der Wohnung darüber, wer von ihnen zum Krankenhaus fahren sollte.

»Echt jetzt, Sam, gib mir die Schlüssel!«, flehte Trent.

»Ich krieg das schon hin.«

»Du hast Wehen. Ich glaube, es ist sogar verboten, sich mit Wehen ans Steuer zu setzen.«

Samantha wollte gerade widersprechen, als eine neue Wehe ihr dermaßen zusetzte, dass sie sich ans Auto lehnen musste, um die Schmerzen wegzuatmen.

»Siehst du! Wenn das passiert, kannst du nicht fahren«, sagte Trent beschwichtigend, während er ihr über den Rücken streichelte.

»Meine Güte, dann müssen wir eben alle zehn Minuten anhalten.« Samantha keuchte.

»Alle fünfeinhalb Minuten«, korrigierte Trent. »Ich habe mitgezählt.«

Obwohl die Wehe bereits am Abebben war, wusste Samantha, dass sie verloren hatte, weil die nächste sicher nicht weniger heftig ausfallen würde. Sie gab ihm die Schlüssel. »Benimm dich, sonst erkläre ich dich zum Erzfeind!«, warnte sie.

Während der Geburtsvorbereitung hatte ihnen die Hebamme

erklärt, dass Gebärende immer einen Erzfeind bräuchten, an dem sie ihre Wut abreagierten, und Ehemänner gut daran täten, sich nicht für diesen Posten zu qualifizieren.

Die Sanitäter in der Aufnahme verfrachteten sie sofort in einen Rollstuhl. »Ich kann wunderbar zu Fuß gehen«, protestierte Samantha, als die Geburtshelferin herbeieilte.

»Möglich, Mrs Chapman, aber das werden Sie schön bleiben lassen«, sagte sie mit einem strengen britischen Akzent.

»Gib ihr meine Geburtsverfügung«, sagte Samantha zu Trent. »Ich bin sicher, da steht nichts von Rollstühlen.«

»Das sparen wir uns für den Kreißsaal«, entgegnete die Hebamme und marschierte voraus. »So, jetzt kommen wir schön mit!«

»Wer spricht die Leute in Australien beim Nachnamen an?«, flüsterte Trent. »Mrs Chapman ist meine Mutter.«

»Sie spricht mich an wie eine alte Frau, behandelt mich aber wie ein kleines Kind«, flüsterte Samantha. »Ich bin fünfundzwanzig!«

Als Trent den Rollstuhl anschob, wechselten sie Blicke und grinsten verschwörerisch. Sie hatten ihre Erzfeindin gefunden!

Im Kreißsaal interessierte sich ebenfalls niemand für ihre Geburtsverfügung, am allerwenigsten das Baby, das selbst bestimmte, auf welchem Weg es auf die Welt kommen wollte. Sogar Samantha verlor nach einer besonders heftigen Wehe allen Glauben an den Sinn ihrer Verfügung. Die natürliche Geburt, wie sie sie sich vorgestellt hatte, kam ihr zunehmend wie ein Märchen vor.

»Geben Sie mir eine Spritze!«, rief sie, Trents Hand fest umklammert. »Ich will eine PDA!«

»Könnte sie bitte eine … ähm, Narkose bekommen?«, fragte Trent die britische Hebamme, die sich als einzige Fachkraft um Samantha kümmerte. Die Atmosphäre zwischen den beiden Frauen war dermaßen aufgeladen, dass sie Trent als Mediator zwischenschalteten.

»Dafür ist es zu spät, Mrs Chapman. Der Muttermund ist zu weit eröffnet«, sagte die Hebamme. »Aber ich könnte Ihnen Lachgas anbieten.«

»Du kannst Lachgas haben«, wiederholte Trent.

»Ich will kein Gas. Ich will die scheißverdammte PDA!« Samantha sah rot.

Die Hebamme schüttelte stumm den Kopf.

»Es ist zu spät, Sammy«, übersetzte Trent. Samantha reagierte mit einer fiesen Grimasse.

Nach gefühlten zehn Stunden Wehen kontrollierte die Hebamme erneut den Muttermund. »Immer noch neun Zentimeter«, sagte sie missbilligend, als könnte Samantha ihren Muttermund nach Belieben auf- und zusperren und ihn absichtlich bei neun Zentimetern stehen lassen, nur um der armen Frau das Leben schwer zu machen.

Sie hatten Samantha an einen Wehenschreiber angeschlossen, um die Herztöne des Kindes zu überwachen. Für Samantha wurde das Geräusch zum Soundtrack der Geburt, völlig anders als das Cellokonzert von Bach, das sie in ihrer Verfügung als Wunschmusik angegeben hatte.

Ein Mann, vermutlich der Arzt, rauschte ins Zimmer, warf einen Blick auf ihre Akte und den Herzmonitor und rauschte ohne ein Wort wieder ab.

»Nett, Sie kennenzulernen«, rief Samantha ihm hinterher.

Eine Minute später kehrte er zurück. »Wir bringen Sie jetzt in den OP. Die Reaktionen des Kindes unter den Geburtswehen gefallen uns gar nicht«, informierte er sie.

Samantha hätte ihm am liebsten gesagt, dass ihr sein Umgangston noch weniger gefiel, aber eine neue Wehe nahm ihr den Atem.

Als die Wehe vorbei war, bereiteten die Schwestern Samantha auf einen Kaiserschnitt vor. »Wenigstens kriegst du jetzt deine PDA«, sagte Trent.

»Das ist eine Spinalanästhesie, du Trottel. Hast du das Buch nicht gelesen, das ich dir gegeben habe?«

Gerade noch rechtzeitig, bevor Trent die Rolle des Erzfeindes übernehmen musste, tauchte glücklicherweise die britische Hebamme wieder auf. »So, jetzt kommen wir schön mit, Mr Chapman. Wir müssen Ihre Frau für den OP fertig machen.«

»Nein, warten Sie!« Trent hob abwehrend die Hand, als wäre die Hebamme eine böse Hexe, die ihn verfluchen wollte. »Ich muss meiner Frau noch sagen, dass ich sie liebe.«

Die Frau schnalzte, während Trent sich zu Samantha hinabbeugte. »Ich liebe dich, Sammy«, flüsterte er. »Du bist eine echte Heldin!« Er küsste sie sanft auf die Stirn, und einen Augenblick lang schien alles gut zu sein. Aber dann schob die Hebamme Trent aus dem Zimmer, und von da an ging es weiter bergab.

Als Samantha auf der Bettkante darauf wartete, dass ihr die Anästhesistin eine Nadel ins Rückenmark jagen würde, dachte sie über das nach, was ihr bevorstand. Sie hatte das Buch gelesen, jedes Wort, nur die Kapitel über Kaiserschnitt hatte sie ausgespart.

»Das war nicht Teil meiner Verfügung«, sagte Samantha.

Die Anästhesistin: »Nein, das ist es so gut wie nie«, sagte sie. Dabei wirkte sie fast traurig.

»Nein, der Teil fehlt meist«, mischte sich auch Samanthas erklärte Erzfeindin ein, jetzt wieder im Zimmer. »Aber wir holen Ihr Kind schon raus, gesund und munter. Und das ist doch wohl Ihre wichtigste Verfügung, oder?«

Aus dieser Perspektive betrachtet musste Samantha ihr zustimmen. Trotzdem hätte sie der Frau am liebsten die Fresse poliert.

»So, jetzt ganz stillhalten«, sagte die Anästhesistin.

Samantha spürte ein kurzes, intensives Brennen, als die Nadel in ihr Rückenmark eindrang, gefolgt von einer warmen Leichtigkeit in den Beinen. *So muss es sich anfühlen, wenn man ausgelöscht wird,* dachte sie.

Als die Betäubung vollständig eingesetzt hatte, schob man sie wie einen Sack Mehl im Einkaufswagen in den OP. Dort wuselten mehrere Leute herum, sie wirkten unglaublich beschäftigt, außer Trent, der völlig verängstigt am Rand stand.

»Wo ist die Maschine mit dem ›Ping‹?«, fragte er, um Samantha zum Lachen zu bringen. *Bitte, wenn ich sterben muss, soll mein letzter Gedanke kein Zitat aus Monty Python sein,* flehte sie stumm. Aber dann erkannte sie, wie besorgt er war.

Sie streckte ihm die Hand hin. »Wird schon gut gehen«, murmelte sie und wünschte, er würde ihr dasselbe sagen. Aber Trent drückte ihr nur die Hand und rang sich ein Lächeln ab.

Samantha schloss die Augen. Sie wusste, dass sich jede einzelne Person in diesem Raum auf sie und ihr Kind konzentrierte, aber sie hatte sich in ihrem Leben noch nie unsichtbarer gefühlt.

»Sie beginnen jetzt«, sagte sie Hebamme mit gedämpfter, respektvoller Stimme, als handelte es sich um ein klassisches Konzert.

Dann hatte Samantha das Gefühl, das etwas an ihrem Inneren zog, aber das war gar nicht mehr sie, die das spürte, und überhaupt war das alles ein Traum in einem Traum, von der wahren Samantha geträumt. Man holte das Kind aus ihr heraus, gesund und munter, aber dem Geschrei nach zu urteilen nicht besonders glücklich.

»Es ist ein Mädchen!«, verkündete der Chirurg.

»Sie blutet stark«, sagte jemand.

Samantha sah die Hebamme an. »Das Baby?«

»Nein, Sie. Sie haben starke Blutungen. Ihre Gebärmutter ist wie ein Sumpf, den müssen wir jetzt trockenlegen«, erklärte ihr die Frau.

»Sumpf?«

Während Samantha noch versuchte, dem Ganzen einen Sinn zu entlocken, zeigte man ihr rasch das Kind, ein roter Wutball, und schob es dann hektisch aus dem Zimmer. Trent, der arme Tropf, eilte unglücklich hinterher.

Der Chirurg spähte über den Vorhang. »Es dauert nicht lang«, sagte er.

Samantha schloss die Augen. Frauen mit sumpfigen Gebärmüttern hatten offenbar keinen Nachwuchs verdient.

Nach anderthalb Stunden im Aufwachraum schob man sie endlich auf die Station, wo Trent bereits auf sie wartete, ein kleines, brüllendes Wesen im Arm.

»Sie ist perfekt«, sagte er.

»Sie ist laut«, sagte sie.

»Willst du sie halten?«

Am liebsten hätte Samantha abgelehnt. Anderthalb Stunden waren bei Weitem nicht genug gewesen, um sich von dieser Vollkatastrophe zu erholen. Sie brauchte mehr Zeit, um zu verstehen, was sie falsch gemacht hatte, warum sie unterm Messer gelandet war, aufgeschlitzt und blutend wie ein Tier im Schlachthof.

Aber sie nickte und streckte die Arme aus, denn sie wusste, was von ihr erwartet wurde. Sie musste jetzt Mutter sein.

Trent legte ihr das heulende Bündel in die Arme. »Wie geht's deiner Gebärmutter?«

»Offenbar benimmt sie sich wieder.« Mit einem Stirnrunzeln betrachtete sie das Kind. »Was hat sie nur? Warum weint sie?«

»Sie meinten, unsere Kleine hätte Hunger.«

Samantha versuchte es mit Wiegen, wie sie es in den Filmen immer taten, aber das hätte sie sich auch sparen können. Langsam stieg Panik in ihr auf. Was, wenn sie sie nicht hinbekam, diese »natürlichste Sache der Welt«, von der sie immer dachte, sie wäre so einfach wie Luft holen?

»Ich hab Mum und Dad angerufen, sie sind schon auf dem

Weg«, sagte Trent laut, damit Samantha ihn trotz des Gebrülls verstand. »Soll ich Tina und deinen Dad auch informieren?«

»Ruf Nicole an. Sie kann es Tina sagen.« Samantha und Tina hatten in den vergangenen drei Jahren kein Wort miteinander gewechselt, nicht, seit Samantha ihre Mutter gebeten hatte, nicht zu ihrer Hochzeitsfeier zu kommen. »Aber sag ihr, ich will Tina nicht sehen.«

Trent nickte. »Und dein Dad?«

»Kannst du versuchen, aber er ist mit Donna-Louise bei einem Golfturnier in Busselton. Sie kommen sicher vorbei, wenn sie zurück sind.«

»Okay, dann gehe ich mal Nicole anrufen und warte unten auf Mum und Dad.« Er war schon in der Tür, als er sich noch mal umdrehte. »Geht es dir wirklich gut?«

»Jaja, alles bestens«, sagte Samantha.

Das war glatt gelogen. Sie konnte ihre Beine nicht bewegen. Was passieren würde, wenn sie auf die Toilette musste, wusste sie nicht. In ihrer Hand steckte ein Schlauch, und sie hatte keine Ahnung, wozu. Sie hatte Durst, kam aber nicht an die Kanne mit Wasser oder das Glas auf dem Nachttisch. Und sie hatte ein aufgebrachtes Baby im Arm.

Eine andere Hebamme marschierte ins Zimmer. Im Vergleich zur Erzfeindin wirkte sie fast mütterlich. »So, es ist Zeit für die Brust«, sagte sie und zog Samanthas Nachthemd hoch. Samanthas ursprünglich positive Einschätzung der Frau änderte sich schlagartig, als sie das Köpfchen des Babys rabiat gegen ihre Brustwarze drückte. In dem Moment ernannte sie sie spontan zur Erzfeindin Nummer zwei.

»Na, geht doch!« Nummer zwei trat einen Schritt zurück, offenbar zufrieden mit ihrer Arbeit. »Wir müssen noch ein paar Formulare ausfüllen. Bin gleich zurück.«

Es war derselbe eiskalte Schock wie damals nach dem Unfall in Bruce Rock. Samantha erinnerte sich wieder daran, wie ihnen

Leute aus dem Auto geholfen, sie getröstet und in Decken gewickelt hatten. Wie sehr wünschte sie sich jetzt, dass sie jemand tröstete und in eine Decke wickelte.

»Und, trinkt das Kind?« Nummer zwei war wieder im Zimmer, jetzt mit einem Klemmbrett bewaffnet.

»Weiß nicht genau«, antwortete Samantha wahrheitsgemäß.

Die Hebamme warf einen kurzen Blick auf das Baby an Samanthas Brust. »Sieht so aus«, bemerkte sie, aber ihre Stimme klang irgendwie anklagend, als hätte Samantha sie angelogen. Dann fiel der Frau die volle Kanne Wasser auf. »Warum haben Sie noch nichts getrunken?«, schalt sie.

Wie gern hätte Samantha ihr erklärt, dass sie nicht an die verdammte Kanne herankam, und außerdem war sie gerade erst ins Zimmer geschoben worden, aber ihr fehlte die Kraft für so viele Worte. Also saß sie stumm in ihrem Bett, drückte sich das Baby an die Brust, hilflos und gelähmt, während Nummer zwei die Formulare ausfüllte.

Kurze Zeit später platzte Trent mit seinen Eltern, Barb und Brian, herein. Brian fuchtelte mit einer Flasche Veuve Clicquot herum.

»Für die Kindstaufe«, sagte er.

»Nicht für die junge Mutter!«, wandte Nummer zwei ein. »Sie stillt«, bemerkte sie, bevor sie davonrauschte.

Brian zog eine Grimasse. »Wer hat die Spaßbremse denn eingeladen?«, fragte er.

»Wie geht es meinem Prinzesschen?«, säuselte Barb und kam Samanthas entblößter Brust peinlich nah. Glücklicherweise war Brian damit beschäftigt, den Korken knallen zu lassen und den Schampus auf vier Plastikbecher aufzuteilen.

»Samantha trinkt keinen Alkohol«, sagte Trent rasch, als Brian ihr den Becher reichen wollte. »Das weißt du doch, Dad.«

»Aber das hier ist ein feierlicher Anlass! Können wir dich nicht zu einem kleinen Gläschen überreden, Sammy?«

»Ein Glas.« Samantha hatte ihre Stimme wiedergefunden. *Schließlich passiert es nicht jeden Tag, dass ich ein neues Leben auf die Welt bringe und dabei fast sterbe.*

Sie ignorierte Trents schockierten Gesichtsausdruck, nahm den Becher und trank einen vorsichtigen Schluck, noch bevor jemand einen Toast ausgesprochen hatte. Die winzigen Bläschen kitzelten ihr in der Kehle, leicht wie Luft, berührten einen Punkt in ihrem Körper, der noch nie berührt worden war, und sie spürte förmlich, wie sie sich entspannte.

Seit sie dreizehn war, hatte sie keinen Alkohol mehr angerührt.

Als sie ihr Baby jetzt ansah, stieg Liebe in ihr auf, der Knoten in ihrer Brust hatte sich gelöst. »Hallo, Baby«, sagte sie, bevor sie ihren Becher in einem Zug leerte. Ging runter wie Öl.

Nicole

Um kurz nach elf kam ich wieder zu mir, mit trockener Kehle, vom Wodka, Wein und der Trauer ganz wirr im Kopf. Auf meinen Nachttisch hatte Jethro mir ein Glas Wasser gestellt, zwei Kopfschmerztabletten daneben, die ich sofort einwarf.

Um mich von meinem Kater abzulenken, schaute ich aufs Handy, wo sich bereits mehrere Nachrichten von Samantha angesammelt hatten.

Blue Duck heute Mittag. Nicht vergessen!

Meg hat wichtige Info wg. Mum. Wir sollen beide kommen. Du kommst doch?

Bitte schreib zurück, dass du kommst.

Hallo?

Mit einem tiefen Seufzer schob ich das Handy weg. Jetzt hatte Samantha von Tante Meg die Rolle der Nervensäge übernommen. Ihr plötzlicher Eifer konnte nur eines bedeuten: Die »wichtige Info wg. Mum« war etwas, das ich nicht wissen wollte, irgendeine Nachricht, mit der Samantha sich dafür rechtfertigen könnte, warum sie Mum vor ihrem Tod nicht im Krankenhaus besucht hatte.

Ich drehte mich auf den Rücken und betrachtete die tanzenden Schatten an der Decke. Das Muster erinnerte mich an die Stuckrose in unserem alten Zimmer in Mount Lawley, als wir damals dort wohnten, da war unsere Familie noch intakt, Mum war noch bei uns. Wenn meine Eltern sich im Nebenzimmer ankeiften, machte ich darin immer freundliche Gesichter aus, die von oben auf mich herablächelten. Mich schützten.

Ich dachte an Mum in ihrem Krankenbett, stellte mir vor, wie auch sie an die Deckenplatten und die Neonröhre gestarrt hatte, und wurde von einer Welle der Trauer erfasst. Für sie hatte es keinen Trost gegeben, keinen Schutz – nicht im Krankenhaus und auch vorher nicht, als sich niemand um sie gekümmert hatte, niemand merkte, dass sie starb, selbst ich nicht.

Es klopfte leise, dann kam Jethro mit Kaffee herein. »Hallo, Schnarchnase!«, sagte er. »Wie geht es dir?«

»Nicht besonders«, sagte ich, während ich mich aufrichtete. »Ich weiß nicht, was schlimmer ist, die Trauer oder mein Kater.«

Natürlich wusste ich, dass die Trauer schlimmer war. Viel schlimmer.

»Essen hilft. Gegen beides«, sagte Jethro. »Sobald die Caterer weg sind, mache ich dir Frühstück. Aber hier ist schon mal Kaffee. Und ... ähm ... was Leichtes zum Lesen.«

Verlegen schob er mir die Baupläne hin, die er kurz vor Mums Einlieferung ins Krankenhaus für die Renovierung des Hauses in Auftrag gegeben hatte.

»Du musst sie dir nicht gleich ansehen«, fügte er rasch hinzu. »Ich wollte nur, dass sie nicht in Vergessenheit geraten.«

Ein Jahr zuvor hatte Jethro beschlossen, dass wir das Haus entweder komplett umkrempeln oder umziehen sollten. »Es passt mir nicht, dass wir immer noch in Suzettes Schatten leben«, hatte er gesagt und sich damit auf seine Zimtzicke von Ex-Frau bezogen, die ihm nach der Trennung um die Hälfte seines Vermögens und eine Menge gemeinsamer Freunde erleichtert hatte. Im Jahr vor der Trennung hatte Suzette das Haus umgebaut und neu eingerichtet. Natürlich nicht persönlich, damit hätte sie sich ja die manikürten Nägel ruiniert, sondern mithilfe eines stattlichen Teams an Innenarchitekten und teuren Raumausstattern. Jethro hatte mir erzählt, die Leute seien gerade fertig gewesen und gegangen, als Suzette ihm mitteilte, dass sie ihn verlassen würde.

Ich legte die Pläne vorsichtig auf den Nachttisch. Obwohl Suzette und ihr Team von Innenarchitekten durch jedes Zimmer spukten, wechselte ich stets das Thema, wenn Jethro seine Renovierungspläne ansprach.

Erfreulicherweise erledigte Jethro es diesmal selbst. »Hey, ich hab noch was echt Schräges für dich«, sagte er, während er ein Kissen vom Boden nahm und es aufschüttelte. »Als ich heute Morgen raus bin, um die Zeitung zu holen, hab ich gesehen, dass die Tonne mit dem Restmüll nicht im Häuschen stand. Jemand hatte eine Vase mitsamt Blumen reingeworfen.«

Sofort musste ich an die Vase mit Lilien denken, die Samantha am Abend zuvor mitgenommen hatte. »Weiße Lilien?«

»Bingo! Moment ... warst du das?«

Ich schüttelte den Kopf. »Sam hat den Strauß mitgenommen, aber sie hätte ihn nicht in die Mülltonne geworfen. Sie wollte ihn mitnehmen nach Hause, für Trent oder so.«

»Möglich«, meinte Jethro und schob mir das Kissen unter den Rücken. »Es ist nur so ... die ganze Schweinerei stank zum Himmel nach Alkohol.«

»Das ist echt schräg.« Ich griff nach der Kaffeetasse.

Hatte Samantha die Blumen weggeworfen? Sie wirkte so entschlossen, als sie sagte, dass sie sie mitnehmen wolle. Samantha war keine, die auf dem Weg zum Wagen spontan ihre Meinung änderte. Das ergab keinen Sinn, vor allem nicht, wenn Alkohol im Spiel gewesen war.

Wieder flackerte eine Erinnerung in mir auf, wie ein Bild, kurz auf die Leinwand geworfen und schon wieder verschwunden. Samantha in der Küche der winzigen Mietwohnung in Shenton Park, am Abend der Jahrtausendwende, eine Flasche Tequila auf der Arbeitsfläche, daneben der rote Plastikhut. Rosemary, die im Nebenzimmer brüllte.

Ich verdrängte den Gedanken rasch und trank meinen Kaffee. Einige Erinnerungen waren wie dunkle, leere Zimmer, die ich nicht betreten mochte, besonders dann nicht, wenn es mir nicht gut ging.

»Was hast du heute vor?«, fragte Jethro.

»Nichts. Zeit mit dir verbringen.«

»Na, so ein glücklicher Zufall. Genau das will ich auch.«

Wir lächelten einander an, und ich spürte wieder dieses befriedigende Klicken, das sich immer einstellte, wenn ich mit Jethro zusammen war, wie zwei passende Puzzleteile. In diesem Augenblick verschwanden meine Schuldgefühle und meine Trauer. Das war Jethros besonderer Zauber.

»Lass uns mittagessen gehen. Irgendein feiner Laden am Wasser«, schlug er vor. »Wic wär's mit dem Restaurant, das diesen Salat mit gegrilltem Gemüse macht, auf den du so stehst?«

»Klingt super. Ich reserviere uns einen Tisch«, sagte ich, das Handy schon in den Fingern. Doch dann fiel mir Samanthas Nachricht ein, und mein Magen krampfte sich zusammen. »Zuerst muss ich Sam noch sagen, dass ich nicht mitkomme.«

Jethro sah mich fragend an. »Als hättest du dich Samantha gegenüber jemals durchgesetzt, wenn sie was von dir wollte.«

»Es gibt immer ein erstes Mal.«

Sorry, Sam, tippte ich, *bin mit furchtbarem Kopfweh aufgewacht. Schaff es leider nicht. Schöne Grüße an Meg.*

Kaum hatte ich die Nachricht verschickt, klingelte es an der Tür.

»Das sind bestimmt die Caterer«, sagte ich.

»Du bleibst schön hier, ich mach das schon«, bot Jethro an, aber ich war bereits aufgesprungen und in die Hausschuhe geschlüpft.

»Nein, ich kümmere mich darum. Ich will mich sowieso noch für Sams Benehmen gestern Abend entschuldigen.«

Als ich die Tür öffnete, stand da allerdings niemand von der Cateringfirma, sondern meine Schwester höchstpersönlich, geschniegelt, gebügelt, mit Pumps an den Füßen und dem Smartphone in der Hand. »Habe gerade deine Nachricht bekommen«, sagte sie, eine Braue gehoben.

»Ich dachte, wir treffen uns im Café?«

»Das war der Plan, aber ich wusste, dass du dich wieder aus der Sache rauswinden würdest«, sagte sie. »Du siehst übrigens kerngesund aus«, fügte sie hinzu.

Ich senkte den Blick. »Ich bin einfach noch nicht bereit, über Mum zu sprechen. Nicht mit Meg.« *Oder mit dir*, fügte ich stumm hinzu. Immer stumm. Die Worte hatten sich beinahe einen Weg an die Oberfläche gebahnt, aber ich unterdrückte sie mit aller Macht.

»Fein, aber das musst du Meg schon selbst erklären. Sie wartet im Wagen.«

Und richtig, da saß Meg auf dem Beifahrersitz und winkte mir zu. Ich winkte halbherzig zurück und ging langsam auf sie zu. Wie peinlich!

»Du willst doch eine alte Dame nicht derart enttäuschen«, rief Samantha mir hinterher, aber ich ignorierte sie.

»Hi, Tante Meg«, sagte ich, nachdem sie das Fenster heruntergelassen hatte. »Ich … ähm … ich hab ziemliches Kopfweh.« Beim Klang meiner Worte war mir klar, dass ich hier niemanden überzeugen würde.

Umso erleichterter war ich, dass Tante Meg es nicht noch peinlicher machte und die Lüge so stehen ließ. Sie legte die Hände in den Schoß und sagte: »Ich hätte euch beide nicht gebeten, wenn es nicht so wichtig wäre.«

Dann sah sie mich mit ihren blauen Augen an, die denen meiner Mutter so ähnelten, und jegliche Entschlossenheit, die ich vielleicht verspürt hatte, schmolz dahin.

»Es dauert auch nicht lang. Mein Flieger geht um drei«, sagte sie. »Wir könnten auch bei dir einen Kaffee trinken, wenn es dir nicht gut geht.«

Ich überlegte, wie Jethro es wohl fände, Samantha gleich zweimal hintereinander im Haus zu haben.

»Nein, geht schon«, sagte ich mit einem innerlichen Seufzer. »Die Meeresluft wird mir guttun. Ich ziehe mir nur schnell den Schlafanzug aus.«

Meg lachte kurz auf. »Ach, das ist ein Schlafanzug? Es ist wirklich schwierig mit der Mode heutzutage.« Dieses Mal stieß ich einen deutlich hörbaren Seufzer aus, bevor ich im Haus verschwand. Als würden erwachsene Frauen Jumboshirts mit der Aufschrift »Schlafmütze« auf der Straße tragen.

Samantha lungerte noch immer auf dem Absatz rum. »Also kommst du doch?«, fragte sie mit unverhohlenem Grinsen.

»Jetzt freust du dich wie ein Schnitzel, stimmt's?«

»Was soll ich sagen? Ich hab eben Überzeugungskraft«, rief sie mir durch den Flur hinterher.

»Und?« Jethro wartete oben im Schlafzimmer, offensichtlich hatte er mitbekommen, dass Sam vor der Tür stand.

»Die Lage ist aussichtslos«, erklärte ich ihm. »Sie hat Meg im Auto. Und jetzt warten beide auf mich.«

Ich betrat meinen begehbaren Kleiderschrank und zog mir irgendwas über. »Ich bleibe, so lange ich es aushalte, und wenn ich wiederkomme, machen wir was zusammen. Sie kann uns nicht den ganzen Tag versauen.«

»Wetten, sie wird es versuchen? Erinnerst du dich noch an das Riesentamtam, das sie an deinem Vierzigsten angezettelt hat? Die Anrichte meiner Großmutter hat immer noch eine Delle, wo sie die Gabel dagegengepfeffert hat.« Er zog ein richtig trauriges Gesicht.

»Oh, Jethro! Es stimmt natürlich, sie hat sich damals so richtig danebenbenommen, aber ich hätte ihr vorher sagen sollen, dass ich Mum eingeladen hatte. Sie hat sich wahrscheinlich gefühlt, als hätte ihr jemand die Pistole auf die Brust gesetzt.«

»Wieso verteidigst du sie auch noch, obwohl sie dich die ganze Zeit aufregt? Du erzählst mir immer, was sie zu dir sagt und wie sie dich verletzt, aber trotzdem machst du immer genau das, was sie von dir verlangt. Ich kapier das nicht.«

Natürlich nicht. Jethro war Einzelkind, hatte das ewige Schattenboxen zwischen Geschwistern nie erlebt.

»Sie ist meine Schwester. Und wir haben unsere Mutter verloren, falls du es vergessen hast.«

Doch in dem Moment erkannte ich, dass ich Jethro mit dem Totschlagargument von der Trauer mundtot gemacht hatte, und ruderte rasch zurück. »Ich komm, so schnell ich kann, zurück. Auf dem Rückweg könnte ich was vom Thailänder mitbringen, das magst du doch so gern. Dann essen wir direkt aus den Schachteln und glotzen irgendwas Stumpfsinniges, ja?«

Jethro strahlte wieder, und mit ihm das ganze Zimmer. »Klingt nach einem guten Plan.«

Samantha stand tatsächlich immer noch vor der Tür, Tante Meg wartete geduldig im Wagen.

»Ich fahre mit meinem Auto, weil ich auf dem Rückweg noch was erledigen muss«, erklärte ich Samantha, denn ich wollte mir wenigstens ein bisschen Kontrolle zurückholen.

Samantha reagierte mit einem Achselzucken. »Wie du willst.«

Auf dem Weg zur Garage kam ich am Müllhäuschen vorbei und erinnerte mich an die Sache mit den Blumen.

»Hey, Sam?«, rief ich. Mit dem Restalkohol vom Vorabend im Blut traute ich mich tatsächlich, sie zur Rede zu stellen. »Jethro hat gemeint, er hätte heute Morgen eine Vase samt Blumenstrauß im Müll gefunden.« Den Alkoholgestank ließ ich unerwähnt, dafür reichte der Mut dann doch nicht. »Waren die von dir?«

Samantha sah mich mit starrem Blick an. »Nein«, sagte sie nach einer Weile. »Ich hab meinen Strauß mitgenommen nach Hause.«

»Aha. Na dann.«

»Was, glaubst du mir etwa nicht?«

»Das hab ich nicht gesagt.«

Samantha wiegte sich hin und her. »Das ist dein Problem, Nic. Du machst nie klare Ansagen.«

Mit diesen Worten wandte sie sich um und stapfte wütend zu ihrem Wagen. Ich stand kurz wie angewurzelt da und versuchte zu verstehen, was hier gerade abgelaufen war. Irgendwas sagte mir, dass es um mehr ging als eine Vase mit Blumen in der Mülltonne, und diese Ahnung lag mir wie ein Stein im leeren Magen.

Teil Nr. 5: 2010

Die Pavlova war so gründlich misslungen, wie es bei Baiserkuchen überhaupt passieren konnte. Samantha hatte die Eier zu lange aufgeschlagen und die Ofentemperatur zu hoch eingestellt. Und nun hatte sie statt eines Schaumkuchens eine weiße Frisbeescheibe, die es bei aller Plattheit auch noch schaffte, in der Mitte durchzuhängen.

»Jetzt hast du Nicoles Geburtstag ruiniert!«, scherzte Trent, als er den Schlamassel sah.

»Vielleicht ist es ein Omen«, knurrte Samantha. Wir sollten nicht hingehen.«

Sie war sauer auf Nicole, denn ihre Schwester hatte darauf bestanden, sie zum Mittagessen bei sich zu Hause einzuladen, obwohl sie nicht kochen konnte. Samantha hatte zig Mal angeboten, die Gäste zu bekochen, aber Nicole wollte nicht. Der einzige Lichtblick, sagte sie sich, bestand darin, dass sie nicht in irgendein überteuertes Restaurant gehen und sich von Jethro aushalten lassen mussten wie kleine Kinder, die nur ein Taschengeld hatten.

Trent schob sich ein Stück abgebrochenes Baiser in den Mund. »Hey, das schmeckt richtig gut! Ich wette, der Kuchen ist das Highlight des Mittagsmenüs.«

»Tja, das wird nicht schwer sein«, sagte Samantha beim Gedanken an Nicoles letzte Einladung zum Mittagessen. »Erinnerst du dich noch an damals, als sie uns zu Weihnachten tiefgefrorenen Schinken mit Kroketten aufgetischt hat?«

»Ich war nicht dabei, schon vergessen?«, erwiderte Trent spitz. Ihre Blicke trafen sich kurz, dann sah Samantha zu Boden. Sie wusste nicht, warum sie ausgerechnet dieses eine Weihnachtsessen erwähnt hatte. Keiner von beiden wollte sich an ihren großen Streit erinnern, der solche Ausmaße angenommen hatte, dass Samantha allein bei Nicole erschienen war. Das war doch schon längst vergessen.

»Das hier ist die schlimmste Pavlova, die ich je gebacken habe«, verkündete sie, ihre Aufmerksamkeit wieder auf das Baiser-Frisbee gerichtet. »Ich muss was anderes daraus machen. Eton Mess, vielleicht.«

»Vorsicht! Jethro war garantiert in Eton«, scherzte Trent. Samantha lachte, erleichtert, dass sich die Unterhaltung wieder in unverfänglichen Bahnen bewegte. Ohne Trents Fähigkeit, Vergangenes ruhen zu lassen, hätten sie sich garantiert schon vor Jahren getrennt. Samantha schleppte die Vergangenheit hingegen wie eine zweite Haut mit sich rum.

»Ist Rose schon fertig?«, fragte sie.

»Ja, wie's aussieht, hat sie die Ohrstöpsel lange genug rausgenommen, um sich umzuziehen. Als ich sie das letzte Mal gesehen habe, war sie tatsächlich nicht mehr im Schlafanzug.«

Samantha seufzte. Zwischen Rosemary und der Welt stand immer ein iPod oder ein Nintendo DSi. Ein Arbeitskollege hatte Samantha einen Artikel über computersüchtige Jugendliche geschickt, woraufhin sie sich ernsthaft überlegt hatte, ihrer Tochter Auflagen zu machen. Aber vor dem Computer war Rose glücklich. Eine glückliche Rose bedeutete eine glückliche Samantha. Und eine glückliche Samantha griff nicht so leicht zur Flasche.

So gesehen war es gut, dass der Computer gewonnen hatte.

Als sie Nicoles und Jethros Haus betrat, wurde Samantha schlagartig klar, dass sie viel schlimmere Probleme hatte als die Pavlova oder Roses Computerzeiten. Das Erste, was sie hörte, war Tinas Stimme. Sie war irgendwo im Haus. Kurz darauf hörte sie Celine und ihren Vater die Auffahrt hinaufkommen. In diesem Augenblick fiel ihre Welt zusammen wie die misslungene Pavlova. Sie sah sich zu Trent um, der genauso geschockt aussah wie sie.

»Scheiße!«, murmelte er.

Samantha schaltete sofort den Aktionsmodus ein. Sie lief ihrem Vater entgegen und nahm ihm die beiden mitgebrachten Flaschen Wein aus der Hand. »Ich finde nicht, dass wir den trinken sollten«, sagte sie.

»Wieso nicht?« Craig sah verwirrt aus.

»Das kann Nicole dir erklären«, erwiderte sie, während sie die Flaschen hinter einer Topfpflanze deponierte.

»Überraschung!«, rief Tina aus dem Flur.

»Das kann man wohl sagen«, bemerkte Craig, obwohl seine Miene eher auf einen Schock hindeutete.

Trent, tapfer, wie er war, machte sich sofort daran, Craig, Jethro und Tina in eine oberflächliche Plauderei zu verwickeln, während Celine anbot, Rosemary den Fischteich im Garten zu zeigen.

Als Samantha beobachtete, wie Rosemary zum ersten Mal seit Tagen freiwillig die Ohrstöpsel rauszog und Celines Hand ergriff, spürte sie einen Kloß in der Kehle.

»Die siehst so hübsch aus heute, Tante Celine«, sagte Rose, während die beiden durch die Terrassentür zum Garten hinausschlenderten.

Samantha entschuldigte sich rasch und behauptete, sie müsse Nicole in der Küche helfen. Dort fand sie ihre Schwester vor der Anrichte, als sie gerade einen Haufen Garnelen auf eine große Platte schüttete.

»Wieso hast du mir nicht gesagt, dass Mum auch kommt?«, zischte Samantha und setzte sich auf einen Lederhocker vor die eindrucksvolle Kochinsel.

»Wärst du dann gekommen?«

»Weiß nicht. Aber ich hasse es, wenn ich vor vollendete Tatsachen gestellt werde.«

»Tina hat mich gestern angerufen. Sie sagt, sie ist trocken, und ehrlich gesagt glaube ich ihr sogar. Sie klang so nüchtern wie schon ewig nicht mehr.«

»Es überrascht mich, dass du dich überhaupt daran erinnerst.«

»Sei bitte nett.« Nicole blickte vom Garnelenhaufen auf. »Schließlich habe ich Geburtstag.«

Samantha seufzte, drehte sich mit dem Hocker um die eigene Achse und ließ den Blick durch Nicoles Traumküche schweifen. Sie war ungefähr dreimal so groß wie Samanthas, obwohl Nicole im Vergleich zu ihr nur ein Drittel der Zeit mit Kochen verbrachte. Zu den Ausstattungs-Highlights gehörten der Doppelbackofen – einer für Süßes, der andere für Salziges, wie Nicole ihr einst erklärt hatte, gerade so, als würde sie je beides gleichzeitig zubereiten –, eine Kaffeemaschine von der Größe einer Industriewaschmaschine und eine ganze Wand mit verschiedenen Kühl- und Gefriergeräten, darunter sogar ein eigener Weinkühlschrank mit Glastür und ein weiterer mit Eis- und Mineralwasserbereiter. Nicole hatte ihr erzählt, sämtliche Schubladen in einem der Gefrierschränke seien randvoll mit verschiedenen Eiscremesorten.

Samantha fühlte sich vor allem vom Weinkühlschrank angezogen und wünschte, sie könnte eine der Flaschen öffnen. Dabei mochte sie überhaupt keinen Wein.

Mitten auf der Kochinsel, von einem massiven Kandelaber erleuchtet, lag ein Haufen Verpackungsmüll. Als Nicole Samanthas Blick sah, sagte sie: »Ich habe eine Firma fürs Catering engagiert«, und zeigte auf mehrere große Aluschalen in einem der Öfen (der für *Salziges*, wie Samantha vermutete). »Einfach warm machen und servieren.«

»Wie der tiefgefrorene Weihnachtsschinken vor ein paar Jahren?«, fragte sie.

»Wieso bringst du das immer wieder aufs Tapet?«

»Wieso hast du immer noch diese grässliche Keksdose?«, gab Samantha zurück. Sie hatte das hässliche Ding auf der Arbeitsplatte hinter Nicole entdeckt.

»Gar nicht grässlich«, sagte Nicole. Ihre Miene war jetzt verschlossen, sie arbeitete stumm weiter, während Samantha sich fragte, wieso zum Teufel diese blöde Dose ihrer Schwester so viel bedeutete.

Tina war seit fünf Monaten trocken. Zumindest behauptete sie das, als sich alle am Tisch versammelt hatten. Alle tranken Mineralwasser und lächelten höflich, außer Rosemary, die ihren iPod wieder eingestöpselt hatte und nichts mitbekam. Unter normalen Umständen hätte Samantha darauf bestanden (oder es zumindest versucht), dass Rosemary ihre Ohrstöpsel bei Tisch rauszog. Aber die Umstände waren alles andere als normal, und für Rosemary war es besser, wenn sie in die Musikwelt entfloh.

»Ich hab einen Job«, plapperte Tina weiter. »Bei Coles in Bassendean. Nachts, wenn der Laden zu ist, fülle ich die Regale auf. Dafür schlafe ich am Tag.«

Also alles beim Alten, dachte Samantha.

»Das ist super, Mum!«, sagte Nicole.

»Und ich überlege, wieder mit dem Studieren anzufangen. Hab mir schon die Unterlagen zuschicken lassen. Vielleicht mache ich Innenarchitektur.«

»Super«, wiederholte Nicole. Aber Tina sah zu Craig, der konzentriert seine Hände betrachtete.

»Was denkst du, Craig?«, fragte sie.

»Ich? Ähm, ja, super.«

»Echt? Weil du mir doch mal gesagt hast, du wärst sicher, dass ich besoffen und ohne einen Penny in irgendeinem Graben verrecke.«

»Das habe ich nie gesagt!«, protestierte Craig.

»Hast du wohl. Das weißt du ganz genau.«

»Na, wenn das so ist, tut es mir leid«, sagte er, das Kinn ein wenig gehoben. »Du hast bestimmt auch schon Sachen gemacht, die dir hinterher leidgetan haben, oder?«

»Mehr, als du ahnst«, sagte Tina, jedes Wort ein Schlag in die Magengrube. Als Craig den Kopf wieder senkte, überlegte Samantha, ob sie sich die Gabel in die Hand stechen sollte.

»Der Rinderbraten ist lecker, Nicole«, sagte Celine.

Tina wandte den Kopf, als hätte sie sie erst jetzt bemerkt. »Und bei dir, *Celeste*? Was macht die Modelkarriere?«

Celine lachte. »Nein, die Zeiten sind vorbei.« Soweit Samantha wusste, hatte Celine nur ein einziges Mal als Model gearbeitet, als Gefallen für einen Bekannten, aber Tina ritt immer wieder darauf herum, dass Craig »ein Model« geheiratet hätte, »nur halb so alt« wie sie. Genau genommen stimmte das mit dem Alter auch nicht so ganz. Dennoch war Celine mit ihren fünfunddreißig nur zwei Jahre jünger als Samantha.

»Momentan arbeite ich als MUA für ein Start-up im Kosmetikbereich.«

»Als was?«

»MUA. Das steht für Make-up-Artist.«

»Wir sprechen das immer *Mua* aus, wie ein Küsschen«, fügte Craig hinzu, und für einen kurzen Moment wirkte er fast entspannt. Aber dann fiel ihm offenbar wieder ein, wo er war und mit wem er redete, und er senkte erneut den Kopf.

»*Mua!* Wie ein *Küsschen*!«, rief Tina und klatschte wie ein Kind in die Hände. »Wie entzückend!«

Celine machte große Augen, griff zur Serviette und tupfte sich die Lippen ab, während Craig weiter seine Hände betrachtete.

»Sie ist richtig gut«, mischte Jethro sich ein. »Ich habe sie schon vielen Bekannten empfohlen. Du hast doch sogar mal was fürs Fernsehen gemacht, stimmt's, Celine?«

»Ja, beim Telethon auf Channel 7 war ich letztes Jahr in der Maske für Sally Stanton und Jack Yabsley. Die beiden kennt ihr, oder? *Saturday Disney?*«

»Keine Ahnung, in welcher Sprache ihr euch gerade unterhaltet«, sagte Tina. »Aber es war bestimmt ganz beeindruckend.«

Nicole stand auf. »Ich schau mal nach dem Dessert.«

»Ich helf dir«, sagte Samantha.

»Brauchst du nicht.«

»Ich helfe gern.« Samantha lächelte wie eine Heilige vor der Schlacht gegen die Heiden.

Ihr Lächeln erlosch, kaum dass sie die Küche betreten hatte.

»Das ist eine Katastrophe!«, sagte sie. »Du musst sie loswerden.«

»Was redest du da? Es läuft doch gut.«

»Dad hat keinen Bissen gegessen.«

»Celine hat ihn wahrscheinlich auf Diät gesetzt.«

»Tina nennt sie ständig Celeste.«

»Na und? Sie sagt auch immer Troy zu Trent. So zeigt sie ihre Zuneigung.«

»Ja, klar, und wir wissen alle, wie sehr Trent darauf steht.«

Samantha beobachtete Nicole, die im Ofen für Süßes nach dem Apfelkuchen sah und prompt die Temperatur erhöhte. Sie würde ihn sicher ruinieren.

»Das machst du immer so«, sagte sie.

»Was mache ich?«

»Deine eigenen Feiern versauen. Bei deiner Geburtstagsfeier damals, als du einundzwanzig geworden bist, hast du den Club-Bus verpasst. Und dein einziges Weihnachtsessen mit der Familie hast du auch vergeigt.«

»Ich glaube nicht, dass zwei Beispiele ein ›immer‹ belegen.« Nicole klang kleinlaut.

»Und jetzt lädst du Tina und Dad zu deinem Vierzigsten ein? Was hast du dir dabei gedacht?«

»Sie sind beide meine Eltern.« Sie klang noch kleinlauter.

»Na, wenn du meinst. Für mich hat Tina ihren Elternstatus vor fünfundzwanzig Jahre verloren«, versetzte Samantha und marschierte aus dem Zimmer. Im Flur blieb sie stehen und atmete ein paarmal tief durch, um ihre Wut zu zügeln. Sie würde das durchstehen. Das wusste sie. Zu Hause wartete ihre Belohnung: die versteckte Flasche Wodka.

Doch die Situation im Wohnzimmer hatte sich unterdessen zugespitzt. Rosemary glänzte durch Abwesenheit. Celine und Jethro betrachteten nun ebenfalls betreten ihre Hände, Trent sah aus wie ein Ertrinkender. Nur Tina grinste breit und mampfte ihr Essen.

»Wo ist Rose?«, fragte Samantha.

»Ich hab ihr gezeigt, wo die Xbox ist«, sagte Jethro.

»Ihr iPod-Akku war leer«, erklärte Trent.

»Sie tut, als wäre ihr i-Dingens ein Mensch, der gestorben ist. So ein Theater!«, mischte Tina sich ein. »Sie hat darauf bestanden, sofort nach Hause zu gehen, um es wieder aufzuladen. Unglaublich! Sie will eine Feier verlassen, weil ihr Akku leer ist.«

»So unglaublich finde ich das gar nicht«, gab Samantha zurück. »Du haust doch auch immer ab, wenn der Wein leer ist.«

»Touché«, sagte Tina. Ihr Gelächter klang wie viele kleine Glocken. »Aber in letzter Zeit geht es mir mehr ums Essen. Diese Bratensoße hat einen so komplexen Geschmack! Wer hätte gedacht, dass unsere Nic so gut kochen kann.«

»Nichts hat sie gekocht, *Tina*!«, sagte Samantha. Normalerweise nannte sie Tina nicht beim Namen, daher klang es jetzt ziemlich giftig.

»Na, dann hat sie eben ein Händchen für gute Caterer. Keine

Ahnung, woher sie ihren guten Geschmack geerbt hat. Der Rest der Familie greift ja eher mal ins Klo, nicht wahr, Samantha?«

Samantha stieg die Galle hoch. »Sie hat keinen Geschmack, sondern Geld.«

»Möglich. Jedenfalls versteht sie es auszugeben«, erwiderte Tina ungerührt, bevor sie sich Trent zuwandte. »Wie läuft's denn so bei Bunnings? Ich hätte dich ja eher nicht für einen Handwerker gehalten.«

»Es ... ähm ... wir verkaufen Baumarktartikel an Privathaushalte«, korrigierte Trent. Er hatte vor Kurzem dort eine Stelle als Systemadministrator angetreten und scherzhaft behauptet, dass er jetzt endlich »eine echte Firewall bauen durfte«. Tinas Andeutung traf natürlich ins Schwarze, er hatte tatsächlich zwei linke Hände und hielt sich von Werkzeug fern, aber bei Tina war das nicht anders.

»Ach so! Na, das klingt ja nicht so toll. Hattest du kein Interesse an diesen Jobs, wo die Leute für Projekte monatsweise zu den Kunden geschickt werden? Angeblich kann man da richtig Geld mit verdienen.« Tina schaufelte sich eine Ladung Braten in den Mund.

»Wir halten es für wichtiger, dass ich zu Hause bei Samantha und Rose bleibe«, antwortete Trent und lächelte Samantha zu, die sich bemühte, zurückzulächeln, was ihr angesichts Tinas Fragen schwerfiel. Sie hörte die Nachtigall trapsen.

»Aber stell dir mal vor: Wenn du so einen Job hättest, könntest du alle sechs Wochen in ein viel schöneres Zuhause zurückkehren. Echt schade!«

»Ich finde, du solltest dich ein bisschen am Riemen reißen.« Samantha sah langsam rot. »Jemand, der in einer Sozialwohnung haust und Regale einräumt, sollte lieber den Rand halten.«

Tina sah Samantha stumm an. Irgendwas in ihrem Blick wurde hart wie Beton. »Oh weia! So war das nicht gemeint. Tut mir leid, wenn ich dir zu nahe getreten bin, Troy.«

»*Trent*«, zischte Samantha.

»Egal, ich freue mich jedenfalls, dass ihr beide heute hier seid«, fuhr Tina fort. »Diesmal gibt es hoffentlich keine Trennungsdramen …«

Jetzt betrachtete auch Trent seine Hände. Ehe sie sich's versah, war Samantha aufgesprungen und hatte Tina mit einer Gabel beworfen, die haarscharf an ihr vorbeisauste und mit voller Wucht in die Mahagonianrichte in der Zimmerecke einschlug.

Jethro zuckte zusammen. »Die Anrichte hat meiner Oma gehört!«, rief er.

»Deine Oma und ihre Anrichte gehen mir am Arsch vorbei!«, sagte Samantha. Das wütende kleine Mädchen hatte jetzt die Oberhand, die Andere Samantha, die Donna-Louise versucht hatte zu zähmen und die sie selbst mit Alkohol in Schach hielt. War die Andere Samantha erst frei, konnte sie nichts mehr aufhalten. »Du kannst dir doch hundert neue Anrichten aus der Portokasse kaufen.«

Jethro, leichenblass, erhob sich und verließ das Zimmer, aber das war Samantha egal.

»Und was dich betrifft«, sagte sie, wieder an Tina gewandt, »du benimmst dich wie eine gesengte Sau! Ich hatte keine Ahnung, dass nüchterne Mütter so scheiße sein können.«

Nicole stand im Türrahmen. »Sam!«, rief sie. »Was machst du da?«

»Gar nichts mache ich«, erwiderte Samantha, immer noch mitten im Tobsuchtsanfall. »Es ist alles Tinas Schuld.«

»Was hab ich denn jetzt schon wieder gesagt?« Tina legte ihr Besteck auf den Tisch und sah unschuldig in die Runde.

Craig warf Celine einen hastigen Blick zu, dann murmelte er: »Wir sollten jetzt gehen.«

»Nein, nein, ich gehe«, sagte Tina. »Ich bin offensichtlich nicht willkommen hier. Wenn ich länger bleibe, wirft Samantha als Nächstes mit *Messern* auf mich.«

»Natürlich bist du hier willkommen, Mum! Jederzeit!«, sagte Nicole verzweifelt. »Bitte, es ist doch mein Geburtstag.«

Aber Tina war schon aufgesprungen. »Tut mir leid, wenn ich dir oder Trent zu nahe getreten sein sollte, Samantha«, bemerkte sie förmlich, bevor sie sich wieder an Nicole wandte. »Herzlichen Glückwunsch zum Geburtstag, mein wunderbares Mädchen!«

Sprach's und verließ das Zimmer, Nicole dicht auf ihren Fersen.

Samantha setzte sich. Die Luft war raus.

»Wir sollten wirklich gehen«, sagte Craig. »Cee-Cee muss morgen früh raus.«

»Ich muss morgen in aller Herrgottsfrühe nach Peppermint Grove«, sagte Celine fröhlich. »Eine Kundin geht zu einer Veranstaltung in der Schule ihres Kindes und möchte dafür richtig gut aussehen. Krass, oder?« Nach ein paar Luftküsschen und herzhaftem Händeschütteln waren auch sie verschwunden.

Kaum waren sie allein, schielte Samantha rüber zu Trent, von dem sie sich moralischen Beistand erwartete, aber der mied ihren Blick.

»Warum erzählst du deiner Familie nicht einfach die Wahrheit über damals, an Weihnachten?«, fragte er. »Ich habe nämlich keine Lust mehr, ständig als der Böse dazustehen.«

»Das ist deine größte Sorge? Nach all dem, was hier gerade abgelaufen ist? Interessiert es dich nicht, dass Tina so fies über unser Haus und unser Leben hergezogen hat?« Samantha musste sich schwer zusammenreißen, um ihn nicht anzuschreien. »Außerdem wissen wir ja wohl alle, dass Nicole damals die Böse war, mit ihrem gefrorenen Weihnachtsschinken.«

»Herrje, Samantha!« Trent hatte sich immer noch von ihr abgewendet. »Manchmal ist es echt schwer, dich zu lieben.«

Trents Worte waren wie ein Schlag in die Magengrube. Nach Luft ringend stürzte Samantha durch die Flügeltüren ins Klavierzimmer, ließ sich auf den Hocker vor dem Flügel fallen, schloss die Augen und konzentrierte sich auf ihre Atmung. Ein und aus.

Ein und aus. Sie spürte die Wut über Tina, Nicole und Trent in ihrer Brust und stieß sie mit dem Ausatmen hinaus. Die anschließend aufsteigende Scham über ihr fürchterliches Benehmen beförderte sie auf demselben Wege nach draußen.

Als sie sich endlich wieder wie eine leere Hülle fühlte, schlug sie die Augen auf und sah sich im Zimmer um. Ihr fiel das Bild einer jungen Frau an einem Klavier auf, Samantha war sich sicher, dass es sich um eine berühmte Pianistin handelte, aber der Name war ihr entfallen. Und an der Decke hing ein riesiger Kristalllüster. Es war so typisch für Nicole und Jethro, dass sie ein eigenes Zimmer für ein Instrument hatten, das keiner von ihnen spielte.

Sie hörte Jethro ins Esszimmer zurückkehren. »Wo sind sie denn alle geblieben?«, fragte er, seine Stimme gedämpft. Sie schlich sich an die Tür.

»Sie … ähm … mussten gehen«, sagte Trent.

»Samantha auch?« Jethro klang hoffnungsvoll.

»Nein, sie ist … irgendwo im Haus.«

Es trat kurzes Schweigen ein, offenbar musste Jethro die Enttäuschung erst mal verarbeiten. »Na, jetzt, wo Tina weg ist, könnten wir doch wenigstens den Wein aufmachen, oder?«

»Aber klar doch!« Trent klang sofort fröhlicher.

»Welchen magst du lieber: Henry James Pinot Noir oder einen Man O'War Shiraz?«

»Ach, das ist mir eigentlich egal.«

»Na, dann fangen wir mit dem Man O'War an. Passt irgendwie.« Die beiden Männer lachten.

»Tut mir leid, das mit meiner Frau«, sagte Trent. »Sie ist kompliziert.«

Samantha hörte Jethro einschenken. »*Menschen* sind kompliziert, Kumpel«, sagte Jethro. »Aber nach einem Glas Wein ist alles leichter.«

»Kann man wohl sagen.«

Auf einmal fühlte sich Samantha klein und traurig. Die ganze Zeit war sie davon ausgegangen, Trent würde trinken, weil er schwach war, genau wie sie. Wie Tina. Der Gedanke, dass er nur trank, um sie zu ertragen, oder schlimmer noch, um dem Alltag mit ihr zu entfliehen, erschütterte sie zutiefst. Das reichte, mehr wollte sie nicht wissen. Sie schlich sich durch die andere Tür hinaus und lief prompt Nicole in die Arme, die ihrerseits im Flur herumzuschleichen schien.

Sie mied Nicoles Blick. »In welchem Zimmer ist Rose?«, fragte sie. Samantha wusste, dass sie sich entschuldigen sollte, aber dafür schämte sie sich viel zu sehr.

»Im gelben Zimmer«, antwortete Nicole und zeigte hinter sich auf den Flur. Auch sie sah ihre Schwester nicht an.

»Danke«, murmelte Samantha und begab sich auf die Suche nach ihrer Tochter. Nach einer Weile fand sie Rosemary in einem Raum, dessen gelb gestrichene Wände perfekt zu den Kissen auf den Ledersofas passten. Sie saß vor der Xbox und fuchtelte hektisch mit dem Controller herum.

»Wie geht's dir, mein Schatz?« Samantha setzte sich auf ein Sofa. Sie nahm eines der perfekten gelben Kissen und drückte es an sich. »Hast du genug gegessen?«

»Jepp.«

Samantha schloss die Augen und verdrängte den Gedanken daran, dass ihr Mann im Esszimmer Wein trank. Auch an den Wein selbst wollte sie nicht denken. Doch dann ertönten aus dem Fernseher mehrere schnelle Gewehrsalven und ließen sie hochfahren.

»Was zum Teufel spielst du da?«, fragte sie entsetzt, als sie sah, wie ihre zwölfjährige Tochter einen Mann mit Bandana und Tarnanzug niederschoss.

»*Call of Duty: Black Ops*«, sagte Rosemary und schoss einem weiteren Opfer in den Kopf. »Hab ich im Schrank gefunden.«

»Mach das aus.«

»Wieso?«

»Weil es nicht für dein Alter gedacht ist.«

»Jethro hat gesagt, ich kann spielen, was ich will. Sein Haus, seine Regeln«, sagte Rosemary, während sie ihre Waffe nachlud.

»Ich bin deine Mutter.«

»Biologisch betrachtet, ja.« Sie verpasste einem weiteren Mann einen Kopfschuss.

Samantha fehlte die Kraft, ihre Tochter zu stoppen, aber tatenlos zusehen konnte sie auch nicht. Also stand sie auf, ging durchs Zimmer und blieb vor einem Regal voller Schallplatten stehen.

»Typisch, dass Jethro noch Schallplatten hat«, sagte sie, obwohl sie wusste, dass Rosemary nicht zuhörte.

Sie zog ein paar Platten heraus und fing automatisch an, sie alphabetisch zu sortieren. Nach Künstler oder Band. Die Beach Boys vor den Beatles. The Jam vor Billy Joel. Tom Waits vor den White Stripes ...

Langsam trat die Andere Samantha in den Hintergrund, auch das Krachen der Schüsse wurde leiser, bis sie nur noch ihren Herzschlag hörte.

Teil Nr. 6: 1999

»Du kannst an Silvester nicht allein sein! Komm zu uns! Trent und ich machen Paella.«

»Ähm ...« Nicole zögerte. Der Gedanke, Silvester stocknüchtern zu bleiben und Samantha dabei zuzuhören, wie sie Trent vorhielt, alles falsch zu machen, war nicht gerade verlockend. Aber Darren und sie hatten gerade wieder eine »Pause« eingelegt, und den Jahrtausendwechsel mutterseelenallein zu verbringen war auch nicht das Wahre.

»Du musst kommen!«, beharrte Samantha. »Ich bestehe darauf.«

»Okay, okay«, sagte Nicole, obwohl sie wusste, dass sie es bereuen würde. »Aber nur, wenn du mir verrätst, was zum Teufel *Paella* ist.«

»Das ist spanischer Reis«, erklärte Samantha. »Bring ein halbes Kilo Garnelen mit, frisch, nicht tiefgefroren. Ach ja, außerdem noch ein paar Zitronen und Limetten. Trent macht Mocktails.«

Nicole seufzte. Sie war neunundzwanzig Jahre alt und würde mit Kinderlimo in Margarita-Gläsern aufs neue Jahrtausend anstoßen.

Zwei Tage später stand sie brav mit einem halben Kilo Garnelen in der einen Hand und einer Tüte Zitrusfrüchten in der anderen vor Samanthas und Trents kleiner Wohnung in Shenton Park. Trent begrüßte sie mit Sombrero an der Tür, er trank etwas, das Nicole als Margarita identifizierte, aber ohne Alkohol.

»*Hola, gringo!*«, sagte er.

»*Gringa*«, korrigierte sie. »Ich dachte, Paella ist spanisch, nicht mexikanisch.«

»Spanisch, mexikanisch, was ist der Unterschied?«

»Ähm, es liegt ein Meer dazwischen, der Nordatlantik?«

»Ein kleiner Teich.« Trent grinste. »Darren heute nicht dabei?«

»Hat Sam es dir nicht erzählt? Wir machen gerade Pause.«

»Ach, wie schade«, sagte Trent, obwohl er offensichtlich das Gegenteil meinte. Jetzt, da sie keine Kollegen mehr waren, sah Trent offenbar keinen Grund, seine Abneigung gegen Darren zu verhehlen. »Wo ist er denn heute Abend?«

»Keine Ahnung«, sagte sie, wohl wissend, dass er garantiert im Rumours abhing und der nächstbesten Zwanzigjährigen die Zunge in den Hals steckte. Er hatte ihr oft genug erklärt, er könnte sich locker eine jüngere, zartere Frau angeln, wenn er wollte, als ginge es für ihn nur darum, Nicole wie einen Gebrauchtwagen gegen ein anderes Modell einzutauschen.

»Trent, du hast den falschen Reis besorgt!«, rief Samantha aus der Küche. Sie stand mit dem aufgeschlagenen *Barefoot Contessa Cookbook* an der kleinen Kochinsel und hatte sich wie eine Fernsehköchin zig verschiedene Zutaten in Schüsselchen zurechtgestellt.

»Wörtlich übersetzt bedeutet *paella*: Abwaschen bis zum Abwinken«, sagte Trent zu Nicole.

»Im Rezept steht ›mittelkörnig‹. Du hast Langkornreis gekauft!«, sagte Samantha.

Trent ignorierte sie. Das hatte er besser drauf, als Nicole es je schaffen würde. »Möchtest du eine Spezial-Margarita, Nicole?«

»Klar. Danke.«

Trent ging in eine Ecke der Küche, wo er eine kleine Bar mit Gläsern, Saft, Eis und, zu Nicoles Überraschung, einer großen Flasche Tequila mit noch ungeöffnetem roten Plastikhut eingerichtet hatte.

»Ist das Alkohol, den ich da vor mir sehe?«, fragte Nicole.

»Sam und ich sind übereingekommen, dass wir kurz vor Mitternacht einen hochprozentigen Cocktail machen«, erklärte Trent, während er ein Glas im Salzhaufen drehte. Nicole sah hinüber zu Samantha, die leicht nickte.

Ein Millennium-Mirakel, dachte Nicole.

Da brüllte Rosemary plötzlich drauflos. »Mummy! Daddy!«, kam es aus ihrem Zimmer.

»Nicht schon wieder«, sagte Trent. »Sie will einfach nicht einschlafen.«

»Das wird sicher noch schlimmer, wenn um Mitternacht alle Flugzeuge abstürzen«, bemerkte Nicole.

Trent, der in den vergangenen zwölf Monaten als Y2K-Berater gearbeitet hatte, kicherte. »Holzauge, sei wachsam!«

Samantha sah von ihrem Kochbuch auf. »Soll ich mich um Rosemary kümmern?«, fragte sie mit Märtyrerstimme.

»Nein, nein, du kochst. Ich geh schon.«

Er drückte Nicole ihren Mocktail in die Hand und verschwand im Flur.

Nicole beobachtete ihre Schwester, die sich stirnrunzelnd über das Rezept gebeugt hatte. »Kann ich helfen?«, fragte sie schließlich.

»Nein, geht schon.«

Nachdem sie Samantha noch eine Weile beim Stirnrunzeln zugesehen hatte, beschloss Nicole, ihren Mocktail auf dem Balkon zu trinken, der eine beeindruckende Aussicht auf den Wohnblock gegenüber bot. Die meisten Fenster waren dunkel, woraus Nicole schloss, dass die Bewohner auf irgendwelchen Partys waren. Nur in einer Wohnung im zweiten Stock rührte sich etwas. Vor dem erleuchteten Fenster zeichnete sich eine Silhouette ab, es war eine Frau, die allein auf ihrem Balkon saß. Ihr Alter ließ sich nicht erkennen, aber sie wirkte irgendwie friedlich.

»Sind diese Garnelen tiefgefroren?«, keifte Samantha aus der Küche.

Nicole seufzte.

Als Rosemary sich nach mehreren Anläufen endlich beruhigt hatte und das Essen fertig, serviert und verzehrt war, zeigte die Uhr fast zehn. Zu dritt saßen sie auf Klappstühlen auf dem Balkon, die Teller auf dem Schoß.

»Das war köstlich!«, sagte Nicole nach dem letzten Bissen.

»Der Reis war zu klebrig.«

»Das lag aber nicht am Langkornreis«, bemerkte Trent rasch.

»Möglich«, erwiderte Samantha in einem Ton, der genau das Gegenteil nahelegte.

»Aber richtig lecker gewürzt«, sagte Nicole, in der Hoffnung, einen Streit zu verhindern.

Trent rieb sich die Hände. »Ich finde, es ist Zeit, den Tequila zu köpfen«, sagte er.

Samantha sah rasch auf die Uhr. »Hmm, ein bisschen früh, nicht? Es sind noch zwei Stunden bis Mitternacht.«

»Aber es ist Silvester, Sammy«, bettelte Trent.

»Ein Cocktail«, gab sie schließlich nach, erhob sich und fing an, das schmutzige Geschirr abzuräumen. »So war es ausgemacht.«

»Ja, genau, ein Cocktail. Und wir trinken ganz, ganz langsam. Versprochen!«

Kaum war Samantha mit den Tellern in der Küche, beugte er sich zu Nicole vor. »Ein Cocktail, hat sie gesagt, aber nicht, wie stark er sein darf«, flüsterte er.

Nicole musste lachen.

Während Trent in der Küche Cocktails mixte, wandte sich Nicole wieder der einsamen Frau auf dem Balkon gegenüber zu. Der war jetzt leer, das Licht in der Wohnung ausgeschaltet. Vielleicht war sie auch auf einer Party. Oder schon im Bett. Nicole hoffte auf Letzteres, ihr gefiel der Gedanke, dass eine Frau so zufrieden war mit ihrem Alleinsein, dass sie kein Problem hatte, sich zwei Stunden vor der Jahrtausendwende ins Bett zu begeben.

»Trink, es wird dir guttun.« Trent hielt ihr ein randvolles Margarita-Glas mit einer leicht trüben Flüssigkeit hin.

Ein Schluck, und sie musste prusten. Das Gesöff war stark! »Meine Güte, Trent, das ist neunundneunzig Prozent Tequila, ein Prozent was auch immer.«

»Klaro«, sagte er mit breitem Grinsen. »Runter damit!«

Nach einem weiteren kleinen Schluck stellte Nicole das Glas erst mal ab. »Was macht Sam?«

»Abwaschen. Musste unbedingt sein.« Mehr brauchte Trent nicht zu sagen.

»Wer wohnt eigentlich da drüben?« Nicole zeigte auf die Wohnung der einsamen Frau.

»Die Katzenfrau. Obwohl keines ihrer Fellmonster sie zu mögen scheint, denn sie entlaufen ihr ständig. Andauernd hängt sie ihre Zettel auf, ›Katze entlaufen‹«, erklärte Trent, als Rosemarys klägliche Rufe aus ihrem Zimmer drangen.

»Mummy! Daddy!«

»Scheiße!«, sagte Trent.

»Soll ich mal?«

»Echt? Würdest du?«

»Klar. Silvestergeschenk an euch beide.« Sie stellte ihren Cocktail ab und verschwand nach drinnen.

Als sie an der offenen Küchentür vorbeikam, sah sie kurz hinein und sagte: »Sam, ich kümmere mich um Rose.«

»Ach, schreit sie schon wieder?« Samantha klang, als wäre sie ganz woanders.

»Hörst du das nicht?«, fragte Nicole.

Statt eine Antwort zu geben, schrubbte Samantha nur weiter an einem großen Topf herum.

Mit jedem Schritt über den Flur wuchs Nicoles Unsicherheit. Sie wusste nicht, was erlaubt war, um Rose nachts zu beruhigen. Musste sie im Bettchen bleiben, oder durfte sie sie herausholen? Samantha war da sehr penibel.

Als sie kurzerhand umdrehte und wieder in die Küche zurückkehrte, erhaschte sie gerade noch einen Blick auf das kleine Glas, aus dem Samantha zuvor etwas getrunken hatte und das sie jetzt in der Spüle versenkte. Das Ganze ging so schnell, dass sie es sofort als Einbildung abtat.

»Was ist nun schon wieder?« Samantha klang extrem kurz angebunden.

»Soll ich sie hochheben oder im Bett beruhigen?«

»Mach, was du willst. Ist schließlich Jahrtausendwende.« Mit diesen Worten wandte sie sich wieder dem Abwasch zu. Die Tequilaflasche stand offen neben ihr auf der Arbeitsfläche, der rote Plastikhut abgeschraubt.

Verwirrt kehrte Nicole in den Flur zurück. Sie war sich nicht sicher, was sie mehr verstörte, die offene Flasche oder Samanthas plötzliche Scheißegal-Einstellung.

Hinter Rosemarys Tür war es still. Nicole wartete noch eine ganze Weile. Lauschte. Und dachte über das nach, was sie gerade gesehen hatte. Doch als sie das nächste Mal an der Küche vorbeikam, entdeckte sie dort weder Samantha noch die Tequilaflasche mit dem roten Plastikhut.

Trent saß allein auf dem Balkon.

»Wo ist Sam?«

»Beim Zähneputzen.«

»Was? Wir haben doch noch eine Stunde. Sie kann doch nicht einfach kurz vor der Ziellinie aufgeben!«

»Das erzähl du ihr mal.«

Nicole trank einen Schluck von ihrem Cocktail und zuckte erneut zusammen. So musste es schmecken, wenn man Brennspiritus trank.

Sam kam auf den Balkon. »Gute Nacht«, sagte sie.

»Bis zum nächsten Jahrtausend«, sagte Nicole.

»Ja, genau, bis zum nächsten Jahrtausend«, stimmte Trent ein und stand auf, um Samantha zu küssen, aber sie war schon im Dunkel der Wohnung verschwunden.

Trent und Nicole saßen schweigend nebeneinander. In der Ferne hörte man jetzt die Partys der Nachbarschaft, die Feiernden hatten sich langsam warmgelaufen, es ging auf Mitternacht zu. Wieder musste Nicole an die Frau in der Wohnung gegenüber denken. Sie fragte sich, was Tina wohl machte, ob sie allein war oder im Pub.

»Du musst Sam entschuldigen«, sagte Trent irgendwann. »Sie ist immer noch ein bisschen wackelig wegen dem Unfall vor ein paar Tagen.«

Nicole richtete sich auf. »Welcher Unfall? Sie hat nichts gesagt.«

»Na ja, es war auch kein richtiger Unfall, aber Sam hat die Sache ziemlich mitgenommen. Sie war mit Rose einkaufen und hat auf dem Rückweg eine Kurve zu schnell genommen. Der Wagen ist ins Schleudern geraten und hat sich einmal um die eigene Achse gedreht. Niemand hat sich verletzt, es ist kein Schaden entstanden, auch nicht am Wagen. Aber so, wie Sam darüber redet, könnte man meinen …«

»Sie hat eine Kurve zu schnell genommen?«

»Ja, genau, ich weiß. Normalerweise tuckert sie langsamer durch die Gegend als meine Oma.«

Nicole erinnerte sich noch gut daran, wie Samantha früher regelmäßig in Tränen ausgebrochen war, wenn Tina oder Craig zu schnell fuhren. Das war nach Tinas Unfall, bei dem der Wagen ins Schleudern geraten war und sich am Ende wie ein Pfannkuchen überschlagen hatte.

Wieder herrschte Schweigen. Sie leerten ihre Cocktails.

»Noch eine Viertelstunde«, sagte Trent schließlich mit Blick auf seine Armbanduhr. »Was meinst du? Sollen wir uns um Mitternacht noch einen Shot genehmigen? So richtig mit Salz und Zitrone?«

»Klar, warum nicht.«

Trent verschwand wieder in der Küche, Nicole ließ den Blick über die dunklen Fenster schweifen und stellte sich vor, wie Darren im Rumours wie ein Vollidiot zwischen Teenagern auf der Tanzfläche rumhüpfte. Sie fragte sich, ob er an sie dachte. Wahrscheinlich nicht.

Trent kehrte mit leeren Händen zurück. »Ich kann den Tequila nirgends finden. Sam muss ihn versteckt haben. Oder sie hat ihn in den Ausguss gekippt.«

»Oder sich hinter die Binde.«

Trent lachte. Er dachte, Nicole mache Witze, aber sie meinte es ernst. Wieder hatte sie die blitzschnelle Handbewegung vor Augen. Glas an den Mund, rein in den Schlund.

Kurz darauf explodierte der Himmel mit tausend bunten Feuerwerken, Autos stimmten ein Hupkonzert an, Leute jubelten.

»Frohes neues Jahrtausend!«, sagte Trent leise.

»Frohes neues Jahrtausend!«, erwiderte Nicole. In Gedanken war sie immer noch bei Samanthas Unfall. Sie stellte sich vor, wie ihre Schwester in die Kurve raste, Reifen quietschten, der Wagen geriet ins Schleudern, wie Tinas Auto damals vor fast zwanzig Jahren, auf der staubigen roten Piste bei Bruce Rock.

Samantha

»Ich hatte eine Affäre mit eurem Vater.« Tante Meg sprach laut, um das Getöse im Blue Duck Café zu übertönen. Sie sagte es so lapidar dahin, dass ich es erst gar nicht verarbeiten konnte.

Als ich den Mund aufmachte, kam nichts heraus. Ich sah zu Nicole, aber sie hatte sich Meg zugewandt, daher konnte ich ihren Gesichtsausdruck nicht erkennen.

»Wann?«, fragte sie.

»In dem Jahr, als eure Eltern sich getrennt haben«, sagte sie. Wenigstens hatte sie so viel Schamgefühl, dass sie dabei unsere Blicke mied. »Ich bin nicht stolz darauf, aber, na ja ... euer Vater war sehr überzeugend.«

»Wusste Mum Bescheid?«, fragte Nicole.

Tante Meg schüttelte den Kopf. »Nein. Tina wusste zwar, dass Craig ihr untreu war, aber nicht, mit wem. Einmal hat sie uns fast erwischt, aber dann ...«

»Dann was?« Jetzt, da ich meine Stimme wiedergefunden hatte, klang sie unangemessen laut und bissig.

»Dann hat sich Tina betrunken, euch in den Wagen geladen und einen Unfall gebaut, tja ... den Rest kennen wir.«

»Was willst du damit sagen? Dass Tina den Unfall hatte, weil sie dich und Dad beim Ficken erwischt hat?«

Tante Meg zuckte zusammen. »Nein, nein«, sagte sie rasch. »So kann man das nicht sagen«, fügte sie hinzu. »Als der Unfall passierte, war sie auf dem Weg zu ihren Eltern. Später hat sie mir erzählt, dass sie ihn an dem Tag verlassen wollte.«

Nicole und ich mussten ziemlich verständnislos dreingeschaut haben, denn sie versuchte gleich, uns die Sache anders zu erklären. »Habt ihr euch denn nie gefragt, warum ihr nach Kalgoorlie gefahren seid und nicht zur Schule nach Perth?«

»Wir waren auf dem Weg nach Perth«, sagte ich. Meg war nicht dabei gewesen, woher sollte sie es also wissen?

»Nein«, beharrte sie. »Ihr wolltet nach Kalgoorlie.«

Mir reichte es. »Das ist doch Schwachsinn! Seit Jahren hast du weder zu Tina noch zu uns Kontakt gehabt, und jetzt schneist du hier rein und verbreitest diese grausamen Lügen! Eines kann ich dir sagen: Dad hat Tina nicht betrogen, weder mit dir noch mit sonst wem. Er hat sie verlassen, weil sie eine Säuferin war. Punkt.«

Ich sah Beifall heischend zu Nicole, aber die musterte Tante Meg nachdenklich. Dass sie meine Entrüstung offensichtlich nicht teilte, machte mich nur noch rasender. »Jetzt erzähl mir bloß nicht, dass du ihr glaubst, Nic!«

»Momentan weiß ich nicht, was ich glauben soll, Sam. Ich höre einfach zu.«

»Na, ich glaube ihr jedenfalls kein Wort.« Ich klang wie ein eingeschnappter Teenager, aber das war mir egal. »Und selbst wenn das stimmt, warum kommst du uns jetzt mit dem ganzen Scheiß? Über dreißig Jahre hast du nichts mit uns zu tun gehabt. So selten hast du dich blicken lassen, dass wir dich Geistertante getauft haben. Was soll das Theater jetzt?«

Meg räusperte sich. »Nach dem Unfall habe ich die Sache mit eurem Dad sofort beendet und bin nach Melbourne gezogen. Aber ihr wisst selbst, dass sich das Verhältnis zwischen den beiden rasant verschlechtert hat. Ich habe mir eingeredet, dass ich wegen Craig weggezogen bin, aber in Wahrheit wollte ich wohl vor meinen Schuldgefühlen fliehen.«

Während sie das sagte, rührte sie im Milchschaum ihres Cappuccinos herum, und statt sie anzusehen, starrte ich wie gebannt auf die kreisende Bewegung.

»Tina hat immer wieder versucht, Kontakt aufzunehmen. Hat mir Geschenke und Karten geschickt, hat sich an meinem Geburtstag gemeldet. Bei diesen Anrufen war sie immer betrunken. Mich hat die Situation einfach überfordert. Als unsere Eltern starben, habe ich mich dann endgültig aus Tinas Leben verabschiedet. Es war leichter, als ihr dabei zuzusehen, wie sie sich zu Tode soff, und zu wissen, welche Rolle ich dabei gespielt hatte. Natürlich habe ich mir ständig eingeredet, dass ich eines Tages reinen Tisch machen würde, ihr die Affäre beichten, aber dann kam der Anruf von Nicole, Tina war tot, und plötzlich spürte ich die ganze Last meiner Schuld.« Sie legte sich die geballte Faust an die Brust. »Ich hatte das Gefühl zu explodieren. Das Einzige, was ich noch tun konnte, war, euch die Wahrheit zu sagen.«

»Aber trotzdem, wozu?«, beharrte ich, den Blick wieder auf ihr Gesicht gerichtet. »Du interessierst dich doch einen Scheißdreck für mich und Nic.«

»Ja, so wirkt es wohl«, sagte Meg mit gesenktem Blick. »Ich war zu jung und dumm, um zu ahnen, welche Auswirkungen die Trennung auf euch haben würde. Erst später, mit mehr Lebenserfahrung, habe ich verstanden, was eine Scheidung bei Kindern auslöst, und mir ist klar geworden, dass ihr mich gebraucht hättet. Aber da war es schon zu spät. Zumindest hatte ich das Gefühl, ich könnte nichts mehr ausrichten.«

»Und wieso jetzt? Tina ist tot, wem soll das was bringen? Außer dir, natürlich«, sagte ich.

»Weil es die Wahrheit ist, und die hat doch sicher irgendeine Bedeutung. Tina hat die Scheidung nicht allein verschuldet. Mich trifft genauso viel Schuld. Und Craig auch.«

»Bei den meisten Dingen gibt es nicht nur einen Schuldigen«, sagte Nicole, was mich noch mehr aufregte.

»Ja, aber in diesem Fall ging es ums Trinken«, sagte ich. »Und das hat Tina ganz allein verschuldet.«

»Jetzt sei nicht so, Sam.« Nicole legte mir die Hand auf den Arm, aber ich schüttelte sie ab.

»Wenigstens bin ich *irgendwas*, statt hier zu sitzen und diesen Schwachsinn zu glauben.« Ich schob meinen halb leeren Kaffee weg und stand auf. »Nicole kann dich zum Flughafen bringen, Tante Meg. Ich muss los.«

»Aber wohin denn?« Meg wirkte plötzlich wieder alt und gebrechlich, doch ich konnte ihr trotzdem nicht antworten. Stattdessen warf ich einen Zwanzigdollarschein auf den Tisch und verschwand so schnell ich konnte. Am liebsten wäre ich weggerannt.

Ich ging nicht zu meinem Wagen, sondern zog mir die Schuhe aus und lief über den fast leeren Strand. Die Nachmittagsbrise, der Fremantle Doctor, war bereits aufgefrischt und hatte die meisten Schwimmer, Surfer und Sonnenanbeter vertrieben. Nur diejenigen, die sich nicht an Sand im Mund störten, harrten noch aus. Hauptsache, irgendwas im Mund, dachte ich.

Obwohl die Sonne brannte, scherte es mich wenig, dass ich mich nicht eingecremt hatte und mein Kleid mir auch keinen ausreichenden Schutz bot. Ich war wütend auf Meg und Nicole. Und auf Tina. Ich hatte nie eine Mutter gehabt, nicht richtig, nicht wie andere Leute. Wie konnten sie es wagen, mir jetzt auch noch den Vater zu nehmen?

Da musste ich an die Wodkaflasche aus Nicoles Küche denken, den Geruch, der sich entfaltet hatte, als ich den Inhalt über die Blumen geschüttet hatte. Die Verschwendung. Die Befreiung.

Ich saß, solange es ging, auf einer Bank, aber Megs Worte konnte ich nicht verdrängen, nicht ohne Hilfe. Also stand ich auf und lief nach oben zur Straße, wo das Ocean Beach Hotel stand.

Die Bar war voll, überall trinkende und lachende junge Leute, die sich an ihrer Jugend erfreuten. Wie ich sie hasste! Durchs offene Fenster sah ich ein junges Pärchen, ein kleines, dunkelhaariges Mädchen unterhielt sich mit einem langen Typen mit Strubbelfrisur, beide tranken aus etwas, das aussah wie ein Eimer Coke. Sie bildeten eine Insel der Nüchternheit zwischen lauter Trinkern, und ich musste unweigerlich an früher denken, als Trent und ich jung waren. Damals war ich erleichtert gewesen, jemanden zu finden, der so war wie ich, einer, der auch nicht verstand, wozu man sich jedes Wochenende wegsaufen sollte.

Am Ende hatte der Alkohol auch uns gefunden.

Ich kaufte eine kleine Flasche Wodka vom Außenverkauf und schlich mich damit in den Park auf der anderen Straßenseite. Der Wind blies mir die langen Haare ins Gesicht. Eigentlich hätte ich mir gern ein Gummi aus dem Auto geholt, wollte aber vermeiden, Nicole oder Tante Meg in die Arme zu laufen.

In dem Moment hielt eine Stretch-Limo neben mir und riss mich erneut aus meinen Gedanken. Ein Pärchen kletterte aus dem Fond, die junge Frau trug ein hautenges elfenbeinfarbenes Satinkleid, der Mann, erheblich älter, schwitzte sichtlich in seinem Anzug.

Der Bräutigam wollte das Jackett ausziehen, aber die Braut hatte was dagegen. »Du ruinierst die Fotos!«, sagte sie, und da erfasste der Wind ihren Schleier und ließ ihn wie eine Rauchwolke hinter ihr aufsteigen.

»Diese Jacke ruiniert meinen Tag!«, protestierte er. »Es ist so heiß.«

»Die Fotos sind wichtiger.«

Natürlich hatte sie recht. Ich erinnerte mich nur an diejenigen Szenen meiner Hochzeit, die auf Fotos festgehalten wurden, alles, was sich außerhalb der akkuraten Bilderrahmen abgespielt hatte, konnte ich leicht vergessen.

Aus einer zweiten Stretch-Limo sprangen violett gekleidete Brautjungfern und ihre drei Partner. Sie alle waren ungefähr im Alter der Braut, und ich fragte mich, ob sie ihre Freunde waren oder die Kinder des Bräutigams. Auf Celines und Dads Hochzeit, die mittlerweile zehn Jahre zurücklag, hatten sie Nicole und mich in blassrosa Organzakleidchen gezwungen, obwohl wir beide bereits über dreißig waren. Ich war zwar klein und zart genug, um so was einigermaßen würdevoll zu tragen, aber Nicole hatte ausgesehen wie ein Elefant im Ballettröckchen. Und trotzdem hatte sie an jenem Tag Jethro kennengelernt und war mit ihm in den Sonnenuntergang nach Dalkeith davongeritten.

Und was hatte ich in den vergangenen zehn Jahren erreicht? Ich wohnte immer noch in einem muffigen Häuschen, ignorierte Trent, stritt mich mit Rosemary und trank heimlich.

Als die Braut die anderen Männer ankreischte, weil auch die ihre Jacketts ausziehen wollten, beschloss ich, doch lieber an den Strand zu gehen, Wind hin oder her.

Ich setzte mich dicht ans Wasser, betrachtete den klaren blauen Horizont und dann die braune Tüte neben mir im unsteten Sand. Nicht gerade Insta-tauglich, wie Rosemary es ausdrücken würde.

Nachdem ich die Flasche aus der Tüte gezogen hatte, las ich das Etikett. Sie enthielt das Äquivalent von elf normalen Drinks, also elf Punkte nach meinem System. Jeden Tag, den ich ohne Alkohol verbrachte, rechnete ich mir mit fünf Punkten an, jeder normale Drink kostete mich einen Punkt. Seit Tinas Tod hatte ich keinen einzigen Drink zu mir genommen. Aus Gewohnheit zählte ich die Tage, rechnete aus, wie viele Punkte ich mir verdient hatte, doch mittendrin hielt ich inne.

»Scheiß auf die Punkte!«, sagte ich, schraubte die Flasche auf, drehte das Gesicht aus dem Wind und trank den ersten Schluck.

Scheiß auf die Punkte. Dieser Spruch hätte direkt aus Tinas Mund kommen können. Ich wusste trotzdem, dass ich nicht wie sie war. Ich war ganz ich selbst. Ich war Samantha, und die trank so viel sie brauchte, um genau das zu vergessen.

Teil Nr. 7: 2007

Als Nicole das Café betrat, spannten sich ihre Bauchmuskeln an, als erwartete sie einen Schlag in die Magengrube. Ihr letztes Treffen mit Samantha lag vier Monate zurück, und wenn es nach ihr gegangen wäre, hätte es gern dabei bleiben können. Solange sie Samantha mit ihren bissigen Bemerkungen aus dem Weg gehen konnte, war sie mit sich im Reinen.

Doch als Samantha angerufen und darauf bestanden hatte, mit ihr zusammen zur Anprobe zu gehen, war sie wieder mal weich geworden. Wie immer.

»*Hello, stranger*«, sagte Samantha, erhob sich und küsste zur Begrüßung die Luft neben Nicoles Wange. Der vertraute starke Pfefferminzgeruch stieg ihr in die Nase. Nicole hatte da so eine Theorie, die besagte, dass ihre Schwester sich beim Autofahren die Zähne putzte, und zwar, nachdem sie sie zu Hause bereits akribisch geschrubbt und mit Zahnseide gereinigt hatte.

Sie trat einen Schritt zurück, um Samantha anzusehen. Ihrem Outfit nach zu urteilen – Bleistiftrock und gestärkte Bluse – war sie direkt von der Arbeit hergekommen. Nicole hingegen kam direkt vom Sofa und trug noch die Klamotten, in denen sie geschlafen hatte. Sie hatte eine halbe Stunde im Chaos ihrer höhlenartigen, lichtlosen Erdgeschosswohnung herumgewühlt, bis sie endlich ihre Schuhe ausgegraben hatte.

Samantha setzte sich wieder, aber nicht, ohne vorher ihren Rock glatt zu streichen. »Wie geht es dir?«

»Gut. Aber auf die Anprobe freue ich mich nicht gerade.«

»Wieso nicht?«

»Findest du nicht, es sollte ein internationales Gesetz geben, das Frauen über fünfunddreißig davor schützt, Organza tragen zu müssen?«

»Ernsthaft? Du regst dich auf, weil du ein feines Kleid tragen musst, aber sonst hast du kein Problem damit, dass Dad Celine heiratet?« Samanthas Mund wurde schmal. »Ich muss ständig an die arme Donna-Louise denken.«

Nicole hätte eine passende Antwort parat gehabt, doch die behielt sie lieber für sich. *Ich glaube, Donna-Louise ist ganz zufrieden mit ihrem stattlichen Anteil und ihrem strahlend weißen Haus in Busselton.* Stattdessen sagte sie nur: »Dad und Donna-Louise sind schon seit zwei Jahren geschieden, meinst du nicht, er darf jetzt mal einen Neuanfang wagen?«

Samantha hob die Brauen und studierte die Speisekarte, während Nicole nervös auf ihrem Stuhl herumrutschte. »Was hältst du von dem ganzen Tamtam mit der kirchlichen Trauung?«

»Ich habe auch kirchlich geheiratet!«, versetzte Samantha. »Was soll daran falsch sein?«

Nächstes Fettnäpfchen, dachte Nicole. Diese Unterhaltung verlief überhaupt nicht gut. »Hab ich doch gar nicht behauptet. Es hat mich nur ein bisschen gewundert. Dad hat doch immer gesagt, er wäre Atheist.«

»Vielleicht tut er es Celine zuliebe.« Samantha zuckte die Achsel. »Ist auch egal. Er hat mir erzählt, du hättest einen neuen Job?«

Der Themawechsel kam Nicole sehr gelegen. Weitere Gespräche über Craigs Frauen, ex oder in spe, würden sie direkt in ein Minenfeld führen. »Ja, ich mach jetzt Datenerfassung bei einem großen Unternehmen. Die schicken mir per Kurier kistenweise

Akten zu, und ich pflege sie zu Hause in ein Programm ein, im Schlafanzug. Auf diese Weise kann ich trotzdem meine anspruchsvollen Fernsehtermine wahrnehmen.«

»Aha, verstehe«, sagte Samantha. »Was guckst du denn im Moment?«

Nicole ratterte ein paar Seriennamen herunter, ließ aber die richtig üblen Realityshows aus.

»Und was macht das Liebesleben? Gibt's einen Neuen?«

»Nein. Es gibt nur mich und das Fernsehprogramm.« Nicole bemühte sich um einen leichten Tonfall. Vor fünf Jahren hatte Darren sie endgültig verlassen, aber einem anderen zu vertrauen konnte sie sich immer noch nicht vorstellen. Nicht dass sie Darren vertraut hätte.

»Wie geht's Trent?«, fragte Nicole. Sie hatte Samantha zwar schon lange nicht mehr gesehen, aber ihr letztes Treffen mit Trent lag tatsächlich schon eine Ewigkeit zurück. Sie vermisste ihn sogar ein wenig.

»Gut. Man hat ihm einen Job als Systemadministrator in Newman angeboten, aber das hieße neunzig Prozent Reisetätigkeit, weißt schon, er fliegt ständig zum Kunden und verdient damit absurd viel Geld.«

»Und? Nimmt er an?«

Samantha zuckte die Achseln. »Wir sind uns noch nicht einig. Ich fände es schwierig, wenn er sechs Wochen am Stück weg wäre.«

Nicole konnte sich nicht vorstellen, wie Samantha sechs Wochen ohne Trent überleben sollte. Die beiden waren schon so fest miteinander verwachsen, dass es schwierig war, sie als Individuen wahrzunehmen. Sie fragte sich, ob sie selbst je eine derart enge Beziehung erleben würde.

Beim Blick auf die Speisekarte verschlug es ihr den Atem. »Wieso ist alles so teuer?« Ihre Stromrechnung war sicher schon in der Post, aber ihr Kreditrahmen war komplett überzogen. »Die haben mir gestern acht Dollar für einen Cappuccino abgeknöpft!«, rief Nicole.

»Tja, so ist das, wenn eine Stadt boomt. Das hier geht auf mich«, bemerkte Samantha.

»Das musst du nicht.«

»Will ich aber.«

»Danke«, sagte Nicole. Obwohl es ihr peinlich war, überwog ihre Dankbarkeit.

»Da sind sie ja! Meine schnuckligen Brautjungfern!«, rief Celine und stürzte mit ausgestreckten Armen auf Nicole und Samantha zu, kaum dass sie den Laden für Brautmoden betreten hatten.

Während die Schneiderin bei Samantha Maß nahm, reichte Celine Nicole ein Glas Champagner und einen Zettel.

»Ich habe hier das Programm für die Hochzeit zusammengestellt, da steht auch, wo du deine Frisur und dein Make-up machen lässt.« Sie sah Nicole kokett an. »Wir wollen doch, dass du nett aussiehst. Ich habe einen ganz besonderen Menschen eingeladen, den du sicher sympathisch findest.«

»Na, der Spruch kommt mir bekannt vor.« Sie betrachtete Samantha mit einem vielsagenden Blick, den diese geflissentlich ignorierte. Komischerweise wollte sie seit einiger Zeit nicht mehr für die Verkupplung ihrer Schwester mit Darren auf ihrer eigenen Hochzeit verantwortlich sein. In ihrem neuen Narrativ hatte ganz allein Trent daran Schuld.

»Dieser ist aber ein echter Fang. Gehört zu den Andersons. Weißt schon, *die* Andersons.« Nicole verstand nur Bahnhof. »Er ist der CEO eines Sozialunternehmens, das marginalisierte Menschen zu Baristas ausbildet. Craig kennt ihn über sein Netzwerk, er hat uns für die Hochzeit seinen Rolls-Royce geliehen. Natürlich mussten wir ihn im Gegenzug einladen. Und dann haben wir herausgefunden, dass er Single ist!«

»Aha. Verstehe.«

Celine beugte sich vor. »Man munkelt, seine Frau wäre mit dem Poolreiniger durchgebrannt und hätte bei der Scheidung trotzdem die Hälfte abkassiert«, flüsterte sie.

Nicole war seit fünf Jahren allein, aber ein neureicher, koffeinsüchtiger Loser mit einem gebrochenen Herzen war so ziemlich das Letzte, was sie in ihrem Leben gebrauchen konnte. Trotzdem setzte sie ein Lächeln auf und nickte. »Ich freu mich schon darauf, ihn kennenzulernen.«

Am Tag der Hochzeit quälte sich Nicole aus dem Bett und schlug mit nur einer halben Stunde Verspätung im Schönheitssalon auf. Samantha, lange vor ihr eingetroffen, hatte die Haare bereits auf Wicklern. Rosie war sogar schon frisiert und saß mit dem Nintendo DS, ihrem ständigen Begleiter, in der Ecke. Ihr Kleid hing hinter ihr. Nicole konnte sich nicht erinnern, wann sie Rosie ohne technisches Gerät gesehen hatte. Wenn sie nicht ihren DS in der Hand hielt, saß sie vor dem Fernseher, iPod oder Computer. Oder sie spielte Snake auf Trents Handy.

»Wo ist Celine?«, fragte sie Samantha.

»Hinten. Da sitzt sie schon seit sechs Uhr. Françoise und F'nelle arbeiten sich an ihrer Frisur ab.«

»Françoise und wer?«

»F'nelle! Eff-Apostroph-enn-eh-doppelell-eh!«, buchstabierte eine komplett in Lila gekleidete Frau, die gerade von hinten kam. »Du bist sicher Nicole! Ich bin F'nelle, deine Fee. Ich mache dich zur Prinzessin, mein Aschenputtel!«

Sie bugsierte Nicole auf einen Stuhl, nahm ihr Gesicht in die Hände und betrachtete sie lange.

»Ja. Ja. Ja«, sagte sie. »Ja.«

Nicole rutschte nervös herum. »Ja?«

»Ja!«, wiederholte F'nelle und ließ Nicoles Gesicht los. »Lass uns anfangen. Françoise? Wir brauchen die Herbstfarbenpalette, mittel, mit Foundation Nummer 3.«

Eine kleine Frau mit orangefarbener Haut, vermutlich Françoise, kam von hinten. Auch sie umfasste Nicoles Gesicht.

»Jaahaa«, sagte sie nach einer Weile. »Welchen Moisturizer benutzt du?«, fragte sie mit schwerem Akzent. »Du 'ast 'aut von ein … wie sagt man … *zombi*?«

Nicole seufzte. »Zombie. So heißt es auch bei uns.«

Gefühlte Jahre später war sie endlich fertig, ihr Haar in Locken gezwirbelt und mit Sekundenkleber festgezurrt, ihre Poren mit Concealer, Foundation und Puder zugekleistert. Sie fühlte sich noch fremder als damals bei ihrem einundzwanzigsten Geburtstag, als Samantha sie zur Cindy Crawford für Arme auftoupiert hatte.

»Voilà!«, rief F'nelle enthusiastisch. »Wir haben deine Vorzüge ein bisschen mehr betont. Und besonders die Augen, eine Explosion in Himmelblau!«

»Ich bin ja nicht sicher, ob ich im Zusammenhang mit Augen von Explosionen sprechen würde«, flüsterte Nicole Rosie zu, als F'nelle dem Sirenenruf der mysteriösen Françoise nach hinten gefolgt war.

»Keine Sorge, Tante Nic. Deine Augen sitzen noch fest im Kopf«, flüsterte Rosie zurück, den Blick nur flüchtig von ihrem Nintendo abgewandt. »Du siehst richtig hübsch aus. Tante Celine hat gesagt, du würdest heute deinen neuen Freund kennenlernen.«

»Ach, tatsächlich!« Nicole wandte sich zu Samantha um. *»Tante Celine?«*, sagte sie tonlos, aber Samantha zuckte nur die Achseln. Da Celine jünger war als sie beide, wäre es vermutlich seltsam, wenn Rosie sie »Oma« nennen würde.

F'nelle kehrte zurück.

»Hat hier jemand Celine gesagt?«, rief sie theatralisch, dann trat sie einen Schritt zur Seite und machte die Bühne frei für Celines großen Auftritt in ihrem langen Satinkleid. Ihre Haare waren zu einer wahren Lockenpracht aufgetürmt, die wie ein Geysir in

Kringeln von ihrem Kopf herabstürzte. Françoise folgte, sie fummelte wie besessen an der Schleppe herum.

»Ta-da!«, sagte Celine.

»Tante Celine! Du siehst aus wie eine Prinzessin!«, rief Rosemary. Sie sprang auf und rannte mit ausgestreckten Armen auf sie zu.

»Pass auf Tante Celines Kleid auf, Rose!«, mahnte Samantha, aber Celine schien die stürmische Umarmung nichts auszumachen.

»Danke dir, mein Schatz!«, sagte Celine und drückte sie an sich. »Und wo ist dein Prinzessinnenkleidchen? Der Wagen kommt in zehn Minuten.«

Samantha sah stirnrunzelnd auf die Wanduhr. »Aber es ist noch nicht mal elf. Auf dem Programm steht, der Wagen kommt um halb zwölf.«

»Ach, die Uhr geht nach«, sagte F'nelle. »Wir haben sie mit Absicht verstellt, damit die Leute nicht nervös werden. Gehört alles zum Service.«

»Was ist mit Leuten, die gern pünktlich kommen?«, wollte Samantha wissen. »Gehören deren Bedürfnisse nicht zum Service?«

»Ähm, ich geh schon mal raus«, sagte Nicole rasch.

Vorsichtig raffte sie ihr zartrosa Organzakleid hoch und trat auf die Straße.

Ein riesiger weißer Wagen stand direkt vor dem Laden, der Fahrer im schwarzen Anzug steif neben der Beifahrertür. Als er sie sah, lächelte er.

»Gehören Sie zur Hochzeitsgesellschaft?«

»Nee, ich geh gleich Tennis spielen«, versetzte sie, woraufhin der Fahrer schallend lachte.

»Hätte ich mir auch denken können«, sagte er. »Echte Tennisprofis erkennt man sofort an ihren Schuhen.«

»Das hier ist der höchste Absatz, den ich je getragen habe«, gestand Nicole.

Samantha hatte mit allen Mitteln versucht, Celine davon abzubringen, eine große Frau wie Nicole zu zwingen, hohe Absätze zu tragen, aber Celine hatte darauf beharrt. Nicole solle ihre Größe »feiern«, hatte sie gesagt.

»Von hier oben kann ich bis Rottnest Island sehen, oder könnte es zumindest, wenn ich nicht diese falschen Wimpern tragen müsste. Bei jedem Zwinkern denke ich, mich greift ein großes schwarzes Insekt an.«

Der Fahrer lachte wieder. Dieser Mann war der beste Zuhörer seit Jahren. Außerdem sah er gut aus, auf ruhige Art, Typ freundlicher Buchhalter mit Anklängen von George Clooney. Seine Aufmerksamkeit, und sei sie auch nur kurz, stieg ihr direkt zu Kopf. Sie konzentrierte sich rasch auf den Wagen. »Das ist also der Rolls, von dem sie alle so schwärmen. Warum um alles in der Welt schafft man sich so ein Vehikel an? Sieht aus, als hätte der Besitzer Penisprobleme.«

»Kein Autofan?«

»Nee. Mein kleiner Schrotthaufen hat wahrscheinlich einen Bruchteil von dem Schlitten hier gekostet, aber er bringt mich auch von A nach B.«

»Sehe ich genauso.«

»Aber Sie arbeiten als Chauffeur.«

»Ähm, nicht ganz. Der Wagen gehört mir.«

»Der gehört Ihnen?« Nicole sah ihn ungläubig an.

»Na ja, ich hab ihn geerbt. Ich hätte mir so ein Ding nie selbst gekauft.«

Nicole schämte sich in Grund und Boden. Das war der Typ, von dem Celine gesprochen hatte. Einer von den Andersons, *den* Andersons. Was auch immer das heißen mochte.

»Oho«, sagte sie. Ihre Wangen brannten. »Tut mir leid. Ihr Wagen ist wirklich schön. Ich wollte nur …«

»Ehrlich sein? Passiert mir eher selten, dass die Leute mir gegenüber ehrlich sind, also umso besser«, versicherte er ihr. »Ich würde ihn gern abstoßen, aber meine Mutter würde mich umbringen. Er gehörte ihrem Vater, und einmal im Jahr kutschiere ich sie zu ihrem Geburtstag damit herum. Die Gangschaltung ist im Eimer, da muss man ein bisschen Fingerspitzengefühl haben. Deshalb bin ich heute der Chauffeur. Habe die Ehre, Jethro Anderson! Zu Ihren Diensten.«

Als er eine kleine Verbeugung machte, machte ihr Herz einen Sprung. *O Gott,* dachte sie. *Da haben wir den Salat.*

»Ich bin Nicole Cooper.«

»Du bist eine von Craigs Töchtern, richtig? Wir sind schon seit Jahren Geschäftspartner, und er redet immer in den höchsten Tönen von seinen Mädchen.«

Nicole konnte sich nicht vorstellen, wie das klingen sollte. *Meine Tochter arbeitet von zu Hause, sitzt im Schlafanzug vor dem Computer und hat sich die erste Staffel von* Lost *an einem Wochenende reingezogen.*

»Schön, dich kennenzulernen!« Nicole setzte ihr strahlendstes Lächeln auf und streckte ihm die Hand entgegen. Seine Haut war weich und warm.

»Es ist mir wirklich ein Vergnügen, *dich* kennenzulernen, Nicole.«

Etwas an der Art, wie er ihren Namen aussprach, berührte sie. Bei ihm klang er wie ein feines, ästhetisches Objekt, das er vorsichtig in Händen hielt.

»Ah! Du hast Jethro schon kennengelernt! Ist er nicht schnuckelig?«, rief Celine, als sie aus dem Laden kam, Françoise und F'nelle im Schlepptau, die um sie herumschwirrten. Samantha und Rosemary folgten. Rosemary hing immer noch an ihrem DS.

Jethro wirkte verlegen wie ein kleiner Junge, den seine Eltern gezwungen hatten, vor den Freunden Männchen zu machen.

»Hier kommt die Braut!«, rief Nicole, um die allgemeine Aufmerksamkeit von Jethro abzulenken. »Du siehst fantastisch aus.«

Celine lachte. »Nach sechs Stunden Frisur und Make-up will ich das auch hoffen.«

Jethro öffnete die Tür. »Ihre Kutsche wartet!«, sagte er.

»Samantha und Rose, ihr sitzt hinten bei mir. Nicole, du sitzt vorn neben Jethro«, sagte Celine mit einem Augenzwinkern. Nicole hoffte inständig, dass Jethro es nicht mitbekommen hatte.

»Wo ist dein Dad?«, fragte Samantha. »Wollte er nicht mit uns zur Kirche fahren?«

»Er trifft uns dort mit den anderen Gästen«, sagte Celine. »Ich brauche keinen Brautvater, der mich zum Altar bringt. Selbst ist die Frau.«

In diesem Moment verspürte Nicole kurz Bewunderung für Celine.

F'nelle mischte sich ein. »Prinzesschen, du zuerst.« Rosemary gehorchte und wollte auf die Rückbank klettern, aber Samantha hielt sie fest.

»Rose, hatte ich dir nicht gesagt, dass du den DS wegtun sollst?«

»Warum? Ich will im Auto damit spielen.« Rosemary verzog das Gesicht. Nicole sah, wie Samantha sich verkrampfte.

»Ach, komm, Prinzesschen. Du musst beide Hände frei haben, damit du den Untertanen zuwinken kannst.«

Rosemarys Gesicht entspannte sich sofort. »Okay!«, rief sie und drückte Samantha strahlend den DS in die Hand, allerdings, ohne sie eines Blickes zu würdigen.

Nicole sah ihre Schwester mitfühlend an, aber die war schon damit beschäftigt, das Gerät in dem kleinen Rucksack zu verstauen, den sie in der Hand hatte. Der Reißverschluss klemmte offenbar.

»Gib her, ich helfe dir«, sagte Jethro und streckte die Hand aus.

»Das schaff ich schon allein!«, zischte Samantha. Jethro wich überrascht zurück.

Als F'nelle die Schleppe endlich in den Wagen gefaltet hatte und alle auf ihren Plätzen saßen, startete Jethro den Motor und würgte den Gang rein.

»Hab ich doch gesagt, der Wagen braucht Fingerspitzengefühl«, sagte er zu Nicole.

»Wir folgen euch!«, rief F'nelle, die sich zum Fenster heruntergebeugt hatte.

»Sie kommen mit in die Kirche?«, fragte Nicole verwundert.

»Ja, damit sie nach der Zeremonie und vor dem Fest unser Make-up auffrischen können«, sagte Celine. »Perfektion bedeutet ständige Arbeit.«

Nicole seufzte. Jethro sah kurz zu ihr rüber, bevor er losfuhr.

»Ich habe einen Tennisschläger im Kofferraum, mit dem kannst du die schwarzen Insekten in Schach halten«, sagte er leise zu ihr. Nicole lächelte. Sie war dankbar, aber immer noch auf der Hut.

Teil Nr. 8: 1990

Nach dem Ende der Prüfungen hatte Samantha überhaupt keine Lust gehabt, nach Rottnest Island zu fahren, denn sie wusste, dass sie den Abschluss nicht auf dieselbe Weise feiern würde wie die anderen. Aber Kerstin hatte ihr versprochen, dass sie in der Woche nicht nur saufen würden.

»Wir können zum West End radeln, da gibt es Wale und Robben«, sagte sie. »Ich spiel sogar Scrabble mit dir.«

Am ersten Abend schlüpfte Samantha in ihren Snoopy-Schlafanzug und setzte Teewasser auf. Sie freute sich auf die Radtour am nächsten Morgen.

Kerstins Cousine Christine, die auf eine andere Schule gegangen war, regte sich bei Samanthas Anblick richtig auf. »Hey! Geht gar nicht! Du kommst mit in den Pub.«

»Ich trinke keinen Alkohol«, sagte Samantha.

Christine schüttelte ungläubig den Kopf. »Was für eine Scheiße! Warum nicht?«

Kerstin kam aus dem Bad. »Darum«, sagte sie. Zerknirscht stellte Samantha fest, dass sich auch ihre Freundin für den Abend im Quokka Arms zurechtgemacht hatte.

»Ich dachte, du bleibst hier bei mir«, flüsterte sie Kerstin zu, als die anderen schon halb aus der Tür waren. »Das hast du mir versprochen!«

»Ich weiß, ich weiß, aber das ist unser erster Abend«, sagte Kerstin, ohne sie anzusehen, und rauschte in einer Wolke aus billigem Parfüm und Haargel davon. »Morgen bleibe ich mit dir hier, Ehrenwort!«

»Und unsere Radtour? Vergiss die nicht!«, rief Samantha ihr hinterher.

Kerstin reagierte nicht.

Samantha, enttäuscht in der leeren Hütte zurückgelassen, brauchte nicht lange, um in den Aktionsmodus umzuschalten. Die nächste halbe Stunde verbrachte sie damit, nasse Handtücher aufzusammeln und verkrustete Müslischalen abzuwaschen. Der Alltag mit Donna-Louise hatte es ihr unmöglich gemacht, sich in einer unordentlichen Umgebung zu entspannen.

»So, das ist besser«, sagte sie, als sie fertig war. Mit *Im Kreis der Freunde* bewaffnet ging sie ins Bett und las, bis ihr die Augen zufielen.

Stunden später, als die anderen lautstark zurückkehrten, wachte sie wieder auf.

»Pssst!«, zischte Kerstin übertrieben.

»Wieso?«

»Samantha!«

»Was interessiert dich diese frigide Pflaume?« Samantha war ziemlich sicher, dass das von Christine gekommen war, der Cousine. Sie sprach mit ihrer aufgesetzten Stimme.

Kerstin kicherte. »Ja, ich weiß. Sie ist eine ziemliche Spaßbremse.«

Samantha zog sich den Schlafsack über die Ohren und bemühte sich, wegzuhören.

Am nächsten Morgen war sie schon früh wach. Während die anderen leise vor sich hin schnarchten, dachte sie über die vergangene Nacht nach. Christines Worte waren verletzend gewesen, aber Kerstins Reaktion hatte sie erwischt wie ein Schlag in die Magengrube. Sie wusste, dass Kerstin getrunken hatte, doch aus Erfahrung wusste sie, dass Betrunkene oft die Wahrheit sagten. Hielt Kerstin sie tatsächlich für eine Spaßbremse? Sie waren seit der siebten Klasse miteinander befreundet, und Samantha war davon ausgegangen, dass Kerstin ihre Eigenheiten genauso akzeptierte wie sie die ihrer Freundin, aber vielleicht hatte sie sich geirrt.

Sie betrachtete Kerstin in ihrem Schlafsack und fragte sich, ob sie sie wecken sollte. Sie könnten immer noch zusammen zum West End radeln, wie Kerstin es versprochen hatte. Aber was, wenn sie einen Kater hatte und sich aufregte, weil Samantha sie geweckt hatte? Dann wäre sie die allergrößte Spaßbremse.

Schließlich beschloss sie, an der Thomson Bay entlang zum Bäcker zu gehen. Wenn sie für alle frisches Brot kaufte, würden die anderen sie vielleicht doch akzeptieren. Als sich die Mädchen dann gegen Mittag aus den Betten quälten, fraßen sie das Brot weg, ohne sich zu bedanken, und regten sich anschließend darüber auf, dass Samantha ihre Handtücher aufgeräumt hatte.

Nur Kerstin würdigte Samanthas Geste. »Danke, dass du Tank Loaf geholt hast«, sagte sie beim Abspülen. »Das ist mein Lieblingsbrot. Wie schön, dass du das noch weißt.«

Samantha erkannte ihre Chance. »Bist du bereit für unsere Radtour?«, fragte sie. »Oder wir gehen schwimmen im Basin, wenn du willst.«

»Später vielleicht.«

Doch später gingen die anderen auf ein paar Bier rüber zu den Jungs in die Nachbarhütte, und Kerstin ging mit. Also ging Samantha allein schwimmen und radelte anschließend zur Parakeet Bay. Als sie zurückkehrte, waren die anderen schon weg, auch Kerstin. Sie hatten ihr nicht mal eine Nachricht hinterlassen.

Samantha widmete sich wieder ihrem Buch und redete sich ein, dass sie ohnehin lieber die Geschichten von Freundinnen im fernen Irland las, als tatsächlich Zeit mit echten Freundinnen zu verbringen. In Wahrheit wusste sie jedoch, dass sie sich nicht mehr lange hinter dieser Lüge verstecken konnte.

Am nächsten Morgen in der Schlange beim Bäcker bemerkte Samantha einen schlaksigen Jungen, der ständig zu ihr rübersah. Als sie mit Croissants und Brot herauskam, stellte sie fest, dass er draußen auf sie gewartet hatte.

»Hi!«, sagte er. »Ich hab dich gestern auch schon hier gesehen.«

»Ja, und?« Der Junge schien nett zu sein und sein Lächeln sympathisch, aber Samantha war trotzdem misstrauisch.

»Ich nehme an, deine Freundinnen sind wie meine Kumpel zu verkatert, um selbst Brot zu holen?«

Samantha nickte. Schweigend gingen sie an der Touristeninformation vorbei zur Bucht hinunter.

»Übrigens, ich heiße Trent«, sagte der Junge nach einer Weile. Er streckte ihr die Hand hin, und sie schüttelte sie.

»Ich bin Samantha.«

»Wo bist du untergekommen?«, fragte er.

Sie streckte den Finger aus. »In einer der Hütten an der Thomson Bay, ganz da hinten.«

»Du wohnst in einer Hütte! Luxus! Wir waren zu spät dran und haben nur noch ein paar Plätze in der Zeltstadt ergattert.«

»Wie ist es so in Tent City? Gefällt es dir?«

»Widerlich ist es!«, sagte Trent. »Lauter Typen ohne Hemd, die zum Frühstück Emu Bitter saufen. Ich verstehe das nicht.«

»Ich auch nicht. Ich trinke eigentlich nie Alkohol.«

Trent grinste. »Bingo! Ich dachte zuerst, ich wäre auf der ganzen Insel der einzige Typ unter vierzig, der nicht trinkt, aber dann habe ich dich zweimal hintereinander morgens beim Bäcker gesehen und hatte wieder Hoffnung. Und was machst du so, wenn die anderen im Pub sind?«

»Ich lese. Und du?«

»Die ersten paar Male bin ich mitgegangen und habe Limo getrunken, aber die letzten beiden Nächte habe ich allein im Zelt gelesen, bis die Batterien der Taschenlampe leer waren. Heute ist der letzte Abend. Ich werde vermutlich im Dunkeln im Zelt liegen, bis einer der Jackos mir beim Zurückkommen gegen den Kopf tritt.«

»Du bist mit mehr als einem Jacko im Zelt?«

»Einer heißt Jackson mit Nachnamen, der andere heißt Jack. Wir nennen sie Jacko Eins und Jacko Zwei, aber manchmal auch nur Eins oder Zwei. Ziemlich verwirrend.«

»Kann ich mir vorstellen. Bei mir gibt es eine Kerstin, eine Chrissy und eine Christine, das ist auch verwirrend.«

Als sie vor der Hütte ankamen, herrschte dort immer noch Bierleichenstille. Samantha wünschte, sie hätte den längeren Heimweg gewählt, dann könnte sie sich länger mit Trent unterhalten. Erst jetzt bemerkte sie, wie einsam sie sich eigentlich fühlte.

»So, hier wohne ich«, sagte sie schüchtern.

»Ähm, ja. Danke für die Unterhaltung«, sagte Trent langsam. Da auch er offenbar Lust hatte, die Unterhaltung fortzusetzen, wagte Samantha den Sprung ins kalte Wasser.

»Wenn du heute Abend nicht im Dunkeln sitzen oder im Pub verspottet werden willst, könntest du einfach herkommen. Wir haben Strom und so.«

Trent lächelte. »Strom und so klingt super!«

»Fein!« Samantha war auf einmal froh, auf Rottnest zu sein.

Als sie die Hütte betrat, sah sie die nasse Kleidung und feuchte Handtücher auf dem Boden. Vielleicht waren sie in der Nacht noch betrunken schwimmen gegangen.

Sie räumte so leise wie möglich in der Küche auf (Christine hatte sie am ersten Tag angebrüllt, weil sie angeblich das Wasser zu laut hatte laufen lassen) und setzte sich schließlich mit Honigbrot und Buch aufs Sofa, das sie allerdings vorher vom Sand befreit hatte.

Kerstin war die Erste, die aufstand, ungefähr eine Stunde später.

»Hey«, sagte sie, während sie sich eine Scheibe Brot abschnitt und es dick mit Marmelade bestrich. »Tut mir leid, dass ich gestern nicht bei dir geblieben bin. Christine hat keine Widerrede geduldet. Und am Ende ist das Ganze ziemlich ausgeartet, wie du sicher schon gemerkt hast.«

Während Kerstin lang und breit darüber quasselte, wie sie in der Nacht vollständig bekleidet zu einem Boot geschwommen waren, weil dort jemand eine Party feierte, überlegte Samantha, ob sie ihr von Trent erzählen sollte.

»Ich war so besoffen, dass sie mich auf einem Bananenboot, das aussah wie ein Drache, an Land ziehen mussten ...« Sie hielt inne und sah betreten zu Boden. »Ich kann heute hierbleiben, wenn du willst.«

»Nee, nicht nötig«, sagte Samantha. »Geh nur mit den anderen, ich stecke gerade mitten in einem guten Buch.«

»Na, wenn's dir nichts ausmacht«, sagte Kerstin. Sie machte sich nicht mal die Mühe, ihre Erleichterung zu verbergen, was Samantha die Entscheidung abnahm: Sie würde ihr nicht von Trent erzählen. Nun war Kerstin nicht mehr allein daran schuld, dass sich zwischen ihnen ein Graben aufgetan hatte, und Samantha war froh darüber, denn so hatte sie ein bisschen Kontrolle zurückgewonnen.

An diesem Abend, kurz nachdem alle anderen in den Pub verschwunden waren, stand Trent mit einer Flasche Coke und ein paar Kerzen vor der Tür.

»Damit du nicht denkst, ich bin nur wegen dem Strom hier«, sagte er. »Ich bin nämlich auch wegen deinem Tisch und deiner Toilette gekommen. In Tent City wird alles, was nicht Mensch oder Zelt ist, als Abort benutzt. Es ist widerlich!«

Sie tranken Coke, plauderten und spielten Scrabble bei Kerzenlicht. Als Trent sich vorbeugte, um ein Wort zu legen, entdeckte Samantha eine lange Narbe an seinem Kinn, die im Schatten der Kerze besonders tief aussah.

»Woher hast du die Narbe?«, fragte sie.

»Autounfall. Damals war ich sieben. Wir waren im Urlaub in Melbourne, ein betrunkener Fahrer ist uns voll in die Seite gekracht. Ich hatte Glück, dass ich mich kurz vorher auf die andere Seite gesetzt hatte, weil ich den Luna Park sehen wollte. Aber ein paar Scherben sind mir trotzdem ins Gesicht geflogen.«

Samantha durchlief angesichts dieser Gemeinsamkeit ein Prickeln. »Ich hatte mit neun auch einen Autounfall. Allerdings war in diesem Fall meine Mum die betrunkene Fahrerin.«

»Wow! War jemand verletzt?«

»Nein, nicht schlimm. Meine ältere Schwester musste genäht werden, direkt über dem Auge. Sie saß hinten, wo es keinen Gurt gab. Mein Dad sagt immer, ich hatte Glück, dass wir kurz vorher die Plätze getauscht hatten und ich vorn saß, angegurtet.«

»Da kommt man schon ins Grübeln, oder?«, fragte Trent.

»Wieso?«

»Na, jede Entscheidung, die man im Leben trifft, könnte uns den Tod bringen oder ihn verhindern.«

»Ja.« Samantha betrachtete das Brett und die ordentliche Buchstabenreihe vor ihr. »Oder sie kann einen komplett vernichten.«

Sie beugte sich vor, fügte ein »L« ein, das aus »Hase« »Hasel« machte, und legte mit dem Rest ihrer Buchstaben das Wort »Lexikon«.

Trent klatschte. »Beeindruckend!«

Als sie zu Ende gespielt hatten, klappten sie das Brett zusammen und machten einen Spaziergang. Überall auf der Insel waren Partys in vollem Gange, aber mittendrin gab es auch ein paar Familien, die einfach hier Urlaub machen wollten.

»Ich nehme an, die kommen aus dem Ausland, und jetzt denken sie, das wäre das australische Lebensgefühl«, bemerkte Trent beim Anblick eines Pärchens, das verängstigt auf seiner Veranda saß, die Kinder an die Brust gedrückt, während volltrunkene Teenager über die Wege torkelten.

Samantha und Trent blieben stehen und beobachteten ein Mädchen, das im Vollrausch versuchte, sein Fahrrad eine Steintreppe hochzutragen. Trent eilte ihr sofort zu Hilfe.

»Fass mich ja nicht an, du Widerling! Und Finger weg von meinem Rad!«, rief sie, bevor sie die restlichen Stufen hinabpurzelte. Trent wartete kurz, um zu sehen, ob sie sich verletzt hatte, kehrte dann aber achselzuckend zu Samantha zurück.

»Manche Leute …«, murmelte er.

»Guck mal da!« Samantha zeigte auf das hell erleuchtete Fenster einer Holzhütte. »Das sind ein paar Leute in unserem Alter, die auch Scrabble spielen.«

»Mit ihren Eltern«, ergänzte Trent lachend.

Hinter ihnen kotzte ein Typ ins Gebüsch. »Karotten! So viele Karotten!«, rief er. Trent und Samantha tauschten Blicke und unterdrückten ihr Lachen.

»Alles okay, Kumpel?«, fragte Trent, während er sich vorsichtig näherte.

»Ja, alles gut«, erwiderte der Junge munter. »Dabei hab ich heute noch überhaupt keine Karotten gegessen. Seltsam, findest du nicht?«

»Ja, echt seltsam«, sagte Trent. Als der Junge sich erneut erbrach, nahm Trent Samantha an der Hand und zog sie lachend weg.

Trotz der Szenen, die sich im Halbdunkel um sie herum abspielten, spürte Samantha nur Trents warme Hand und wünschte, er würde nie wieder loslassen. Irgendwann kehrten sie dann aber doch zurück zur Holzhütte, und Trent ließ sie los.

»Willst du noch eine Partie Scrabble spielen?«, fragte sie.

»Würde ich gern, aber besser nicht. Wir haben die frühe Fähre gebucht, und ich fürchte, ich werde morgen der Einzige sein, der es schafft. Kein Wunder, denn ich bin auch der Einzige, der sich kein zweites Ticket leisten kann.« Er spielte mit dem Fuß im Sand herum. »Meinst du, ich könnte deine Nummer haben? Es wäre doch ganz nett, wenn wir uns in Perth treffen könnten.«

»Klar«, sagte Samantha. Sie rannte in die Hütte, um ihre Nummer auf einen Zettel zu schreiben. Im Schlafzimmer herrschte heilloses Durcheinander, daher dauerte es eine Weile, bis sie einen Stift gefunden hatte. Sie riss eine Ecke von einer braunen Papiertüte ab, und während sie die Nummer hinkritzelte, dachte sie: *Das sind die wichtigsten Zahlen, die ich in meinem Leben je aufschreiben werde.*

Trent wartete geduldig vor der Tür, die Hände in den Hosentaschen. »Danke«, sagte er, als er ihr den Zettel aus der Hand nahm. Er zögerte kurz, dann beugte er sich zu ihr herunter und drückte ihr einen sanften Kuss auf die Wange. »Es war wirklich schön, nicht mit dir zu trinken, Samantha.«

»Es war wirklich schön, nicht mit dir zu trinken, Trent.«

Samantha sah ihm hinterher, bis er verschwunden war, dann kehrte sie langsam in die Hütte zurück.

Als sie in dieser Nacht im Bett lag, berührte sie die Stelle auf ihrer Wange, wo Trent sie geküsst hatte, und lächelte. Die ganze Nacht lächelte sie, auch als Kerstin – oder war es Christine? – sie bei ihrer Rückkehr vom Pub mit einem nassen Handtuch bewarf. Sie stellte sich vor, wie Trent drüben in Tent City gerade von Jacko Eins oder Zwei einen Tritt gegen den Kopf kassierte, und da wusste sie wieder, dass sie nicht allein war.

Nicole

Als Trent mich bat, vorbeizukommen, hätte ich fast abgelehnt. Ich war immer noch wütend über Samanthas plötzlichen Abgang. Aber dann erinnerte ich mich an Megs Abschiedsworte am Flughafen: »Versprich mir, dass ihr aufeinander achtgebt«, hatte sie gesagt. »Versprich mir, es nicht einfach laufen zu lassen, bis ihr beide nicht mehr zusammenfindet. Mach es nicht wie ich. Warte nicht, bis es zu spät ist.«

Also stieg ich in den Wagen und fuhr zu Trents und Samanthas Häuschen.

Trent kam an die Tür, er war leichenblass. »Danke, dass du gekommen bist. Ich hab mir solche Sorgen gemacht.«

»Wo ist das Auto?« Auf dem Weg zum Haus hatte ich automatisch danach Ausschau gehalten.

»Sie ist gestern Abend mit einem Taxi heimgekommen. Ich habe keine Ahnung, und sie verrät es mir auch nicht. Weißt du, wohin sie gefahren ist?« In all den Jahren, die wir uns kannten, hatte ich Trent noch nie so aufgelöst erlebt.

Ich zuckte die Achseln. »Nee. Sie ist mitten im Gespräch aufgestanden und gegangen. Ich habe nach ihr gesucht, sie aber nicht gefunden.«

Dass meine Suche eher oberflächlich verlaufen war, verriet ich weder Trent noch Tante Meg. Ich war einfach zu wütend. Trent erkundigte sich allerdings auch nicht danach, was zu Samanthas jähem Aufbruch geführt hatte.

»Wo ist sie jetzt?«

»Im Gästezimmer. Ich habe schon ein paarmal versucht, sie rauszulocken, aber sie hat die Tür abgeschlossen und meinte, sie wäre noch nicht so weit. Leider muss ich um neun zu einem wichtigen Termin in die Arbeit. Rose mit der Situation allein zu lassen ist aber ein bisschen so, wie Öl ins Feuer zu gießen ...«

»Schläft sie öfter im Gästezimmer?«

»Was wird das jetzt? Die Spanische Inquisition? NIEMAND erwartet die Spanische Inquisition«, scherzte Trent. Nicole hoffte inständig, dass Samantha ihn nicht gehört hatte. Ihre Schwester hasste es nämlich, wenn Trent Monty Python zitierte. »Ehrlich gesagt schläft sie ein- bis zweimal die Woche da drin, meist, wenn sie Kopfweh hat oder ich zu laut schnarche. Aber seit Kurzem ist es eigentlich jede Nacht.«

Der Gedanke, dass die beiden getrennt schliefen, stimmte mich traurig. Ich war seit zehn Jahren mit Jethro zusammen, und neben ihm aufzuwachen zählte zu den großen Glücksmomenten meines Lebens.

»Was ist mit ihr los?«, fragte ich. Mir gefiel das alles überhaupt nicht.

»Menschen trauern auf unterschiedliche Weise«, sagte Trent achselzuckend. Das klang wie aus einer Werbebroschüre für Bestattungsunternehmen. Ich fragte mich, ob er mehr wusste, als er mir verraten wollte.

»Na, jetzt bin ich ja hier. Geh du zur Arbeit, ich kümmere mich um sie.«

»Danke!« Trent umarmte mich steif. Es war eine ungewöhnliche Geste für ihn, aber in diesem Augenblick tat sie mir richtig gut.

Nachdem er gegangen war, stieg ich die enge Treppe hinauf und klopfte vorsichtig an die Tür zum Gästezimmer.

Keine Reaktion. Ich klopfte erneut.

»Sammy? Ich bin's, Nic.«

»Ist Trent weg?«

»Ja.«

»Ich komme gleich.«

Sobald ich anhand der Geräusche festgestellt hatte, dass sie tatsächlich aufgestanden war, ging ich nach unten ins Wohnzimmer. Draußen fuhr Trent gerade vorsichtig den Wagen aus der winzigen Garage. Sogar aus dieser Entfernung war ihm die Sorge ins Gesicht geschrieben. Er war ein guter Mann. Ein guter Mann, der meine Schwester liebte, selbst dann, wenn sie es ihm richtig schwer machte. Ich wünschte, ich könnte verstehen, was bei ihnen los war.

Irgendwann tauchte Samantha auf, das Gesicht vom Make-up und jeglichem Ausdruck befreit. Sie umarmte mich flüchtig und hüllte mich dabei in eine Wolke aus Parfüm und Mundwasser.

»Willst du einen Kaffee?«, fragte sie.

»Gern.«

»Rose?«, rief Samantha nach oben. »Willst du einen Kaffee?«

Keine Antwort. »Wahrscheinlich schläft sie noch. Oder sie ist nicht da. Rose benimmt sich neuerdings wie eine Katze. Kommt und geht, wie es ihr gefällt.«

Während die Kaffeemaschine blubberte, schlenderte ich in den kleinen Essbereich und nahm ein Foto von Rosemarys Abschlussfeier von der Anrichte. Trent und Rosemary strahlten in die Kamera, aber Samantha sah aus, als hätte sie in eine Zitrone gebissen.

»Stolze Mama«, scherzte ich und hielt Samantha das Bild hin.

»Tja, in dem Moment gab es für mich keinen Grund, stolz zu sein«, sagte sie.

Autsch, dachte ich und stellte das Foto zurück. Jetzt erinnerte ich mich auch an das ganze Drama: Rosemary, sturzbetrunken an ihrem letzten Schultag, Samantha, die komplett ausgerastet war, als wäre Rose die erste Schülerin, die es kurz vor dem Abschluss mal so richtig hatte krachen lassen.

Das nächste Bild war Trents und Samanthas Hochzeitsfoto. Ich hatte es schon zig Mal gesehen, aber nie richtig betrachtet. Jetzt fiel mir auf, dass Trent zwar auf Samantha herablächelte, doch Samantha blickte nur in seine Richtung, nicht direkt in sein Gesicht. Je länger ich sie ansah, desto aufgesetzter wirkte ihr Lächeln.

»Du nimmst keinen Zucker, oder?«

Ich schüttelte den Kopf, den Blick immer noch auf das Foto gerichtet. »Du siehst so hübsch aus.« *Und traurig,* hätte ich am liebsten hinzugefügt. *Du siehst so traurig aus.*

Samantha gab mir den Kaffee und ließ sich in einen Sessel fallen. »Ich nehme an, du bist nicht gekommen, um meine Fotos zu überprüfen.«

»Richtig. Ich bin hier, weil dein Mann sich Sorgen um dich gemacht hat.« Ich wählte den Sessel ihr gegenüber.

»Dazu gibt es keinen Grund«, sagte Samantha ungeduldig. »Ich brauchte nur ein bisschen Zeit für mich. Menschen trauern auf unterschiedliche Weise.«

Sie hatte offenbar dieselbe Broschüre gelesen wie Trent.

»Meg hat sich auch Sorgen gemacht«, fügte ich hinzu. *Alle, außer mir.*

»Ja, das sollte sie auch, diese Lügnerin. Überleg mal: Die ganzen Jahre, in denen Tina so besoffen war, wie man nur sein kann, und ihr soll nie rausgerutscht sein, dass Dad sie betrogen hat? Kein einziges Mal? Das finde ich schwer zu glauben.« Sie trank einen Schluck Kaffee. »Sie hat ja nicht mal verborgen, wie sehr sie ihn verabscheut, das hätte sie doch gegen ihn verwendet, vor allem, wenn sie mal wieder ihre fiesen fünf Minuten hatte.«

»Ha! Genau das habe ich Meg auch gefragt, nachdem du … uns verlassen hattest.« *Deinen Schnuller ausgespuckt hast,* hätte ich fast gesagt. »Sie meinte, sie wisse selbst nicht, warum Mum nie darüber gesprochen hat. Auch sie hätte sich immer gefragt, wie das kam, war aber insgeheim froh darüber, denn sie traf ja eine gewisse Schuld.«

»Ich glaube es trotzdem nicht.« Samantha zog allen Ernstes einen Flunsch.

»Also, ich hab drüber nachgedacht und komme zu dem Schluss, dass sie uns vielleicht doch was verraten hat. Aber wir haben nicht richtig zugehört oder wussten nicht, was sie da geredet hat. Ich weiß noch, dass sie ein paar Mal erzählt hat, Dad und sie hätten sich ein Versprechen gegeben, an das sie sich gehalten habe, er aber nicht. Erinnerst du dich auch daran, Sam?«

»Nein, tu ich nicht.« Samanthas Miene war verschlossen wie eine zugeknallte Tür.

Mittlerweile hatte sich meine Sorge um Samantha so gut wie zerstreut. Übrig blieb nur die Frage, warum sie wegen der Sache mit Tante Meg so sturköpfig war. Ich änderte meine Taktik.

»Ich habe Bruce Rock gestern Abend auf Google Maps gefunden. Sieh dir das an«, sagte ich und zeigte Samantha mein Handydisplay. »Siehst du, wo der Pin ist? Das ist Bruce Rock. Da war auch der Pub, vor dem wir gewartet haben, bis Dad aus Perth gekommen ist. Sogar, wenn Mum auf der Fahrt von Hyden nach Perth einen Umweg gemacht haben sollte, wäre sie auf keinen Fall an Bruce Rock vorbeigekommen. In Hyden haben wir immer einen Zwischenstopp eingelegt, wenn wir aus dem Urlaub in Esperance zurückgefahren sind, weißt du noch?«

Samantha schüttelte den Kopf. Bei unserem letzten Ferienaufenthalt in Esperance war sie zehn Jahre alt, wahrscheinlich konnte sie sich tatsächlich nicht mehr so gut wie ich an das Motel in Hyden erinnern, an das Gebäude aus hellbraunem Backstein.

»Je länger ich darüber nachdenke, desto mehr fällt mir ein, nämlich auch, dass es eine Planänderung gab, aber ich weiß beim besten Willen nicht mehr, was wir wie geändert haben. Es ist alles etwas nebulös.«

Die Vergangenheit lag hinter einem von hinten beleuchteten Vorhang verborgen, ich sah die Umrisse, aber keine Einzelheiten.

Samantha schob mein Handy weg.

»Na gut, Meg hatte recht, und wir waren tatsächlich auf dem Weg nach Kalgoorlie. Na und? Das beweist gar nichts. Vielleicht wollte sie Nanna und Poppa besuchen.«

»Wir sollten mit Dad darüber sprechen«, sagte ich, bevor ich mich auf meine alte Gewohnheit besann. »Wenn du es richtig findest, natürlich«, fügte ich rasch hinzu.

»O ja, *großartige* Idee! Lass uns bei Dad einfallen und ihn mit wilden Beschuldigungen konfrontieren, nur weil unsere Geistertante irgendwas erfunden hat.«

»Erstens glaube ich nicht, dass sie was erfunden hat. Warum sollte sie? Außerdem würden wir nicht ›einfallen‹ und ihn mit ›wilden Beschuldigungen konfrontieren‹, sondern ganz in Ruhe mit ihm reden. Wir könnten ihn einfach fragen, was passiert ist.«

Als ich das sagte, konnte ich mir selbst nicht vorstellen, wie wir das Thema ungezwungen in eine Unterhaltung einflechten sollten. *Hey, Dad, würdest du mir bitte das Salz rüberreichen, und wo du gerade dabei bist, wie war das eigentlich damals, als du mit Mums Schwester gevögelt hast?*

Samantha leerte ihren Kaffee. »Lass uns nichts überstürzen. Es ist sechsunddreißig Jahre her, da brauchen wir jetzt nicht wie Elefanten in den Glasladen stürzen.«

»Ich glaube, es heißt ›sich benehmen wie ein Elefant im Porzellanladen‹.«

»Egal, jedenfalls haben Elefanten da nichts zu suchen. Es gibt ganz andere Dinge, auf die wir uns konzentrieren sollten, wie beispielsweise Mums Wohnung ausräumen«, fuhr Samantha fort. »Ich schlage vor, wir gehen alles durch, sortieren die Sachen aus, die wir behalten oder spenden wollen, und den Rest schmeißen wir weg.«

»Ich sortiere, wenn du dich um die Entsorgung kümmerst«, sagte ich rasch, denn ich konnte mir lebhaft vorstellen, dass Samantha sämtliche Überreste von Mums Leben unbesehen in die nächste Tonne werfen würde, wenn man sie ließe.

Als sie sich vorbeugte, um ihre leere Kaffeetasse auf den Tisch zu stellen, entdeckte ich auf ihrem Oberarm einen bösen blauen Fleck.

»Wo hast du dir den denn geholt?«, fragte ich.

Samantha betrachtete die Verletzung überrascht. »Hm, da hab ich mich wohl irgendwo gestoßen. Ich bin so ungeschickt.«

Ihre Antwort erinnerte mich an eine ähnliche Unterhaltung, die ich mit Mum geführt hatte. Das war kurz bevor wir von ihrer Krankheit erfuhren. Während Mum damals natürlich etwas ganz anderes vertuschen wollte, hatte ich auch bei Samantha jetzt das Gefühl, dass sie mir etwas verheimlichte. So einen blauen Fleck bekam man auch, wenn jemand zu fest zupackte.

Ich hatte Mums Wohnung das letzte Mal betreten, um ihr nach der Einweisung ins Krankenhaus ein paar Dinge zu holen. Auch jetzt hatte ich wieder das Gefühl, dass in diesen Wänden ein bestimmter Moment in ihrem Leben für immer eingefangen war: Eine Tasse Tee stand in der Spüle, dieses Mal von einer dichten Schimmelschicht bedeckt, ein aufgeschlagenes Buch wartete auf dem Couchtisch darauf, dass sie es weiterlas, daneben eine Fernsehzeitschrift mit rot umkringelten Programmen, die sie nie sehen würde, und auf dem Esstisch lag ein unfertiges Puzzle. Trauer stieg in mir auf wie Wasser in einem Espressokocher, aber bevor sie vollends überkochen konnte, krempelte ich die Ärmel hoch und machte mich ans Werk.

Zuerst ging ich in die Küche, um die vielen leeren Flaschen und Weinkartons wegzuwerfen, bevor Samantha kam und ihre übliche Grimasse schnitt, die sie immer dann zum Besten gab, wenn sie auf Spuren von Mums Alkoholproblem stieß.

Dann leerte ich den Kühlschrank, der ein erbärmlich mageres Sammelsurium von Lebensmitteln enthielt, die meisten in Gläsern oder geöffneten Dosen. Im Dörrautomat lag noch eine einzige Selleriestange, die sie sicher gekauft hatte, um damit Bloody Marys zu kredenzen, worauf auch der halb leere Tomatensaftkarton und die fast leere Flasche Tabasco hindeuteten.

Ich warf alles in eine Tüte und schleppte sie zu den Mülltonnen. Nach der bizarren Auseinandersetzung mit Samantha am Vormittag tat mir diese Ablenkung gut.

Mums Nachbarin, eine blässliche, kleine Person, brachte ebenfalls gerade ihren Müll weg.

»Sind Sie Tinas Mädchen?«

»Ja, eine von ihnen.«

»Herzliches Beileid. Wir vermissen sie sehr. Alle hier. Sie war ein guter Mensch, Ihre Mum. Hilfsbereit. Immer zu einem Späßchen aufgelegt.«

»Danke.«

Ich hatte das Haus immer schrecklich gefunden und es bedauert, dass Mum hier leben musste. Aber als ich die blässliche Frau zu ihrer Wohnung schlappen sah, fragte ich mich, ob Mum hier nicht sogar eine Familie gefunden hatte, zumindest eher als bei mir und Samantha.

Als Nächstes nahm ich das Schlafzimmer in Angriff. Das Bett war nicht gemacht, das Laken so zerwühlt, dass die extrem fleckige Matratze darunter zu sehen war. Auf dem Boden lag Kleidung, einiges hatte ich dort hingeworfen, als ich panisch nach frischen Schlafanzügen gesucht hatte, aber anderes stammte auch von ihr, quer im Zimmer verteilt an ihrem letzten Tag in dieser Wohnung. Ich fragte mich, ob sie damals schon gewusst hatte, dass sie sich nie wieder selbst anziehen würde.

Ich öffnete den Einbauschrank und strich über die Kleider. Mum hatte auf Kleider gestanden, je bunter, desto besser. Mein

Blick fiel auf eines meiner Lieblingskleider, es war mit großen roten Rosen bedruckt und sah aus wie aus den 1950ern. Nicht zum ersten Mal wünschte ich, ich wäre zart wie meine Mutter und meine Schwester und könnte Kleider wie dieses tragen. Ich legte es beiseite für Rosemary. Vielleicht gefiel es ihr.

Als ich mich so durch den Kleiderschrank arbeitete, entdeckte ich einen Karton mit Mums Tagebüchern. Sie waren alle von der gleichen Marke, Collins-Slimline-Wochenkalender, schwarz mit goldener Aufschrift vorn auf dem Einband. Im Karton befanden sich ungefähr dreißig von ihnen. Als ich klein war, hatte Mum immer einen davon in ihrer Tasche gehabt. Ein paarmal hatte ich heimlich darin gelesen, war aber nie auf was Interessantes gestoßen.

Jetzt zog ich einen heraus. 1986.

Jeder Eintrag war wie ein Haiku, hingeworfene Notizen übers Wetter, Termine, Gerichte fürs Abendessen, Einkaufslisten.

Montag, 20. Januar

Zahnarzt für N
Regen
Mülltüten, weiße Socken, BH für S.
Abendessen – Käsetoast mit Gurken!

Samstag, 29. März

S zu viel Party. Übernachtung bei C & DL.
32 Grad, aber stürmisch.
Martinis ohne Oliven.

Donnerstag, 22. Mai

S zum Abendessen. Pizza, noch gefroren in der Mitte.
24 Grad, bewölkt, sah nach Regen aus, blieb trocken.
Wollte Regen.

Dienstag, 9. Dezember

Unangenehmes Mittagessen mit S & N
S mies gelaunt. Wollte kein Gemüse.
Kein Regen. Balkonblumen gehen ein.

Ich legte den Kalender zurück in den Karton und trug ihn zu meinem Wagen, denn ich wollte nicht riskieren, dass Samantha alles in den Papiermüll warf. Nicht, wenn ich in diesen schmalen Büchlein noch irgendwas finden könnte, ein winziges Körnchen Wahrheit.

Teil Nr. 9: 2015

Überall in der Stadt feierten junge Leute ihren Schulabschluss, Zwölftklässler, verkleidet, besoffen, kotzend. Aber als Trent Rosemary an jenem Morgen zu einem Champagnerfrühstück nach Bedford fuhr, machte sich Samantha überhaupt keine Sorgen. Sie wusste, dass Rosemary die Gefahren des Alkohols kannte, sie hatten sich über die Jahre zig Mal darüber unterhalten, besonders als sie fünfzehn wurde und ihre Freundinnen alle zu trinken begannen. Wenn Samantha ihre Tochter von Partys abgeholt hatte, war sie immer erleichtert gewesen, wenn Rosemary nüchtern und lächelnd in ihr Auto stieg, während sich andere junge Mädchen ins Blumenbeet erbrachen. Sie hatte wirklich geglaubt, dass Rosemary der Drang zum Trinken erspart geblieben war, mit dem Tina und sie täglich kämpfen mussten. Doch als sie den Anruf aus der Schule bekam, brach es ihr fast das Herz.

Die Schulkrankenschwester empfing sie im Sekretariat und brachte sie in den kleinen Raum, wo Rosemary saß, im Clownskostüm, einen Eimer in den Händen. Mit ihrer völlig verlaufenen Schminke sah sie unfreiwillig gruselig aus. Auf den Betten neben ihr saßen eine sexy Krankenschwester, ein Gorilla und ein Junge im Nonnenkostüm. Alle hatten ähnliche Eimer vor der Nase.

Samantha musterte ihre Tochter mit verkniffenem Mund, bugsierte sie wortlos zum Auto und schwieg auf dem gesamten Weg nach Hause. Die Luft im Wagen war so dick wie Rosemarys alkohol- und kotzegeschwängerter Atem.

Samantha hatte immer noch einen Mordsschädel vom Wodka, den sie sich am Vortag in einen Riesen-Slushie vom 7-Eleven gemischt und auf dem Heimweg von der Arbeit reingepfiffen hatte. Trent und Rosemary hatten sie wegen des Riesenbechers aufgezogen, was Samantha aber nicht davon abgehalten hatte, ihn komplett leer zu trinken.

An der ersten Ampel kramte sie einen Pfefferminzbonbon aus der Tasche, um den bitteren Geschmack loszuwerden.

Irgendwann hielt Rosemary das Schweigen nicht mehr aus.

»Jetzt sag doch was, Mum! Ich weiß, dass ich dich enttäuscht habe, also komm schon, spuck's aus!«

Samantha war überrascht von Rosemarys Ton. Sie war es gewohnt, dass ihre Tochter Forderungen stellte, doch diesmal verlangte sie etwas anderes: Sie forderte Liebe.

Sie schluckte den Rest des Minzbonbons herunter. »Ja, ich bin enttäuscht«, sagte sie. »Und deine Lehrer sicher auch. Wollen wir hoffen, dass sie dieses eine Mal ein Auge zudrücken.«

Während sie das sagte, sah sie Rosemary nicht an, denn sie musste sich sehr bemühen, sachlich zu bleiben. Am liebsten hätte sie ihre Tochter nämlich am Schlafittchen gepackt, geschüttelt und angebrüllt. Sie sah Tinas Gesicht vor sich, in der Sekunde, bevor ihre Mutter ihr eine geknallt hatte, und fragte sich, ob sie in diesem Moment genauso aussah wie Tina damals.

»Da es mein letzter Schultag ist, können sie mich wohl kaum rauswerfen«, sagte Rosemary in einem zaghaften Versuch, die Stimmung zu lockern, doch dann musste sie sich rasch über den Eimer beugen, den sie immer noch umklammert hatte. Sie atmete ein paarmal tief durch, spuckte und flappte schließlich zurück in ihren Sitz. »Mir geht's so scheiße! Wie können die Leute Alkohol trinken, wenn es einem danach so beschissen geht?«

Gute Frage. Die Gefühle, die Samantha mit dem Alkohol verdrängen wollte, kehrten mit voller Wucht zurück, sobald die Wirkung nachließ. Und trotzdem trank sie weiter. Sie fragte sich, ob es Tina genauso ging.

Wieder herrschte Schweigen.

An der nächsten Ampel packte Rosemary ihre Mutter am Arm. »Sprich mit mir, Mum!«

»Pass auf, dass du mir nicht den Wagen vollkotzt, Rosemary« war alles, was Samantha herausbrachte.

»Ich will mit dir sprechen, Mum! Dad redet über alles mit mir, aber du schweigst immer nur. Du bist zugeknöpft wie … diese viktorianischen Frauen, die ihre Knöchel unter langen Röcken verbergen, und ich habe keine Ahnung, was in dir vorgeht. Was denkst du? Ich will wissen, was du denkst!«

»Ich denke, dass ich dich nach Hause bringen muss, damit du deinen Rausch ausschläfst.«

»Tut mir leid, dass ich nicht perfekt bin«, sagte Rosemary, beugte sich vor und erbrach sich in den Eimer.

»Niemand ist das«, sagte Samantha, weil sie wusste, dass Rosemary es vor lauter Würgen nicht hören würde.

Am nächsten Morgen schlich Rosemary bleich und betreten aus ihrem Zimmer, um sich ein Glas Wasser zu holen.

»Wie geht's dem Kopf?«, rief Trent, als sie schon wieder auf der Treppe war.

»Platzt gleich«, rief Rosemary zurück.

Samantha wartete, bis ihre Tochter die Zimmertür geschlossen hatte, bevor sie sich zu Trent vorbeugte.

»Womit sollen wir sie bestrafen?«, fragte sie.

»Ich finde, Übelkeit und Kopfweh reichen als Strafe völlig aus«, sagte er.

»Aber sie muss lernen. Ich habe wirklich gedacht, dass sie es verstanden hat.«

»Tja, wir haben deine zwölfteilige Predigt über die Gefahren des Alkoholkonsums sehr genossen«, sagte Trent trocken, »aber die Wahrheit lautet, dass unsere Tochter seit Kurzem volljährig ist und du ihr nichts mehr verbieten kannst.«

Da erkannte Samantha, was zu tun war.

»Ich hab eine Idee!« Sie beugte sich noch weiter zu Trent vor. »Dieses Wochenende hat Tina Geburtstag, und Nicole hat mich gebeten, mich nach ihrem schlimmen Sturz um sie zu kümmern, weil sie selbst nicht da ist.«

Nicole hatte ihr erzählt, dass Tina von blauen Flecken übersät war nach ihrem garantiert mit besoffenem Kopf hingelegten Sturz, sicher nicht der erste und auch nicht der letzte. Samantha stellte sich Tina wie ein Stehaufmännchen vor. Zwar klang Nicole am Telefon besorgt, als sie Samantha erklärte, dass sie und Jethro mit dem Privatflieger eines Freundes auf die Privatinsel eines anderen Freundes irgendwo vor der Küste von Queensland jetten wollten, nur zum Abendessen, aber offensichtlich war die Sorge dann doch nicht allzu groß.

»Ja, was denn?«, fragte Trent neugierig.

»Es wäre vielleicht gut für Rose, wenn ich sie mitnehme zu Tina. Damit sie es mit eigenen Augen sieht.«

Was sie sehen sollte, brauchte Trent nicht zu fragen.

»Muss ich echt mitkommen?« Rosemary lag neben Trent auf dem Sofa. Es war Sonntagnachmittag, und sie hatte offenbar fast vergessen, dass ihre Strafe noch ausstand.

»Ja, musst du. Sie ist deine Großmutter, und sie hat Geburtstag«, sagte Samantha mit mehr Überzeugung, als sie verspürte.

»Es ist doch nicht mal so, dass sie mich unbedingt sehen will. Sie kennt mich doch gar nicht«, maulte Rosemary. »Und Dad und ich wollten gerade *Game of Thrones* gucken.«

»Das hat Zeit, bis du wieder zurück bist, nicht wahr, Trent?«

»Klar, ich warte. Außerdem wird es Zeit, dass du lernst, was Familie bedeutet: ständige Verpflichtungen.«

»Wieso kommst du dann nicht auch mit?« Rosemary bohrte ihren Finger in Trents Bauch.

»Weil deine Großmutter es nach fast zwanzig Jahren Ehe mit deiner Mutter noch immer nicht hinkriegt, meinen Namen richtig auszusprechen, junge Dame. Ich bin nicht sicher, ob wir einander als ›Familie‹ bezeichnen würden.«

Samantha sah Trent warnend an.

»Wir sind gleich wieder zurück«, sagte Samantha und hielt Rose die Hand hin, um ihr vom Sofa zu helfen.

»Ich hab vergessen, dass Grammy Tina so nah bei uns wohnt«, bemerkte Rosemary, als sie in Tinas Straße einbogen. Die Fahrt hatte nicht mal fünf Minuten gedauert. »Ich kann mich gar nicht mehr erinnern, wann ich sie das letzte Mal hier besucht habe. Muss ewig her sein. Ich dachte immer, sie wohnt bei Tante Nic.«

»Sie haben eine Zeit lang zusammengewohnt, aber Tante Nic ist schon vor fünfundzwanzig Jahren ausgezogen. Seitdem wohnt Tina allein.«

»Wow. Fünfundzwanzig Jahre allein. Sie ist bestimmt einsam manchmal.«

»Ja, bestimmt. Aber sie hat in ihrem Leben keine besonders guten Entscheidungen getroffen.«

»Wie meinst du das?«

»Na, meist war ihr der Alkohol wichtiger als alles andere«, sagte Samantha. »Ich habe dir das bis jetzt nicht erzählt, aber deine Großmutter ist Alkoholikerin.«

Rosemary wirkte wenig geschockt von dieser dramatischen Enthüllung. »Ja. Das habe ich mir schon zusammengereimt aus dem, was du und Dad so über sie gesagt habt.«

Samantha war enttäuscht, dass ihre Worte nicht die gewünschte Wirkung gezeigt hatten, aber sie gab noch nicht auf. »Okay, dann wusstest du es also schon. Aber es ist eine Sache, etwas zu wissen, und eine andere, es mit eigenen Augen zu sehen.«

Sie nahm die bei Coles zum stark reduzierten Preis gekauften Pralinen und den Blumenstrauß vom Rücksitz und bereitete sich beim Aussteigen mental auf das vor, was sie in Tinas Wohnung erwarten würde. Alkohol zum Frühstück, das durchgesessene Sofa, die schiefen Jalousien, die völlige Einsamkeit.

Sie wollte, dass Rosemary das sah. Ihre Tochter sollte wissen, wie es war, in den Klauen des Alkohols zu leben.

Genau wie sie selbst sich wieder daran erinnern wollte.

Schon im Treppenhaus hörten sie die Musik.

»Da feiert aber jemand«, bemerkte Rosemary. Als sie auf den Flur im ersten Stock traten, erkannte Samantha, dass es Tina war.

Die Tür zu ihrer Wohnung stand sperrangelweit offen. Drinnen drängten sich ungefähr fünfzehn Leute, alle lachten und tranken. *Wie betrunkene Sardinen.* Ein älterer Mann mit Fliege mixte Cocktails in der Küche.

»Na, das ist aber mal eine Geburtstagsüberraschung!«, rief Tina, als sie Samantha und Rosemary verdruckst auf der Schwelle stehen sah. Sie trug ein Fünfzigerjahre-Kleid mit einem Muster aus großen roten Rosen und hielt ein Martiniglas in der Hand. »Alle mal herhören! Das hier sind meine Tochter Samantha und meine Enkelin Rosemary!«

Alle jubelten.

»Wollt ihr was trinken?«, fragte Tina, den Blick aber dezidiert auf Rosemary gerichtet, die den Cocktailmixer mit großen Augen ansah.

»Nein«, sagte Samantha etwas zu laut. »Wir sind nur kurz vorbeigekommen, um dir das hier zu geben.«

Als sie Tina die Blumen und die Pralinen hinhielt, fiel ihr auf, dass sie die Schilder mit den Sonderpreisen nicht abgerissen hatte.

»Das war doch nicht nötig!«, rief Tina in einem Ton, der nahelegte, dass auch sie die Preisschilder bemerkt hatte.

Jemand drehte die Musik auf, und ein paar Gäste fingen an zu tanzen.

»Wer sind diese ganzen Leute?«, rief Samantha. Tina schob sie in den Laubengang, damit sie sich besser unterhalten konnten.

»Nur die Gang aus der Admiral's Tavern«, sagte Tina. »Als ich ihnen erzählt habe, dass Nicole nicht da ist und ich an meinem Geburtstag allein bin, sind sie gekommen, um mit mir zu feiern.«

Samantha spürte einen Stich. Sie hatte Tina angerufen, um ihr zu sagen, dass sie an ihrem Geburtstag kommen würde, aber offensichtlich zählte sie nicht.

Hier im hellen Laubengang erkannte sie die riesigen violetten Verfärbungen auf Tinas linkem Arm, von denen Nicole ihr erzählt hatte.

»Wie ist das passiert?«

»Keine Ahnung«, sagte Tina fröhlich. »Ich bin einfach ungeschickt.«

»Tina!«, rief jemand aus der Wohnung. »Wir tanzen den Limbo! Wir nehmen Thommos Spazierstock.«

»Die haben immer gute Ideen! Wollt ihr mitspielen?«

Wieder hatte sie sich explizit an Rosemary gerichtet.

»Nein«, antwortete Samantha für sie beide. »Wir müssen nach Hause.«

»Wie geht's Troy?«

»Gut.« Sie hatte keine Lust auf Tinas Spielchen.

»Bestell ihm schöne Grüße.«

Samantha und Rosemary sahen noch, wie sie in die Wohnung zurückkehrte und sich mühelos unter Thommos Spazierstock hindurchwand.

»Es wäre wahrscheinlich richtig witzig geworden, wenn wir noch geblieben wären«, sagte Rosemary, als sie wieder im Wagen saßen.

Samantha antwortete nicht. Als sie losfuhr, fragte sie sich, ob sie ein Problem damit hatte, dass Tina trank, oder damit, dass es bei ihr immer so aussah, als hätte man dabei richtig Spaß.

Teil Nr. 10: 2018

Nicole erfuhr das erste Mal von Tinas Krankheit, als sie einen Anruf vom Krankenhaus bekam.

»Lass es klingeln«, sagte Jethro an jenem Abend. Sie hatten sich gerade zum Essen an den Tisch gesetzt, aber Nicole hatte das dringende Gefühl, dass sie rangehen sollte.

»Spreche ich mit Nicole Cooper?«, fragte die Frau am anderen Ende der Leitung.

»Ja, wer spricht da?«

»Mein Name ist Maeve Rowland, ich rufe vom Royal Perth Hospital an. Es tut mir leid, Ihnen mitteilen zu müssen, dass Ihre Mutter beim Müllrausbringen zusammengebrochen ist und sich jetzt in einem kritischen Zustand befindet.«

Nicole fror, ihr war auf einmal eiskalt. »Kritischer Zustand? Warum? Was ist passiert?«

»Die Ärzte werden Ihnen alles Weitere erklären. Können Sie sofort kommen?«

»Ja. Wir sind in einer Viertelstunde da.«

»Tina?«, fragte Jethro, nachdem Nicole aufgelegt hatte. Er hatte die Situation offenbar sofort verstanden und zog sich bereits die Schuhe an.

Sie nickte.

»Okay. Dann lass uns fahren.«

»Ich will erst noch Samantha anrufen.«

»Verstehe«, sagte Jethro, obwohl ihm deutlich anzusehen war, dass das Gegenteil der Fall war. Er fand, dass Samantha bei allem, was Tina betraf, nur unnötig Stress machte. Natürlich hatte er recht, aber auch Samantha war Tinas Tochter, und Nicole brauchte sie.

Schon nach dem zweiten Klingeln hob sie ab.

»Mum ist im Royal Perth Hospital«, sagte Nicole. »Sie hatte einen Zusammenbruch. Sie sagen, es ist ernst. Jethro und ich fahren jetzt los. Treffen wir uns dort?«

Am anderen Ende der Leitung herrschte Schweigen.

»Ich ...«, setzte Samantha schließlich an.

»Du was?«

»Ja, ich komme.« Dann legte sie auf.

Im Krankenhaus angekommen, fanden sie Tina schlafend in ihrem Bett, sie hatte sich stabilisiert. Doch die Erleichterung, die Nicole bei diesem Anblick empfand, löste sich nach der Ansprache der Ärztin in Luft auf.

Sie betrachtete Nicole über den Rand ihrer Brille. »Die Situation ist sehr ernst. Kurz gesagt leidet Ihre Mutter unter akutem Leberversagen. Die Zellen werden schneller zerstört, als ihr Organ sie nachbilden kann. Der Zeitpunkt, da wir ihr hätten helfen können, ist vermutlich verstrichen. Wie lange geht es ihr schon so schlecht?«

»Ich ...« Nicole überlegte, wann Tina das letzte Mal Symptome einer Krankheit gezeigt hatte, konnte sich aber nicht erinnern. Sie senkte den Kopf. »Ich weiß es nicht«, gestand sie.

»Ihnen ist nichts aufgefallen?«, hakte die Ärztin ungeduldig nach.

»Wir hatten in letzter Zeit kaum noch Kontakt.« Nicole plapperte weiter. »Sie hat so viel um die Ohren, ihre Arbeit für die Obdachlosenhilfe und das Pub-Quiz, und, ja, mein Partner und ich waren viel auf Reisen. Wir telefonieren jede Woche, aber sie hat nie krank geklungen.«

Während sie das sagte, fiel ihr auf, dass Tina ihr in den letzten Monaten ausgewichen war, immer irgendwelche Termine vorgeschoben hatte, die sie in letzter Minute wahrnehmen musste. Ihre letzten Treffen in Tinas Wohnung hatten bei zugezogenen Vorhängen und trübem Licht stattgefunden, weil sie angeblich einen Kater hatte.

Die Ärztin runzelte die Stirn und schrieb etwas in das Formular auf ihrem Klemmbrett, vermutlich, dass Nicole eine miserable Tochter war.

»Sie sollten keine Schuldgefühle haben«, sagte die Schwester, nachdem die Ärztin davongerauscht war, um der nächsten Angehörigen die Leviten zu lesen. »Die Leute greifen zu allen möglichen Tricks, um die Symptome zu verheimlichen, weite Kleidung, um ihren geschwollenen Bauch zu verstecken, viel Schminke, um die blauen Flecken und die gelbe Haut zu kaschieren.«

»Blaue Flecken?«

»Patienten mit Leberschäden bekommen sehr leicht blaue Flecken.«

Jetzt erinnerte sich Nicole an die schlimmen Hämatome an Tinas Armen, die sie lachend abgetan hatte. Sie sei einfach ungeschickt, hatte sie gesagt.

Als sie und Jethro an Tinas Bett saßen und Nicole genauer nachdachte, verstand sie, dass Tina auch die anderen Symptome verheimlicht hatte. Seit einiger Zeit hatte sie ihre Cocktailkleider gegen Kaftane eingetauscht und sich das Gesicht mit Schminke zugekleistert. Was Celine konnte, könne sie schon lange, hatte sie gescherzt und ihr einen übertriebenen Luftkuss zugepustet.

Tarnen und Täuschen. Schleier, hinter denen sie ihren sterbenden Körper versteckt hatte.

Nach einer Stunde Krankenwache machte sich Jethro auf die

Suche nach Essen. Er kam mit Sandwiches auf einem Teller zurück, in kleine Dreiecke geschnitten.

»Die Cafeteria und die Teeküche sind schon zu, aber die Schwestern haben uns das hier gegeben. Dein Leibgericht: irgendeine Wurst mit Salatblättern.«

Nicole schob den Teller zur Seite. »Ich habe keinen Hunger«, sagte sie und checkte ihr Handy. Keine Nachricht von Samantha.

Jethro setzte sich neben sie. »Und? Hat sie sich gemeldet?« Nicole schüttelte den Kopf. »Vielleicht könnten wir erst mal heimgehen. Die Schwestern haben ja gesagt, dass Tina vor morgen früh nicht aufwacht, und wenn Samantha auftaucht, können sie ihr erklären, was los ist.«

»Ich will auf Samantha warten«, erwiderte Nicole. »Aber du solltest wirklich heimfahren und etwas schlafen. Morgen ist doch das Meeting mit den Investoren.«

»Nicht wichtig«, sagte er und nahm sich ein Sandwich-Dreieck. »Ich warte mit dir.«

Nicole lächelte dankbar. »Hoffentlich dauert es nicht so lange. Ich rufe Sammy gleich noch mal an, vielleicht ist sie schon auf dem Weg.«

Dieses Mal ging direkt die Mailbox ran. Nicole hinterließ eine kurze Nachricht, dann kehrte sie zurück ans Krankenbett, um Tina beim Atmen zuzusehen. Wie sehr wünschte sie sich, Tina würde die Augen aufschlagen und sich wegen des ganzen Theaters beschweren.

»Ich habe wirklich gedacht, dass Tina uns alle überlebt«, sagte Nicole zu Jethro. »Oder zumindest Dad, der bald einen Herzinfarkt kriegt, wenn er nicht aufhört, sich über den Zustand seiner Sitzpolster aufzuregen.«

»Noch ist sie nicht tot, Nic«, warf Jethro rasch ein. »Ich finde, wir sollten sie morgen ins Mount verlegen lassen. Dann suche ich ihr den besten Spezialisten, den es in Perth auf diesem Gebiet gibt, und der kriegt sie wieder hin.«

Aber Nicole wusste, dass kein Geld der Welt sie aus dieser Situation freikaufen konnte. Der ernste Ton der Ärztin hatte seine Wirkung nicht verfehlt.

Am nächsten Morgen, nachdem Jethro zum Meeting gefahren war, kehrte Nicole zurück ins Krankenhaus. Tina war wach, aber schwach. Sie bekam Sauerstoff, hatte Schläuche in der Nase.

»Wie ist die Bar hier?«, fragte sie Nicole zur Begrüßung, aber ihre Stimme klang fremd, wie die einer alten Dame aus einem Zeichentrickfilm, zittrig und unsicher.

Nicole konnte sich nicht mal ein Lächeln abringen. »Du hast uns einen Riesenschrecken eingejagt, Mum. Warum hast du uns nicht gesagt, dass du krank bist?«

Tina schloss nur die Augen.

»War Sam schon da?« Nicole und Jethro hatten fast bis Mitternacht auf Samantha gewartet, aber vergebens. Schließlich waren sie heimgefahren.

Tina schüttelte den Kopf, die Augen noch geschlossen.

»Na, wir verlegen dich so schnell wie möglich in eine Privatklinik. Da hast du's besser. Und dann wird Sam dich sicher auch besuchen. Wart's nur ab!«

Ein weiterer Tag verstrich, aber Samantha war immer noch nicht aufgetaucht, weder im Royal Perth noch im Mount, wohin man Tina mittlerweile verlegt hatte.

»Das passt gar nicht zu Samantha, in einer Krise nicht mitzumischen«, sagte Nicole zu Jethro, nachdem sie zum zigsten Mal vergeblich versucht hatte, ihre Schwester zu erreichen. »Normalerweise blüht sie bei so was richtig auf.«

»Kommt das wirklich so überraschend?«, fragte Jethro. »Ihre Beziehung zu deiner Mutter war doch schon immer kompliziert.« Er hatte natürlich recht. »Hast du wenigstens Trent erreicht?«

Nicole schüttelte den Kopf. »Ich habe ihm Nachrichten geschickt und mehrere Male angerufen, aber du weißt selbst, wie schlecht man ihn auf dem Handy erreicht. Wahrscheinlich schaltet er das Ding nur alle zwei Wochen mal kurz an. Und bei ihnen zu Hause geht niemand ran.«

»Ruf ihn auf der Arbeit an.«

»Gute Idee, Detective Anderson.« Nicole fand auf Google die Nummer des Unternehmens.

»Nicky! Was geht ab?«, fragte Trent fröhlich, als man sie zu ihm durchgestellt hatte. »Wie lange ist das jetzt her? Sechs Monate, seit wir dich das letzte Mal gesehen haben?«

Nicole wusste, dass es erheblich länger her war, aber sie widersprach nicht. »Ich versuche, Sam zu erreichen. Hat sie dir das von Mum erzählt?«

»Dass Tina auf der Straße gestürzt ist und mit leichten Blessuren im Krankenhaus liegt?«

Nicole sank das Herz. »Es ist viel schlimmer, Trent. Diesmal ist es wirklich ernst. Ihre Leber versagt, sie liegt im Sterben. Und Sam ist nicht ein einziges Mal hier aufgetaucht.«

»Oha«, sagte Trent nach einer Weile.

»Ich glaube nicht, dass Mum noch lange bei uns ist. Ich will nur, dass Sam nicht bereut, sie nicht ein letztes Mal gesehen zu haben. Könntest du bitte mit ihr sprechen?«

»Ich kümmere mich drum«, sagte Trent. »Überlass das mir.«

Nach dem Gespräch starrte Nicole noch lange auf ihr Handy. Samantha, die unaufhaltbare Naturgewalt, hatte sich in einen starren Eisblock verwandelt.

Tinas Zustand verschlechterte sich indessen stetig, trotz des schicken Privatzimmers und der teuren Fachärzte. Nicole verbrachte viele Stunden an Tinas Bett, während sie schlief.

»Sammy?«, fragte sie irgendwann und streckte die Hand nach Nicole aus.

»Nein, ich bin's, Mum, Nicole.«

»Wo ist Sammy?«

»Ich weiß es nicht.«

»Sie ist ein gutes Mädchen. Nicht leicht, aber gut.«

»Ja, Mum. Wir sind beide gute Mädchen.«

»Sammy ist ein gutes Mädchen«, wiederholte Tina. »Dafür habe ich gesorgt.«

Danach schlief sie wieder ein.

Die Lage war aussichtslos. Nicole hatte versucht, Tina auf die Warteliste für eine neue Leber setzen zu lassen, aber man hatte ihr gesagt, dass Tina erst sechs Monate trocken sein müsse, um dafür infrage zu kommen. Und selbst wenn sie auf der Liste landen würde, müsse sie mindestens neun Monate auf eine neue Leber warten. Das Problem, sagte die Ärztin, läge darin, dass Tina, deren Zustand sich rapide verschlechterte, nicht lange genug durchhalten würde, um es überhaupt auf die Liste zu schaffen. Es war, als hätte Tina bereits mit der Welt abgeschlossen.

Nicole weinte stumm an Tinas Bett, als Jethro mit einem lächerlich üppigen Strauß roter Rosen ins Zimmer trat.

»Ich habe gerade mit der Ärztin gesprochen. Tut mir so leid«, sagte er.

»Ich weiß.« Nicole ließ den Kopf hängen.

»Es tut mir so, so leid«, wiederholte er, während er sich neben ihr auf den Stuhl setzte. Er wollte sie umarmen, aber die Rosen waren im Weg. Nicole musste lächeln.

»Rote Rosen sind Tinas Lieblingsblumen«, sagte sie. »Die haben sicher ein Vermögen gekostet.«

»Wozu reich sein, wenn man sein Geld nicht für geliebte Menschen ausgeben kann?« Er legte den Strauß vorsichtig neben sich auf den Boden. »Ich habe den ganzen Morgen telefoniert und noch einen Spezialisten gefunden, ein Wunderheiler in Sydney. Vielleicht kann ich den einfliegen lassen. Und wenn er eine private Warteliste hat, kann ich mit etwas Geld nachhelfen, damit es schneller geht. Könnte doch sein, dass …«

»Kein Geld der Welt kann sie noch retten, Jethro.« Ihr stiegen schon wieder Tränen in die Augen.

Jethro schwieg. Er schloss sie so fest in die Arme, dass sie sich für einen kurzen Moment vor der Trauer geschützt fühlte.

»Ist Samantha schon hier gewesen?«, fragte er.

Nicole seufzte. »Nein. Trent hat mir eine Nachricht geschickt. Er hat gestern Abend versucht, mit ihr zu sprechen. Ich bin sicher, er hat sein Bestes gegeben. Aber sie bleibt stur.«

»Das ist nicht deine Verantwortung, Nic«, murmelte Jethro in ihr Haar. »Mehr kannst auch du nicht tun. Es ist ihre Entscheidung, sie muss damit leben, nicht du.«

»Das Letzte, was Tina zu mir gesagt hat, bevor sie wieder eingeschlafen ist, war, dass Samantha ein ›gutes Mädchen‹ ist«, sagte Nicole. »Ich bin bei ihr geblieben, habe mich um sie gekümmert, und jetzt ist Samantha ein *gutes Mädchen*?« Sie fing wieder an zu weinen.

»Du musst Schlaf nachholen.«

»Ich muss hier sein.«

Jethro löste sich von ihr und sah ihr in die Augen. »Du bist komplett neben der Spur, meine Liebste. Gestern warst du bis spät in die Nacht hier und heute schon wieder um ... was, sieben Uhr?«

Nicole war um fünf gekommen, da hatte Jethro noch tief geschlafen. »Ich kann hier nicht weg.«

»Ich weiß, ich weiß. Deswegen habe ich uns ein Zimmer im Hotel nebenan gebucht. Die Schwestern rufen uns an, sobald sich was verändert, und du kannst sofort hier sein.« Er hob die Rosen auf und erhob sich. »Ich stelle die Rosen in eine Vase, und dann gehen wir ins Hotel, da kannst du ein bisschen schlafen. Wenn du dich so aufreibst, hast du keine Kraft mehr für das, was uns noch bevorsteht.«

Nicole nickte. Für einen Widerspruch war sie zu müde.

Im Hotel war es düster und still, doch als Nicole die Augen schloss, meinte sie, Tinas rasselnden Atem zu hören. Trotzdem sank sie kurz danach in einen tiefen, traumlosen Schlaf, so erschöpft war sie vor lauter Sorge. Neben ihr im Bett arbeitete Jethro am Laptop.

Als sie erwachte, waren drei Stunden vergangen.

»Du hast mir nicht gesagt, dass du mich so lange schlafen lassen würdest!«, rief sie und sprang aus dem Bett.

»Die Klinik hat sich noch nicht gemeldet, da dachte ich, es wäre besser, dich schlafen zu lassen.«

Nicole eilte an Tinas Bett, aber ihr Zustand war unverändert.

»Es sind noch mehr Blumen gekommen«, bemerkte die Schwester, die versuchte, neben den Rosen und allen anderen Sträußen noch einen Platz für sie zu finden. »Ihre Mum ist sehr beliebt.«

»Ja, sie mischt jede Party auf, auch wenn sie gar nicht eingeladen ist.« Ihr fiel ein armseliges Sträußchen auf, das jemand in die Vase mit Jethros Rosen gequetscht hatte.

Sie zog sie heraus. »Könnten Sie die bitte in eine eigene Vase stellen?«

»Klar«, sagte die Schwester. Sie betrachtete die Blumen mit gerunzelter Stirn. »Obwohl wir sie vielleicht einfach entsorgen sollten, sie sind ja schon ganz welk.«

»War in der Zwischenzeit jemand hier?«

»Meine Schicht hat gerade erst angefangen«, erwiderte die Schwester. »Aber ich frag mal bei den anderen nach.«

»Nicht nötig«, sagte Nicole. Sie wusste auch so, dass Samantha nicht gekommen war.

Schließlich setzte sie sich ans Bett und hielt Tinas Hand. In Wahrheit war nämlich sie das »gute Mädchen«. Sie würde ihre Mutter bis zum bitteren Ende begleiten, sie ganz allein.

Samantha

Nachdem Nicole endlich gegangen war, legte ich mich aufs Sofa und schlief ein. Im Traum sah ich Tina im Krankenbett, umgeben von einem Meer aus roten Rosen. Als ich die Hand nach ihr ausstreckte, setzte sie sich abrupt auf und sah mir direkt in die Augen. Sie öffnete den Mund, aber plötzlich fingen alle Maschinen an zu piepsen, Ärzte und Schwestern kamen angerannt, schoben mich weg, aus dem Zimmer, in den kalten, dunklen Flur.

Erst als ich aufwachte, kapierte ich, dass das Piepsen von der Mikrowelle kam, ein Zeichen, dass Rose zu Hause und wach war. Mit trockenem Mund und wummerndem Schädel quälte ich mich vom Sofa in die Küche.

»Rose, ist dein Auto wieder da?«, fragte ich. Dass sie zum Frühstück Tütensuppe aus dem Becher löffelte, ignorierte ich geflissentlich. Genau wie ihr T-Shirt mit der Aufschrift: HUNGOVER AS FUCK!

Rosemary nickte. »Ja, Simon hat's repariert.«

»Musst du heute zur Uni?«

»Sind noch Semesterferien. Wieso?«

»Kannst du mit mir mein Auto abholen?«

»Wo steht es denn?«

»Cottesloe.«

Rosemary runzelte die Stirn. »Was macht es denn da?«

»Nichts. Es steht da.«

»Aber warum?«

»Wie gesagt, es steht da.«

»Was sind das für blaue Flecken auf deinem Arm?«

»Weiß ich nicht«, sagte Samantha. Sie hatte eine vage Ahnung, dass jemand, vielleicht der Portier vom Hotel, sie von der Straße weggezogen hatte. Sie hatte sich Nachschub gekauft, dann war ihr die Tasche aus der Hand gefallen, und Geld war quer über die Fahrbahn gerollt. »Also, hilfst du mir oder nicht?«, fragte sie genervt.

»Kann ich fahren?«

»Nein.«

»Aber wir nehmen meinen Wagen. Den kann ich ja wohl fahren.«

»Du weißt genau, dass ich lieber am Steuer sitze.«

»Aber im Taxi geht es doch auch.«

»Du weißt genau, warum das so ist.«

Ich zählte bis zehn, versuchte mit aller Macht, den aufsteigenden roten Nebel aufzuhalten, wie so oft, wenn ich mit dieser halb erwachsenen Frau verhandeln musste, meinem unzähmbaren, wunderbaren Kind.

»Gibst du mir Benzingeld?«

Ich atmete aus. »Ja.«

»Okay, dann los.«

Auch dieser Tag war wieder klar und heiß. In Rosemarys Wagen war die Klimaanlage kaputt, deshalb fuhren wir mit offenen Fenstern. An der Ampel hielt ich meinen Arm nach draußen, aber statt der erwarteten Meeresbrise spürte ich nur Hitze, die Luft stand still, nichts regte sich.

»Kein Wind heute«, sagte ich. »Die Nacht wird sicher wieder heiß. Arbeitest du?«

»Heute nicht. Ich werde wahrscheinlich nach Freo fahren und

mit ein paar Freunden ausgehen. Da gibt es einen neuen Club, den wollen wir ausprobieren«, sagte Rosemary.

»Was für ein Club?«

»Den Namen weiß ich nicht mehr.«

»Welche Freunde?«

»Freunde von der Uni. Kennst du nicht.«

»Nehmen sie Drogen?«

»Was soll das sein hier? Die Spanische Inquisition? NIEMAND erwartet die Spanische Inquisition.« Sie war die Tochter ihres Vaters, durch und durch. »Ich treffe mich mit ein paar Freunden in einem Club in Freo, okay? Mehr musst du nicht wissen.«

Seufzend wechselte ich die Spur.

»Keine Ahnung, was es da zu seufzen gibt«, fuhr Rosemary fort. »Du erzählst mir ja auch nicht, was du in Cottesloe getrieben hast.«

»Wenn du's unbedingt wissen willst, Tante Nic und ich haben uns mit Tante Meg getroffen, Tinas Schwester«, erklärte ich.

»Ach, die! Die hab ich auf der Trauerfeier getroffen. Wusste gar nicht, dass Tina Geschwister hatte. Sie meinte, sie müsste dich wegen einer wichtigen Sache sprechen. Unter uns gesagt war sie ein bisschen aufdringlich.«

Ich bemühte mich redlich, nicht die Augen zu verdrehen. Meg hatte sich auf der Trauerfeier anscheinend so richtig ins Zeug gelegt.

»Also war es tatsächlich wichtig?«, fragte Rosemary.

»Eigentlich nicht.« Ich war noch nicht bereit, Megs Enthüllung mit anderen zu teilen, dafür war ich zu wütend.

Eine Weile herrschte Schweigen. Mir rann langsam ein Schweißtropfen den Rücken hinunter. Mein Kopf schmerzte wieder.

»Mum?« Rosemarys Stimme klang auf einmal ungewohnt sanft. »Warum haben wir Tina nicht öfter gesehen, als ich noch kleiner war?«

Ich erinnerte mich an das Gespräch mit Tinas Cousin und Rosemarys offensichtliche Verlegenheit. Hier war meine Gelegenheit, die Dinge geradezurücken.

»Du solltest deswegen auf keinen Fall Schuldgefühle entwickeln, Rosie. Ich habe das so entschieden. Deine Großmutter war kein schlechter Mensch. Also nicht so richtig. Sie war eine gebrochene Frau. Und ich musste dich vor ihr schützen.«

»Als ich sie damals an ihrem Geburtstag mit dir besucht habe, sah sie aber gar nicht gebrochen aus. Ganz im Gegenteil, sie sah aus wie jemand, mit dem man so richtig Spaß haben könnte.«

»Alkoholismus hat nichts mit Spaß haben zu tun«, mahnte ich und bedauerte es sofort, als ich Rosemarys Grimasse sah.

»Jaja. Wenn du meinst«, sagte sie. »Ich wollte es nur gesagt haben.«

Mir brummte mittlerweile so richtig der Schädel. Vom vielen Gerede übers Trinken wurde mir im heißen Wagen ganz flau im Magen, aber ich wollte die Gelegenheit nicht verstreichen lassen, so vertraut mit Rosemary zu sprechen. »Wichtig ist dabei nur, dass wir uns nicht so gut verstanden haben. Tante Nic stand ihr viel näher.«

»Meinst du, das ist gekommen, weil du bei Opa gewohnt hast?«

»Wahrscheinlich.«

»Warum hast du das eigentlich gemacht?«

»Oho, ich sag nur Spanische Inquisition.« Ich versuchte zu scherzen, aber Rosemary sah mich erwartungsvoll an. Sie wollte eine Antwort. »Also gut. Als ich dreizehn war, habe ich mich fürchterlich mit Tina zerstritten. Und danach bin ich bei meinem Vater eingezogen.«

»Weißt du noch, worum es dabei gegangen ist?«

»Nein«, log ich.

Sogar jetzt, nach dreißig Jahren, überkam mich beim Gedanken daran dieselbe vertraute Mischung aus Angst und Schamgefühl, dir mir schon damals wie ein Knoten im Hals gesessen hatte, fest verzurrt, nicht mehr zu lösen.

»Hast du es je bereut?«

»Nein«, log ich wieder.

»Weil ich würde sofort zu Dad ziehen, wenn ihr euch mal trennen solltet. Dann könnten wir die ganze Zeit Pizza bestellen und uns Reality-TV reinziehen.«

»Gott stehe euch beiden bei, wenn ich mal sterben sollte«, sagte ich lachend.

»Hey, ist das dein Auto?«, fragte Rosemary, als wir auf den kleinen Parkplatz neben dem Blue Duck fuhren.

Mein Herz sank, als ich den Strafzettel an der Windschutzscheibe entdeckte. Zusammen mit den Unsummen, die ich bereits für Wodka, Whisky und Taxi ausgegeben hatte, machte das den vergangenen Abend zu einem der teuersten Ausflüge, die ich seit Langem unternommen hatte.

Am nächsten Morgen stand ich um sieben auf, duschte und zog mich für die Arbeit an.

»Was machst du?«, fragte Trent, als ich zum Frühstück runterkam. »Ich dachte, du hättest dir die ganze Woche freigenommen.«

»Ich bin nicht wie meine Schwester«, sagte ich. »Rumsitzen und Däumchen drehen, das ist nichts für mich.«

»Von rumsitzen hat niemand was gesagt. Du könntest einfach was unternehmen, das nichts mit Arbeit zu tun hat. Wenn ich eine Woche frei hätte, würde ich sie im Kino verbringen.«

»Na, vielleicht hast du Glück, und deine Mutter stirbt auch bald.« Die Worte waren mir herausgerutscht, bevor ich sie aufhalten konnte. Trents geschockter Gesichtsausdruck versetzte mir einen Stich, mitten ins Herz.

Ich eilte auf ihn zu und schloss ihn in die Arme. »Es tut mir leid! Tut mir echt leid. Ich wollte nicht so fies sein. Menschen trauern ...«

»… auf unterschiedliche Weise.« Trent nickte. »Ich weiß. Aber vergiss bitte nicht, dass ich auf deiner Seite stehe, Samantha.«

Kaum saß ich in meinem kleinen Büro am Schreibtisch, wusste ich, dass die Rückkehr zur Arbeit eine gute Entscheidung gewesen war. Die Anspannung, die sich seit Tagen in meinem Nacken gesammelt hatte, war im Nu verschwunden, kaum dass ich mich meinem Posteingang gewidmet hatte. Danach ging ich alle E-Mails durch, die ich markiert, aber vor meiner Beurlaubung noch nicht beantwortet hatte. Darunter befand sich auch eine Mail von Nicole, die sie mir zwei Tage vor Tinas Tod geschickt hatte. Darin flehte sie mich an, in die Klinik zu kommen.

Ich holte tief Luft und löschte sie.

»Gut sehen Sie aus … wenn man bedenkt, was passiert ist«, sagte eine der Buchhalterinnen, als sie mich in der Teeküche sah. »Herzliches Beileid! Ein schrecklicher Verlust.«

Am liebsten hätte ich ihr erklärt, dass sich der Verlust bei mir in Grenzen hielt, aber das tat ich natürlich nicht.

»Danke«, sagte ich stattdessen.

»Wenn ich irgendwas für Sie tun kann …« Sie ließ den Satz in der Luft hängen, wo er auch hingehörte, so nutzlos, wie er war.

»Danke«, wiederholte ich. Diesmal lag allerdings keine Spur von Dankbarkeit in meiner Stimme.

Den Rest des Tages mied ich die Teeküche, und gegen fünf hatte ich fast wieder zu meiner alten Form gefunden – oder zumindest zu der Version, die ich gern wäre. Als ich jedoch zu Hause einen Brief im Postkasten fand, fing die Fassade schnell wieder an zu bröckeln.

Auf dem Umschlag befand sich eine Nachricht von Nicole, wie ich sofort an ihrer schnörkeligen Handschrift erkannte.

Lies den Eintrag, den ich mit dem Post-it markiert habe!

Im Haus warf ich den Umschlag auf den Couchtisch und ignorierte ihn, solange ich konnte. Der Abend war heiß und stickig, die Klimaanlage lief auf Hochtouren. Ich schlüpfte in meinen Kaftan und aß auf dem Sofa, wobei ich immer wieder den Umschlag beäugte wie einen ungeladenen und extrem unwillkommenen Gast. Trent spielte Tennis, Rosemary war Gott weiß wo. Wahrscheinlich wieder mit ihren Unifreunden in Fremantle.

Je länger ich das Ding ansah, desto größer wurde mein Verlangen nach einem Drink. Stattdessen stopfte ich mir Salat in den Mund und tat, als gierte ich in Wahrheit nach Grünzeug und nicht nach Alkohol.

Als das letzte Blatt verdrückt war, riss ich den Umschlag auf. Darin befand sich ein kleiner Kalender mit dem Datum 1982 in goldenen, eingestanzten Lettern auf dem Einband, den ich sofort als Tinas erkannte. Diese Taschenkalender hatte sie überall dabeigehabt, außer vielleicht am Ende in der Klinik. Wieder stieg Reuegefühl in mir auf. Ich blätterte auf die mit dem gelben Sticker markierte Seite und fand Nicoles Nachricht: *Siehe 31. Januar.*

Unter dem 31. Januar las ich einen Eintrag, in kleiner, kontrollierter Schrift verfasst:

Mein Herz ist gebrochen.
Der Wagen ist im Arsch.

Ich atmete tief durch und wählte Nicoles Nummer.

»Okay«, sagte ich. »Reden wir mit Dad.«

DER UNFALL

1982

Eine Stunde nach der Abreise vom Motel in Hyden hielten sie an einer Tankstelle. Die Sonne brannte vom Himmel, es war so heiß, dass man sich nicht vorstellen konnte, je wieder frieren zu müssen.

Tina erlaubte den Mädchen, sich aus dem auf Hochtouren ratternden Tankstellen-Kühlschrank ein Getränk auszusuchen. Nicole wählte Mello Yello, Samantha Passiona. Tina kaufte sich nichts zu trinken, sondern nahm zuerst einen großen Schluck aus Samanthas Dose, dann aus Nicoles.

»Mamazoll«, sagte sie.

Dann faltete sie die große Straßenkarte auseinander und tat, als würde sie die Linien und Punkte betrachten, doch in Wahrheit dachte sie an das Telefonat mit Craig und die Flasche Whisky, die sie im Motel zurückgelassen hatte. Eigentlich wollte sie gar nicht wissen, wohin sie unterwegs waren, sondern einfach drauflosfahren. Energisch schob sie die Karte zur Seite und ließ den Motor an.

»In Merredin essen wir mittag«, sagte sie den Mädchen.

»Kommen wir rechtzeitig bei Nanna und Poppa an, damit ich *Young Talent Time* nicht verpasse?«, fragte Nicole.

»Bestimmt«, sagte Tina. Sie hatte keine Ahnung, wann diese Sendung lief.

Nicole leerte ihre Dose in einem Zug und machte es sich auf dem Rücksitz zwischen Kissen und Bettdecken bequem. Es fühlte sich an, als würde sie von einer Wolke umarmt. Sie schloss die Augen und überlegte, welches Lied sie singen würde, wenn sie bei *Young Talent Time* mitmachen dürfte.

Samantha, vorn auf dem Beifahrersitz, trank ihr Passiona sehr langsam, aber die Dose wurde warm, und der Inhalt schmeckte schon bald wie Maracuja-Spucke. Der Gurt scheuerte an ihrem Hals, außerdem war sie zu klein und konnte kaum durch die Windschutzscheibe sehen. Sie wollte ihre Schwester bitten, ihr ein Kissen zu geben, war aber noch zu sauer auf sie, weil sie sie in Hyden von der Schaukel gestoßen hatte.

Tina fummelte am Radio herum, bis sie einen Musiksender gefunden hatte. Gerade lief *Brass in Pocket* von den Pretenders, und sie sang laut mit.

Auf der staubigen Straße gab es viele Kurven, aber Tina nahm sie sportlich, fuhr mit hoher Geschwindigkeit hinein und bremste erst in letzter Minute. Wenn sie den Zug der Bremsen spürte und den Fuß vom Gas löste, konnte sie sich einbilden, sie hätte endlich Kontrolle über ihr Leben.

Nicole rutschte auf dem Rücksitz hin und her. Zuerst fand sie es witzig, aber dann schlug sie heftig mit dem Kopf gegen die Seitentür.

»Mum, kannst du langsamer fahren?«, rief sie laut, um das Radio zu übertönen.

»Alles im Griff! Ich hab alles im Griff«, sagte Tina, mehr zu sich selbst als zu ihren Töchtern. Doch die letzte Kurve nahm sie endgültig zu scharf, danach ging alles wie in Zeitlupe.

Tina sah hinüber zu Samantha, voller Angst, dass sie aus dem Gurt rutschen könnte. Sie drückte sie mit einer Hand in den Sitz und schrie die Namen ihrer Töchter, ein verzweifelter Versuch, sie in der Welt zu verankern, damit sie nicht aus dem Auto und für immer von ihr wegflogen.

Nicole, in Kissen und Decken gehüllt, wurde zwischen Dach und Sitz hin- und herkatapultiert, während der Wagen über die Straße schleuderte, sich überschlug und weiterrutschte, aber sie wurde von einer absurden Ruhe erfasst, als würden sie sich überhaupt nicht bewegen.

Samantha, die Hand ihrer Mutter an der Brust, kam sich vor wie in einer Achterbahn. Sie schloss die Augen und gab sich dem Spektakel hin.

Dann war alles vorbei. Ein letztes metallisches Knirschen, als der Wagen nach seiner Rutschpartie über die heiße Schotterpiste zum Stehen kam. Die letzten Riffs von *Brass in Pocket* waren verklungen, es herrschte absolute Stille.

Nicoles erster Gedanke lautete: *Ich glaube, ich weine.* Sie betastete ihr Auge und wischte die Feuchtigkeit ab, die sich als Blut herausstellte.

Samanthas erster Gedanke lautete: *Ich kann den Himmel nicht sehen.*

Nachdem Tina sich vergewissert hatte, dass ihren Töchtern nichts passiert war, lautete ihr erster Gedanke: *Ich brauch einen Drink!*

Nicole

Ich kam eine Viertelstunde zu früh in den Pub, aber Samantha war bereits da, sie saß draußen an einem Tisch.

»Das erste Mal, dass ich tatsächlich zu früh dran bin, und dann kommst du noch früher«, sagte ich mit einem nervösen Lachen.

Ich verriet ihr nicht, dass ich extra früh gekommen war, um mir ein Hintertürchen offen zu lassen. Aber jetzt, da Samantha schon hier saß, blieb mir keine Möglichkeit mehr, einen Rückzieher zu machen, zumindest nicht ohne eine Szene, denn schließlich war ich diejenige gewesen, die diese Situation erzwungen hatte. Außerdem waren theatralische Abgänge eher ihr Ding.

»Ich war schon seit Jahren nicht mehr hier«, sagte ich, während ich mich setzte. »Das letzte Mal, als Darren und ich noch zusammen waren. Oder nicht zusammen waren, sollte ich wohl sagen.«

»Ich war noch nie hier«, entgegnete Samantha. »Ist eigentlich ganz nett.«

Samanthas Vorschlag, uns mit Dad im Queens Pub zu treffen, hatte mich überrascht, besonders, da ich wusste, dass Trent sich hier gelegentlich mit seinen Freunden traf, während Samantha zu Hause in ihrem eigenen Saft schmorte. Zwar hatte sie mir gegenüber nie verlauten lassen, was sie von Trents gelegentlichem Alkoholkonsum hielt, aber ihr verkniffenes Gesicht hatte stets Bände gesprochen.

»Was sagt Trent denn dazu, dass du in seinem Revier wilderst?«, scherzte ich. »Trefft ihr euch hinterher zu einem Tänzchen auf dem Parkplatz?«

»Trent weiß nicht, dass ich hier bin«, sagte Samantha mit beunruhigender Lässigkeit.

»Alles okay zwischen euch?«

»Ja, wieso fragst du?«, entgegnete sie scharf. Offenbar hatte ich einen Nerv getroffen.

»Weil …«, setzte ich an, brachte den Rest aber nicht über die Lippen. »Keine Ahnung«, sagte ich stattdessen.

»Trent hat übrigens von Darren gehört«, sagte Samantha. »Er wohnt jetzt in Osaka und ist mit einer Japanerin verlobt. Sie ist halb so alt wie er.«

»Ja, er hat mir auch eine Mail geschickt.« Mir war klar, dass hinter Darrens vermeintlich höflicher Kontaktaufnahme etwas anderes steckte: Er wollte mir so richtig reinreiben, dass er heiraten würde und ich nicht.

»Tja, drei Kreuze, würde ich sagen. Ich werde nie vergessen, dass er nach Rosemarys Geburt nicht mal ins Krankenhaus gekommen ist. Weißt du noch? Angeblich musste er … wohin noch mal? Zum Taekwondo?«

»Nein, er hat Karate gemacht. Aber ich glaube nicht, dass er deswegen nicht gekommen ist.«

Ich fand Samanthas bissige Bemerkung über Darrens Versäumnis ziemlich gewagt, angesichts der Tatsache, dass sie ihre eigene Mutter nicht mal auf dem Sterbebett besucht hatte.

»Nein, er war definitiv beim Taekwondo«, beharrte sie.

»Darren hat nie Taekwondo gemacht!«

»Ist auch egal.« Samantha wechselte wiederum das Thema, indem sie mir Mums Kalender über den Tisch schob. »Hier, kannst du zurückhaben.«

»Und? Was hältst du davon?«

»Nicht viel.«

Samanthas Aussage wirkte wenig glaubwürdig angesichts der Tatsache, dass sie dieses Treffen mit Dad arrangiert hatte. Offenbar hatte sie sich durchaus Gedanken dazu gemacht, aber ich ließ den Satz mal so stehen und steckte den Kalender in die Tasche.

»Der Eintrag muss nicht unbedingt was mit Dad zu tun haben, hast du daran mal gedacht?«, fuhr Samantha fort. »Vielleicht hat es ihr das Herz gebrochen, dass Dad nach ihrem besoffenen Unfall wütend auf sie war.«

»Tja, noch wissen wir nichts Genaues«, sagte ich und verschanzte mich rasch hinter der Speisekarte, um nicht wieder das alte Streitgespräch darüber führen zu müssen, ob Mum beim Unfall tatsächlich betrunken war. Ich wollte mich nicht schon mit Samantha in die Haare kriegen, bevor Dad überhaupt aufgetaucht war.

»Ich habe übrigens Tortilla-Chips bestellt«, teilte Samantha mir mit.

»Supi. Ich geh mir mal eben was zu trinken holen.« Ich legte die Speisekarte weg. »Soll ich dir was mitbringen?«

Samantha schüttelte den Kopf und trank einen Schluck von ihrer Limo, aus dem Strohhalm, die Lippen fester zusammengekniffen als nötig.

An der Bar beschloss ich, mir einen Cocktail zu bestellen, etwas, das ich langsam trinken konnte, denn wenn ich zu schnell Nachschub holte, stand zu befürchten, dass Samantha vor lauter Kneiferei Maulsperre bekam.

»Welchen Cocktail können Sie empfehlen?«, fragte ich den Typen hinter der Bar.

»Fourth of July ist ziemlich beliebt.«

»Genau wie Schlagermusik«, konterte ich und bereute es sofort. Das war genau Tinas Humor. Bei dem Gedanken spürte ich ihren Verlust umso heftiger. Der Typ glotzte mich nur verständnislos an.

»Dann nehm ich einen«, sagte ich und kramte meine Geldbörse hervor.

»Läuft, Kollegin«, sagte er. »Unser Mixologe kümmert sich drum, ich bring ihn dir dann.«

Auf dem Weg zu unserem Tisch kam mir Samantha entgegen.

»Ich muss mal kurz aufs Klo«, informierte sie mich.

Während ich am Tisch auf sie wartete, sah ich mich um. Hinter uns stand eine Gruppe Anzugträger mit bereits gelockerten Krawatten. Man unterhielt sich beim Absacker nach der Arbeit über die Leistung der australischen Kricket-Mannschaft. Am benachbarten Tisch steckte ein Pärchen mitten im Streitgespräch. Die Frau schnäuzte lautstark in eine Papierserviette, während der Mann sich mit einer Gabel an einer Schüssel Nachos für zwei abreagierte. Ich hoffte inständig, dass unser Gespräch mit Dad nicht in einer öffentlichen Szene endete. Allein beim Gedanken daran bekam ich einen trockenen Mund.

Weil wir kein Wasser bestellt hatten, trank ich rasch einen Schluck aus Samanthas Glas und stellte überrascht fest, dass die Limo nach Alkohol schmeckte.

Zuerst dachte ich, der Kellner hätte einen Fehler gemacht, Samantha hätte den falschen Drink bekommen und gar nicht gemerkt, dass er Alkohol enthielt.

Mein zweiter Gedanke war düsterer, noch nicht ganz ausgegoren: weggeworfene Lilien, die nach Alkohol stanken. Doch bevor sich daraus ein handfester Verdacht entwickeln konnte, stand Dad am Tisch, und Samantha war von der Toilette zurück.

»Entschuldigt die Verspätung«, sagte er und begrüßte uns mit Wangenkuss. Er setzte sich neben Samantha und legte sein Handy mit dem Display nach oben auf den Tisch. »Ich erwarte einen Anruf von Cee-Cee«, erklärte er. »Sie ist gerade beim Arzt, kommt aber später noch dazu.«

»Ist alles in Ordnung, Dad?«, fragte Samantha.

»Jaja«, sagte er knapp. »Und, wie läuft's bei euch so?«

»Okay«, antwortete ich, zeitgleich mit Samantha, die allerdings »Super« sagte.

Ihre Wortwahl regte mich auf. Wie konnte sie sich bitte *super* fühlen, obwohl wir gerade unsere Mutter beerdigt hatten?

»Also, was ist diese große Sache, die ihr unbedingt mit mir besprechen müsst?«, fragte Dad.

Samantha sah mich auf eine Weise an, die ich zunächst nicht deuten konnte. Es dauerte einen Moment, bis ich kapierte, dass ich das Wort ergreifen sollte. Mein Mund war schon wieder staubtrocken. Wo zum Teufel blieb mein Cocktail?

»Nic will dich was fragen«, sagte Samantha schließlich.

Dad sah mich an.

»Ähm, ja …« Ich räusperte mich. »Es ist so, Dad, wir haben uns am Tag nach Mums Beerdigung mit Tante Meg getroffen.«

»Oh«, sagte er, die Lippen zu einem perfekten Rund geformt.

Ich sprang ins kalte Wasser. »Sie wollte sich was von der Seele reden. Etwas, das sie vor …«

»Ihr habt Essen bestellt?« Einer der Kellner trat mit einem großen Korb Tortilla-Chips an unseren Tisch.

»Ja, danke«, sagte Samantha und machte in der Mitte Platz.

»Super Sache«, sagte er, eine krasse Fehleinschätzung der Situation, die er gerade unterbrochen hatte.

Als er gehen wollte, berührte ich ihn sanft am Arm. »Entschuldigung? Ich hatte einen Cocktail an der Bar bestellt. Es hieß, jemand würde ihn mir bringen?«

»Ich schau gleich mal nach, wo der geblieben ist, Herzchen«, sagte der Typ und zeigte mir die grellweißen Zähne.

Dad schob sich einen Chip in den Mund und zog ihn sofort wieder raus. »Sind die scharf!«

»Du sollst sie ja auch in Sour Cream dippen«, bemerkte Samantha.

»Ich versuche, auf Milchprodukte zu verzichten. Cee-Cee meint, das trübt meine Aura.«

»Aura?«, fragte ich, dankbar für die Ablenkung, aber auch ernsthaft neugierig, wieso die strenggläubige Celine neuerdings über Auren sprach.

»Sie hat mich zu ihrer Kinesiologin nach Morley geschleppt, und die hat mir ein Loch in der Aura attestiert«, gestand Dad uns verlegen. Was ihm peinlicher war, das Loch in der Aura oder die Tatsache, dass er eine Kinesiologin aufgesucht hatte, war nicht ganz klar.

»Was ist eine Kinesiologin?«, fragte Samantha.

»Ich habe keine Ahnung«, gab Dad zu. »Aber wie es scheint, ist meine Aura löchrig und trüb, daher sollte ich keine Milchprodukte essen.«

Wir schwiegen eine Weile, während Dad auf seinen Chip pustete. Ich wusste nicht, wie ich an unsere ursprüngliche Unterhaltung anknüpfen sollte. Glücklicherweise kam mir Samantha zu Hilfe. »Was wolltest du über Tante Meg sagen?«, fragte sie mich.

»Ähm, ja ... Tante Meg.« Mein Magen krampfte sich zusammen, mir schlug das Herz bis zum Hals. »Tante Meg meinte, der Grund für eure Scheidung war nicht nur Mums Alkoholsucht. Sie hat behauptet, ähm ... sie sagt, du hättest eine Affäre mit ihr gehabt.«

»Sie sagt *was*?« Ich konnte nicht erkennen, ob seine Frage sich auf Megs Behauptung bezog oder er mich tatsächlich nicht verstanden hatte.

»Sie sagt, dass ...«

Da klingelte Dads Handy. »Entschuldigt«, unterbrach er. »Da muss ich rangehen.«

Er stand auf und ging mit dem Handy am Ohr nach draußen.

»Na, das läuft ja spitze!«, bemerkte Samantha. »Weißt *du*, was Kinesiologie ist? Und wie passt das bitte in Celines christliches Weltbild?«

Ich ignorierte sie, konzentrierte mich stattdessen auf Dads Körpersprache. Er hatte den Kopf gesenkt, die Hand über dem freien Ohr, als handelte es sich um eine besonders delikate Angelegenheit.

»Ich glaube, irgendwas ist mit Celine los«, sagte ich.

»Bei der ist doch immer irgendwas los«, erwiderte Samantha. »Man könnte auch gleich sagen, Celine ist los.«

»Nein, jetzt mal im Ernst.«

Dad trat an den Tisch, sein Gesicht war aschfahl, er wirkte besorgt. »Es tut mir leid, Mädels, ich muss los. Cee-Cee ist auf dem Weg ins Krankenhaus. Der Arzt meint, sie hat eine Fehlgeburt.«

Wir sprangen gleichzeitig auf.

»Können wir irgendwas tun?«, fragte ich. Das ging mir direkt ins Herz. Eine Erinnerung flackerte auf: Ich stehe mit einem Glas Cranberrysoße im Supermarkt und spüre, wie mir das Blut an den Beinen herabrinnt. Die zweite Erinnerung kam gleich hinterher: Ich sitze nach dem Termin mit dem Facharzt mit Jethro im Auto.

»Sobald ich mehr weiß, schicke ich euch eine Nachricht. Aber jetzt muss ich in die Klinik.«

Und dann war er verschwunden.

»Hab ich doch gesagt, dass Celine versucht, ein Kind zu kriegen«, bemerkte Samantha ungerührt, nachdem wir uns beide wieder gesetzt hatten.

Die arme Celine. Ich konnte mir vorstellen, wie verängstigt sie sein musste, was sie bereits durchgemacht hatte, um überhaupt noch schwanger zu werden. Sie war gerade vierundvierzig geworden. Frauen in diesem Alter wurden selten zufällig schwanger. Das wusste ich aus eigener Erfahrung.

Nicht dass Samantha auch nur eine Ahnung davon hatte.

»Na, jedenfalls ist Celines Timing echt mies«, sagte sie, nahm sich einen Chip, zog ihn durch den Dip und schob ihn sich in den Mund. »Jetzt dürfen wir das Ganze noch mal anleiern.«

Herrje, es dreht sich nicht alles nur um dich!, hätte ich am liebsten gesagt. Allerdings behagte mir die Vorstellung, Dad ein zweites Mal zur Rede zu stellen, genauso wenig wie ihr. Ich seufzte.

»Hier ist dein Drink, Herzchen!«

Der Kellner kam endlich mit meinem Cocktail, mit Schirmchen und Wunderkerze. Samanthas Blick wanderte vom Cocktail zu mir. Mir blieb nichts übrig, als zu warten, bis die Wunderkerze verloschen war, und mir das Machwerk dann in einem Zug hinter die Binde zu gießen.

Teil Nr. 11: 1995

Drei Wochen vor der Hochzeit saßen Samantha und Trent wie jeden Sonntag bei einer Tasse Tee mit Tic-Toc-Biscuits auf dem Sofa. Sie hatten eine Liste von Erledigungen zusammengestellt, die sie jetzt gemeinsam durchgingen.

»Hast du den Floristen schon bezahlt?«, fragte Samantha.

»Erledigt.«

»Die Lautsprecheranlage für die Trauung gebucht?«

»Erledigt«, sagte Trent und nahm sich zwei Kekse vom Teller. »Schau mal, Sammy, ein Tic-Toc-Sandwich! Ich existiere in zwei Zeitzonen.«

»Konzentrier dich mal«, schalt Samantha, aber sie lachte.

»Okay, okay, ich bin dran.« Als Trent sich die Liste schnappte, krümelte er dabei alles voll. »Hm, mal sehen … hast du schon gefragt, ob der Festsaal einen Behinderteneingang hat?«

»Erledigt.«

»Mit deiner Mutter gesprochen?«

Samanthas Lächeln erstarb. »Nein, noch nicht.«

»Komm schon, Sammy! Mach es einfach. Je länger du damit wartest, desto schlimmer wird es.«

»Ich weiß, ich weiß.« Samantha nahm ihm die Liste weg. Sie schob das Telefonat mit Tina jetzt schon ein paar Wochen vor sich her. Jedes Mal, wenn sie daran dachte, wurde ihr schlecht.

Sie suchte krampfhaft nach einem anderen Punkt auf der Liste, auf den sie sich stattdessen konzentrieren könnte. »Was ist mit dem Junggesellenabschied?«

»Darum kümmert sich Jacko. Mach dir keine Sorgen. Weiter!«

»Aber ich mache mir Sorgen, Trent!«, erwiderte Samantha. Karen vom Marketing hatte ihr ein paar Horrorgeschichten vom Junggesellenabschied ihres Mannes erzählt. »Versprich mir nur, dass es keine Stripperinnen gibt und ihr nicht zu viel trinkt.«

Trent seufzte. »Ist doch klar, dass ich nicht trinke. Aber die anderen kann ich wohl kaum davon abhalten. Genauso wenig kann ich das Strippen verhindern. Es ist ein Junggesellenabschied, Samantha!«

Aber Samantha ließ nicht locker. »Wir haben beide unseren einundzwanzigsten Geburtstag ohne Alkohol gefeiert. Und das Stärkste, was es an meinem Junggesellinnenabschied zu trinken gab, war Tee. Ich verstehe nicht, warum es bei dir anders sein sollte.«

»Ich rede heute beim Fußball mal mit Briggsy, okay?«

»Versprochen?«

»Wenn du mir versprichst, jetzt bei deiner Mum anzurufen.«

Seufzend griff Samantha zum Hörer. Sie sträubte sich zwar innerlich gegen dieses Gespräch, wusste aber, dass gerade ein guter Zeitpunkt dafür war. »Vielleicht erwische ich sie noch, bevor sie in den Pub geht.«

»Gut«, sagte Trent und nahm sich noch einen Keks.

Samantha beschloss, das Telefonat ins Schlafzimmer zu verlegen, außerhalb Trents Hörweite, falls sie es sich doch noch anders überlegen sollte.

Wie erwartet ging Tina erst nach dem zehnten Klingeln ran. Ihr entspannter Umgang mit einem schrillenden Telefon war Samantha schon immer auf die Nerven gegangen, aber diesmal war sie froh um die Verzögerung, damit sie ihre Atmung unter Kontrolle bringen konnte.

»Hallöchen, kleine Braut!«, sagte Tina zur Begrüßung. »Wie läuft's? Alle Listen unter Kontrolle?«

»Ja, alles gut.« Samantha wollte die Höflichkeiten schnellstmöglich hinter sich bringen. »Ich wollte dich nur was fragen. Es geht um die Hochzeit.«

»Gern, ich tue alles für dich, mein kleiner Schatz.«

Samanthas Herz klopfte wie wild. »Also, es geht um die Feier selbst. Natürlich kommt Dad mit Donna-Louise und …« Samantha hielt inne. Sie suchte nach den passenden Worten.

»Und was?« Tinas Stimme klang jetzt ein wenig kühler.

»Und, tja …« Samantha schluckte. Als sie den Mund öffnete, purzelten die falschen Worte heraus. »Und ich will, dass dieser Tag perfekt wird, und wenn du da bist und Dad und Donna-Louise, na, ich weiß ja, was du von Donna-Louise hältst und wie sie dich findet, und …«

»Ich kann mich benehmen«, unterbrach Tina.

»Aber nicht, wenn du getrunken hast«, brach es aus Samantha hervor.

»Aha«, sagte Tina.

Danach herrschte Schweigen. Nach einer ganzen Weile sagte Samantha: »Mum?«, um sich zu vergewissern, dass Tina nicht aufgelegt hatte.

»Ich bin noch dran«, sagte sie, ihre Stimme klang flach und hölzern. »Also hab ich das richtig verstanden: Ich kann zu deiner Feier kommen, wenn ich verspreche, nicht zu trinken, und mich benehme, richtig?«

»Im Grunde ja.« Samantha schluckte erneut.

»Verstehe«, sagte Tina langsam. »Und was ist mit Donna-Louise? Woher willst du wissen, dass sie sich benimmt? Rufst du sie auch an und bittest sie darum?« Tina klang jetzt sehr angriffslustig.

»Donna-Louise trinkt nicht. Und, tja, du weißt doch selbst, wie du dann bist, Mum.« Samanthas anfängliches Schuldbewusstsein verwandelte sich rasch in Verbitterung.

»Wie bin ich denn?«

»Weißt du doch selbst.« Samantha wollte es nicht aussprechen.

»Nein, weiß ich nicht. Sag's mir, Sammy.« Jedes Wort eine Kugel. »Wie bin ich?«

»Betrunken.« Die Andere Samantha hatte das Ruder übernommen. »Und peinlich und rührselig und laut und auffällig, und du ruinierst alles, und das ist mein Hochzeitstag, da muss alles perfekt sein.«

Tina schwieg. Samantha auch. Die Ruhe nach dem Tsunami.

Die Stille wurde länger, bis Tina irgendwann seufzte. »Okay. Wenn du das so empfindest, komme ich eben nicht.«

»So war das nicht gemeint«, sagte Samantha, allerdings überzeugte sie niemanden, nicht mal sich selbst. Wie oft hatte sie gedacht, dass auf der Hochzeit alles erheblich leichter wäre, wenn Tina nicht käme. »Überleg's dir einfach.«

Zwei Wochen später, als Briggsy und irgendein anderer Typ Trent mit einer Unterhose auf dem Kopf über die Türschwelle halfen, war Samantha sofort klar, dass er seinen Teil der Abmachung nicht eingehalten hatte.

Trent fiel aufs Sofa, wo er auf dem Rücken liegen blieb und an die Decke starrte.

»Hallo, Decke«, sagte er.

»Ja, hallo, Decke«, wiederholte Briggsy, während er Trent die Schuhe auszog.

»Er braucht Wasser und am besten ein paar Aspirin, bevor er ins Bett geht«, sagte der andere Typ, dem das Ganze offenbar peinlich war. Falls er ebenfalls betrunken war, merkte man es ihm nicht an. Er sprach überdeutlich wie ein Nachrichtensprecher bei der BBC.

»Was zum Teufel ist passiert?«, fragte Samantha mit unverhohlener Wut. »Was habt ihr mit meinem Verlobten angestellt?«

»Ja, hm, tut mir echt leid«, stammelte Briggsy, selbst kaum in der Lage, sich aufrecht zu halten. »Als er meinte, er wäre noch nie betrunken gewesen, hab ich nicht im Leben gedacht, er meinte, dass er bis jetzt völlig abstinent war. Wer hat mit dreiundzwanzig noch nie Alkohol getrunken? In diesem Land? Das ist doch unaustralisch!«

»Er hat nur drei, höchstens vier Bier gehabt«, mischte der andere sich ein. »Nichts Hochprozentiges.«

»Außer Wodka-Shots«, fügte Briggsy hinzu.

»Was?« Sein Kumpel wirkte verärgert. »Ich hab dir doch gesagt, du sollst ihm nichts anderes geben!«

»Er wollte aber. Außerdem bist du nicht seine Mama. Er ist ein erwachsener Mann.«

Der andere schüttelte den Kopf. Samantha hatte das Gefühl, dass er eher auf ihrer Seite stand als Briggsy, den sie nie besonders gemocht hatte und der ihr jetzt zutiefst unsympathisch war.

»Hat er sich danebenbenommen?«, fragte sie. Auf der Party waren lauter Kollegen gewesen, vielleicht sogar Trents Chef und einige ihrer Cousins.

»Haha! Das kann man wohl sagen!«, rief Briggsy amüsiert.

»Nein, eigentlich nicht«, versicherte ihr der andere. »Ich würde mir keine Sorgen machen. In Japan machen die Leute auf Partys alle möglichen peinlichen Sachen, und am nächsten Tag tun alle so, als wäre nichts passiert. Ich glaube, Junggesellenpartys in Australien sind genauso.«

»Na, danke, dass du ihn heimgebracht hast«, sagte Samantha, als hätte Briggsy keinen Anteil daran gehabt. »Ich bin Samantha.« Sie streckte die Hand aus.

»Darren«, sagte er und schüttelte sie. »Ich arbeite mit Trent.«

Sie öffnete die Haustür weit, ihr Lächeln so straff, als hätte es jemand zu fest angeschraubt. »Danke, Darren. Ich kümmere mich jetzt um Trent.«

Als sie die Tür schloss, hörte sie Trent im Hintergrund murmeln. »Hallo, Decke!«, lallte er. Ihr Lächeln erstarb, sie wirbelte herum und marschierte auf ihn zu.

»Was zum Teufel hast du dir dabei gedacht?«, zischte sie, aber er grinste immer noch die Decke an.

»Na, dass die Decke mein bester Freund ist. Und Briggsy ist mein Freund. Und Darren ... obwohl der einen Stock im Hintern hat ... aber der ist mein Freund. Und Bier ist mein Freund. Und du, Sam. Du bist meine beste Freundin auf der ganzen weitenbreiten Welt. Ich bin so froh, dass ich dich habe, und kann es kaum erwarten, dich zu heiraten.«

Er sah sie an und streckte die Hand aus, aber Samantha reagierte nicht. Nach einer Weile ließ er sie fallen und schloss die Augen. Kurze Zeit später war er eingeschlafen.

Samantha saß im Sessel und betrachtete ihn schweigend. Ihre Gefühle wirbelten durcheinander. Sie war stinkwütend auf Briggsy (das war garantiert seine Schuld) und sauer auf Trent (wie konnte er ihr das antun?). Aber vor allem ärgerte sie sich über sich selbst. Warum hatte sie die Junggesellenparty überhaupt erlaubt? Und da war Eifersucht. Trent wirkte in diesem Augenblick glücklicher, als sie ihn seit Langem erlebt hatte.

Das schlimmste Gefühl war allerdings die Verunsicherung. Sie hatte keine Ahnung, wie und ob diese Sache ihre Beziehung veränderte. Der Verzicht auf Alkohol hatte sie miteinander verbunden, und jetzt war er davon abgewichen – und zu allem Überfluss auch noch, während er ihre bevorstehende Hochzeit feierte. Was bedeutete dies für ihre gemeinsame Zukunft? Zum ersten Mal, seit sie Trent kannte, fühlte sich Samantha völlig allein.

Sie erhob sich, weil sie hoffte, so ihrem Gedankenkarussell zu entkommen. Hob seine Socken auf, räumte die Schuhe ins Regal. Zog ihm die Unterhose vom Kopf, die wenigstens einem Mann gehörte. Dann deckte sie ihn zu. Wie ferngesteuert trat sie vor das CD-Regal und begann, es zu sortieren, nicht mehr alphabetisch nach Bandnamen, sondern alphabetisch nach Titel, bis sie so müde war, dass sie glaubte, einschlafen zu können.

Es war fast drei Uhr, als sie endlich im Bett lag.

Als sie am nächsten Morgen erwachte, war es in der Wohnung mucksmäuschenstill. Normalerweise sah Trent am Sonntagmorgen fern, aber als sie ins Wohnzimmer kam, saß er bedröppelt auf dem Sofa und tat sich offenbar ziemlich leid.

»Bier ist wohl doch nicht mein Freund«, sagte er, als er sie sah. »Zumindest nicht im Tandem mit Wodka.«

Samantha konnte es nicht fassen, dass er in dieser Situation tatsächlich Scherze machte. Statt zu antworten, marschierte sie in die Küche und räumte so laut wie möglich das Geschirr aus der Spülmaschine.

»Samantha, bitte rede mit mir!«, sagte Trent, der ihr gefolgt war. »Ich habe einen Fehler gemacht.«

Samantha klapperte ungerührt weiter.

»Bitte!« Er legte ihr die Hand auf die Schulter. »Es tut mir leid.«

Samantha hielt inne, konzentrierte sich auf die Wärme seiner Hand, zählte innerlich bis zehn. Sie musste die Andere Samantha unbedingt wegdrängen.

»Rede bitte mit mir!«, flehte Trent.

»Ich dachte, wir trinken nicht«, sagte sie lauter als gewollt. Die Andere Samantha wollte unbedingt aus ihr hervorbrechen, wie in *Alien*.

»Du hast recht. *Wir* trinken nicht.« Trent drehte sie um, damit er sie ansehen konnte. »Aber Sammy, hier ging es um *mich*. Ich habe hier draußen auf dem Sofa gelegen und darüber nachgegrübelt, warum ich das gemacht habe. Denn ich bin gestern sicherlich nicht mit dem Vorsatz rausgegangen, mich zu besaufen. Das musst du mir glauben.«

»Und trotzdem bist du besoffen nach Hause gekommen.« Sie wand sich aus seinem Griff und widmete sich wieder dem Geschirr.

»Bitte!«, sagte er. »Könntest du das lassen und mir kurz zuhören?«

Samantha ließ sich von ihm aufs Sofa ziehen.

»Die Sache ist die«, er setzte sich neben sie und nahm ihre Hand, »dass ich die letzten Monate eine Menge Zeit in uns und die Hochzeit investiert habe. Ich habe Briefe frankiert, die Anlage gebucht, den Kuchen probiert, mir verschiedene Sitzordnungen angesehen. Ich habe alles getan, was du von mir wolltest. Gestern Abend wollte ich endlich was für mich tun. Und weißt du was? Ich habe mich köstlich amüsiert. Scheiße, Sam, es war ... großartig!«

Samantha hatte das Gefühl, jemand wrang ihr Herz aus wie einen Schwamm. Sie zog ihre Hand weg.

»Dann sauf dich doch ins Koma, wenn das so großartig ist«, fauchte sie. »Nur zu. Kannst dich gleich mit meiner Säufermutter zusammentun, dann könnt ihr euch zu Tode saufen.« Die Andere Samantha hatte sämtliche Fesseln gesprengt. »Du weißt, wie ich zu meiner Mutter und ihrem Trinken stehe. Mein Leben lang hat sie sich gegen mich und für den Alkohol entschieden. Wie konntest du dasselbe tun? Wieso war dir der Alkohol wichtiger als ich, eine Woche vor unserer Hochzeit? Wie konntest du dein Versprechen brechen?«

»Es ist *unsere* Hochzeit, hast du daran mal gedacht? Ich bin auch ein Teil davon.« Trent wirkte verärgert. »Außerdem habe ich dir nur versprochen, dass ich mit Jacko rede. Das habe ich getan, also mein Versprechen eingehalten. Aber vor allem sollst du wissen, dass mir nicht der Alkohol wichtiger war als du, Samantha. *Ich* war mir in diesem Moment wichtiger, mein Spaß, mein Vergnügen. Nur für eine beschissene Nacht.«

Sie konnte nicht glauben, dass Trent, die einzige Person, bei der sie sich immer sicher gefühlt hatte, jetzt solche Sachen von sich gab. »Und was, wenn du beim nächsten Mal wieder Lust hast, dich mit Alkohol zu amüsieren?«, keifte sie, ihr Gesicht nass und voller Rotze. »Und wieder und wieder? Was, wenn du herausfindest, dass du jeden Abend trinken willst? Was mache ich dann, Trent?«

Aber bevor er ihr antworten konnte, war sie bereits aufgesprungen und barfuß zu ihrem Wagen gerannt.

Samantha wusste, dass sie mit jemandem reden musste, aber es musste die richtige Person sein. Nicht Tina, mit der sie seit dem letzten unangenehmen Telefonat kein Wort mehr gewechselt hatte. Nicht Nicole, die nicht mal wusste, wie man einen richtigen Freund hatte. Und nicht Craig. Sie wollte nicht, dass er von ihren Problemen erfuhr. Erst als sie schon in die Guildford Road einbog, kam ihr eine Idee.

Donna-Louise. Sie musste mit Donna-Louise sprechen.

Samantha fand sie beim Rosenschneiden im Vorgarten, wie sie und Craig es jeden Juli taten. Allerdings stutzte sie die Rosen so stark zurück, dass Samantha sich fragte, ob sie die armen Pflanzen für irgendwas bestrafte.

»Irgendwann treibst du es zu weit mit deiner Schere. Schnippschnapp, alles ab«, sagte Samantha zur Begrüßung. Als sie ihren Vater das erste Mal bei seinem aggressiven Umgang mit den Rosen beobachtet hatte, waren Samantha tatsächlich die Tränen gekommen, denn sie war sich sicher gewesen, dass die Pflanzen sich nie mehr davon erholen würden. Dieses Gefühl hatte sie auch jetzt wieder.

»Pah!«, sagte Donna-Louise lächelnd. »Rosen kann man nie zu stark beschneiden.«

»Wo ist Dad?«, fragte Samantha.

»Der kauft Mulch. Wo sind deine Schuhe? Ist ein bisschen kalt, um Hippie zu spielen, oder?«

»Ich, ähm ... bin ein bisschen überstürzt aus dem Haus. Ich muss mit dir reden.«

Donna-Louise seufzte und erhob sich mühsam von ihrer Gartenmatte. »Dann komm rein. Ist sowieso Zeit für eine Tasse Tee.«

Im Haus drückte Donna-Louise ihr ein paar von Craigs warmen Wollsocken in die Hand und schob sie in die große, sonnige Küche.

»Also, was war so dringend, dass du barfuß aus dem Haus gelaufen bist?«, fragte sie beim Teekochen.

Samantha zählte innerlich bis drei, bevor sie zu einer Antwort ansetzte. Auf keinen Fall wollte sie vor Donna-Louise in Tränen ausbrechen. Sie hatte den Verdacht, dass ihre Stiefmutter meinte, sie sei zu jung für die Ehe, daher wollte sie möglichst erwachsen wirken. Schließlich war sie schon dreiundzwanzig.

»Es geht um Trent. Er hat sich gestern Abend beim Junggesellenabschied komplett besoffen.«

»Ach, tatsächlich?« Donna-Louise hob die Brauen. »Aber er ist sicher nicht der erste Mann, dem so was passiert.«

Samantha war schwer enttäuscht über Donna-Louises mangelnde Entrüstung, doch sie sprach trotzdem weiter. »Ich habe immer gedacht, Trent und ich sind uns in Sachen Alkohol völlig einig. Seit der einen Party, auf der ich war, bevor ich bei euch eingezogen bin, habe ich keinen Tropfen mehr angerührt. Keinen einzigen.«

»Wenn du mich fragst«, sagte Donna-Louise schließlich, »geht es darum, die Situation unter Kontrolle zu bekommen.«

»Aber das habe ich ja versucht!«, erwiderte Samantha verwirrt. »Ich habe ihm das Versprechen abgenommen, dass er die Party nicht aus dem Ruder laufen lässt. Und er hat sich besoffen.«

»Ah! Da haben wir das Problem. *Du* hast *ihm* das Versprechen *abgenommen.* So funktioniert eine Ehe aber nicht. Du musst verstehen, dass du niemanden kontrollieren kannst, zumindest nicht zu hundert Prozent. Und wenn du es trotzdem schaffen würdest, ginge es dir damit sicher so wie mir: Es würde dich schnell langweilen.« Donna-Louise trank einen kleinen Schluck Tee. »Wenn er wirklich trinken will, lass ihn trinken. Aber achte darauf, dass er sich dabei an Regeln hält, die ihr gemeinsam aufgestellt habt.«

»Regeln?«, fragte Samantha verständnislos. »Aber das ist doch dasselbe wie Versprechen.«

»Versprechen sind für Kinder. Regeln sind fürs Leben. Wie, glaubst du, komme ich in einer Beziehung mit deinem Vater klar? Wir haben *Regeln.*«

Samantha musste sofort an Nicole denken, die Donna-Louises und Craigs Heim in Mount Lawley oft als »Das Haus Nein« bezeichnete, und zwar wegen ebenjener Regeln, die hier herrschten: keine Schuhe im Haus, keine Füße auf dem Sofa, es wird nicht gerannt, die Arbeitsplatte in der Küche ist keine Abstellfläche, zwischen 21 Uhr und 7 Uhr wird nicht geduscht, drinnen wird leise gesprochen. Keine von ihnen hatte erwartet, dass auch die Beziehung der beiden von derlei Regeln beherrscht wurde.

»Überlege dir Umstände, unter denen du Trent das Trinken in Zukunft erlauben würdest – falls er das möchte«, fuhr Donna-Louise fort.

»Ich will das auf keinen Fall sehen«, sagte Samantha spontan.

»Na, damit hast du deine erste Regel: niemals zu Hause. Er trinkt nicht im Haus und nicht vor dir.«

»Und ich will es nicht an ihm riechen.«

»Zweite Regel: Wenn er getrunken hat, schläft er auf dem Sofa.«

»Aber ich will nicht, dass er jede Nacht auf dem Sofa schläft.«

»Noch eine Regel: Nur ein Mal in der Woche oder ein Mal im Monat, darüber könnt ihr euch austauschen, gib ihm das Gefühl, er kann mitbestimmen. Unterm Strich ist zu sagen, dass Trent auch mal das Gefühl braucht, er selbst zu sein und nicht immer nur an der Kandare zu hängen. Auf lange Sicht gesehen wird ihn das zu einem besseren Ehemann machen.«

Samantha nickte und trank ihren Tee. Sie hatte Trent schon so lange an der Kandare, dass ihr der Gedanke, ihn freizulassen, einen gehörigen Schrecken einjagte. Aber sie erinnerte sich noch gut genug an sein breites Grinsen, mit dem er an die Decke gestarrt, und wie glücklich er gewirkt hatte. Wenn sie ihn zu sehr in seiner Freiheit beschnitt, würde er vielleicht nie mehr aufblühen.

Bei ihrer Rückkehr wartete Trent auf dem Sofa. Sie sah sofort, dass er in der Zwischenzeit gesaugt und Wäsche gewaschen hatte.

Er sprang auf. »Du bist ohne Schuhe raus«, sagte er.

»Donna-Louise hat mir Socken gegeben«, erwiderte sie und hielt sich extra lange damit auf, den Schlüssel an den Haken zu hängen und die Socken auszuziehen.

»Du hast die CDs neu sortiert, hab ich gesehen.« Er deutete verlegen Richtung Regal. »Das machst du nur, wenn dich etwas aufregt.«

»Ja. Das habe ich gestern Nacht gemacht, während du auf dem Sofa geschlafen hast.«

»Es tut mir so leid.« Trent eilte auf sie zu, um sie zu umarmen. »Wirklich, es tut mir leid! Ich mach das nie wieder, versprochen.«

»Ist schon okay.« Sie erwiderte die Umarmung. »Wir kriegen das hin, wenn wir ein paar Regeln aufstellen.«

Trent runzelte die Stirn. »Regeln?«

»Ja«, sagte Samantha. Sie fühlte sich auf einmal stärker als je zuvor. »Regeln.«

Teil Nr. 12: 1997

»Wann suchst du dir eigentlich mal einen richtigen Job?«, fragte Darren, als Nicole mit nassen Haaren aus dem Bad kam.

Wenn du einen hast, dachte sie. Darren und Trent waren momentan im selben Projektteam, aber Trent hatte verraten, dass Darren die meiste Zeit Minesweeper zockte. Nicole ackerte hingegen wie ein Tier, und zwar jede Minute ihrer Schicht als Küchenhilfe. Aber klar, Darren war derjenige mit dem *richtigen Job.*

»Die Zeitung, die ich dir gestern gekauft habe, hast du noch nicht mal angerührt«, fuhr er fort, als er merkte, dass er auf seine erste Frage keine Antwort bekommen würde.

Er hatte recht. Die gestrige Ausgabe vom *West Australian* lag unaufgeschlagen auf dem Esstisch. Nicole hatte reinblättern wollen, wenn auch nur, um Darren den Gefallen zu tun, war aber am Ende doch bei ihrem Buch gelandet.

»Ich schau rein, wenn ich mir die Haare geföhnt habe«, log sie. »Hast du schon abgewaschen?«

Darren stöhnte. »Meine Güte, Nic. Ich bin völlig erledigt. Das Letzte, was ich nach einer stressigen Woche auf der Arbeit brauche, ist mehr Arbeit.«

Nicole hätte ihn gern darauf hingewiesen, dass sein höheres Gehalt nicht zwingend bedeutete, dass er auch mehr arbeitete als sie, aber sie beließ es dabei. Am Donnerstag war die Miete fällig, bis dahin musste sie ihn noch in der Wohnung halten. Wenn sie sich stritten, würde er womöglich wieder zu seinen Eltern abhauen und ihr die Tage, die er nicht in der Wohnung verbracht hatte, mal wieder von der Miete abziehen. Sie konnte ihren Teil diesmal kaum zusammenkratzen, daher biss sie sich auf die Zunge und schwieg.

Darren drehte den Fernseher laut, um sämtliche Diskussionen über den Abwasch und richtige Jobs zu beenden, was beiden nur recht war. Nicole beschloss, erst mal Kaffee zu kochen.

»Wir haben keine Milch mehr!«, brüllte Darren laut genug, um die Werbung zu übertönen.

»Dann geh ich mal welche holen«, brüllte sie zurück, doch dann fiel ihr ein, dass sie wohl besser in der Nähe des Telefons bleiben sollte. Samanthas errechneter Geburtstermin war verstrichen, das Baby konnte jeden Moment kommen. »Sorry, ich hab vergessen, dass Sam anrufen könnte. Würdest du bitte welche holen?«

Darren machte eine einzige hektische Geste in Richtung Fernseher, als würde das erklären, warum er auf keinen Fall gehen konnte. Sie wusste nicht mal, was er da glotzte.

Sie seufzte. »Na gut. Aber kannst du mich wenigstens auf dem Handy anrufen, falls Sam sich hier meldet?«

Endlich drehte Darren den Fernseher leiser. Er seufzte ebenfalls. »Nein, das geht nicht. Ich könnte einen Anruf von der Arbeit bekommen.«

»Aber bei Sam kann es jederzeit losgehen!«

»Ich habe Bereitschaft, Nic. Das bedeutet eine Menge Verantwortung.«

Es ist also wichtiger, dass das Intranet reibungslos läuft, an einem Sonntagmorgen, wo sowieso niemand arbeitet? Wichtiger als der Umstand, dass meine Schwester ein Kind bekommt?, fragte Nicole sich, während sie sich die Schuhe anzog.

»Kannst du mir Twisties mitbringen?«, rief Darren und drehte die Lautstärke wieder hoch, ohne auf ihre Antwort zu warten.

Auf dem Weg zum Milchladen spähte Nicole in die anderen Häuser der Nachbarschaft und fragte sich, wie das Leben der Bewohner wohl aussehen mochte, ob sie sich auch wegen des Abwaschs anbrüllten, weil der Fernseher so laut lief.

Sie kam an einer Frau mit einem Buggy vorbei, an dem drei Kinder baumelten, wie Weihnachtskugeln vom Tannenbaum.

»Guten Morgen«, sagte Nicole.

»Gut? Echt?«, fragte die Frau, aber sie lächelte dabei.

Nicole dachte an ihre Schwester mit ihrem hart gekochten Eierbauch, die auf ein lebensveränderndes Ereignis wartete. Samanthas Zukunftspläne waren schlüssig: Karriere, Ehemann, Baby. Nicoles Zukunftspläne waren so schlüssig wie Darrens Begründung dafür, dass er keine Milch holen konnte.

Trotzdem war nicht alles schlecht, beruhigte sie sich. Ihren Job konnte man nicht als Karriere bezeichnen, aber die Arbeitszeiten waren verträglich und die Leute nett. Darren war zwar nicht ihr Mann, aber immerhin ihr Freund – zumindest momentan. Ihre letzte Trennung lag schon vier Monate zurück, ein Rekord. Er hatte ihr versprochen, sie zum Smorgasbord im Miss Maud einzuladen, falls sie sechs Monate schaffen sollten. Nicole wusste jetzt schon, was sie anziehen würde.

Aber als sie den Milchladen betrat und ihr Blick auf das Spiegelbild in der Türscheibe fiel, überraschte sie ihr Körperumfang. In ihrem Kopf war sie noch immer die magere Jugendliche, doch in Wahrheit hatte sie enorm zugelegt, und zwar an den falschen Stellen.

Kein Wunder, dass Darren sie fett nannte.

Bei ihrer Rückkehr lag Darren noch in exakt derselben Position auf dem Sofa.

»Fang!«, sagte sie und warf ihm eine Großpackung Twisties zu. Er fing sie wortlos, riss sie auf und begann zu essen, während sie den Wasserkocher aufsetzte.

»Willst du Kaffee?«, rief sie aus der Küche.

»Ja! Könntest du mir eine Schüssel für die Twisties bringen?«

Nicole ergänzte schweigend *danke* und *bitte*.

Als sie ihm Kaffee und Schüssel hinstellte, schaltete er den Fernseher stumm, betastete seinen Bizeps und sagte: »Weißt du, ich könnte locker eine Jüngere haben, wenn ich wollte. Die Mädels auf der Arbeit sagen, ich sehe aus wie fünfundzwanzig.«

Nicole fragte sich, was es da zu jubeln gab. Darren war achtundzwanzig.

»Wie es Sam wohl geht?«, sagte sie und griff zum Telefon. »Ich glaube, ich rufe mal an.«

»Ach ja, Trent hat sich gemeldet, als du weg warst.«

Nicole sprang auf. »Wieso hast du denn nichts gesagt?«

»Du hast nicht gefragt.« Darren klang, als hielte er das tatsächlich für einen triftigen Grund. »Jedenfalls meinte er, das Baby wär da und blablabla. Du kannst später vorbeikommen, Besuchszeiten sind ab zwei. Oder ab drei. Ach, keine Ahnung, was er gesagt hat.«

Nicole ballte die Fäuste und zwang sich zur Ruhe. Sie musste ihren Zorn herunterschlucken, um einen Streit zu vermeiden. »Das Baby? Hat er gesagt, ob es ein Junge oder ein Mädchen ist?«

»Glaub nicht.«

Himmel. »Hat er *irgendwas* anderes gesagt?«

»Nein. Außer, du kannst Tina Bescheid geben. Und sie kann sie besuchen. Oder nicht, weiß nicht mehr.«

Himmelarsch!

Darren hatte die Lautstärke wieder hochgeregelt, daher verzog sich Nicole mit dem Telefon in die Kochnische, um Tina anzurufen. »Mum«, sagte sie, »das Baby ist da!«

»Ach, wunderbar!«, rief Tina. »Junge oder Mädchen?«

»Ich weiß es nicht. Darren hat mit Trent gesprochen ...« Sie ließ den Satz unbeendet, damit sich Tina den Rest denken konnte. Obwohl er vor der Glotze hing, bestand trotzdem die Möglichkeit, dass er mithörte.

Tina wusste genau, was Nicole damit meinte. »Dieser Darren ist so auf Zack!«, sagte sie seufzend. Sie nannte ihn immer nur »dieser Darren«, als wäre er ein Wildfremder.

»Aber so was von«, sagte Nicole, während sie vorsichtig zu ihm rüberspähte. Sein Blick war fest auf den Fernseher geheftet. »Also, ich werde heute Nachmittag ins Krankenhaus fahren, so um zwei. Oder vielleicht drei. Ich muss anrufen, um die Besuchszeiten zu erfragen. Willst du, ähm … mitkommen?«

Dank Darrens Desinteresse wusste sie immer noch nicht, ob Tina nun willkommen war oder nicht, aber Nicole war bereit, das Risiko einzugehen. Schließlich handelte es sich um Tinas erstes Enkelkind.

Am anderen Ende der Leitung herrschte Schweigen. »Nein, Süße«, sagte Tina schließlich. »Ich warte, bis sie wieder in ihren eigenen vier Wänden ist. Diese ganze Krankenhausatmosphäre kann ziemlich anstrengend sein.«

Nicole war nicht sicher, ob Tina sich oder Samantha meinte.

»Grüß sie ganz lieb von mir«, sagte sie. »Richte ihr aus, meine Liebe für sie und ihren Sohn oder ihre Tochter ist robust wie ein Marmorkuchen.«

Nicole lachte immer noch, als sie längst aufgelegt hatte.

»Was hat deine Mutter über mich gesagt?«, fragte Darren.

Meine Schwester hat gerade ein Kind bekommen. Die Welt dreht sich nicht nur um dich. »Nichts.«

»Wieso lachst du dann?«

»Nur ein Insiderwitz über Marmorkuchen. Ich ruf jetzt im Krankenhaus an und erfrage die Besuchszeiten. Vielleicht könnten wir unterwegs Blumen kaufen?«

»Kann nicht mitkommen, tut mir leid. Muss zum Karate.«

Nicole schluckte. »Kann ich dann den Wagen haben?«

»Klar. Du kannst mich zum Karate fahren, und ich bleib hinterher bei meinen Eltern, dann muss ich nicht den Bus nehmen. Die Takte sind sonntags scheiße.«

Nicole verspürte einen Moment der Panik. »Nein, schon gut. Du kannst mich zum Krankenhaus fahren und den Wagen haben. Ich nehm den Bus zurück.«

Im Flur der Entbindungsstation lief sie Trent in die Arme. Er hatte eine Champagnerflasche in der Hand und sah todmüde, verklärt und glücklich aus.

»Wie geht es den beiden?«, fragte sie.

»Sammy ist müde und hat ein bisschen Schmerzen. Der Kaiserschnitt war nicht das, was wir uns vorgestellt hatten, aber sie ist gut drauf. Genau wie unsere kleine Rosemary.«

»Ah! Ein Mädchen!«, sagte Nicole grinsend. »Darren konnte mir keine Einzelheiten sagen.«

»Das wundert mich nicht. Er hat ja nicht mal den Fernseher leiser gestellt, als ich angerufen hab. Ist er nicht mitgekommen?«

»Er hat dieses Wochenende Bereitschaft«, sagte sie, bevor sie begriff, dass sie den Falschen belog.

»Ja, ist sicher nicht leicht, ständig Minenfelder abzuräumen«, bemerkte Trent augenzwinkernd.

Nicole zeigte auf die Champagnerflasche, um rasch das Thema zu wechseln. »Kaum bist du Vater geworden, greifst du schon zur Flasche?«, scherzte sie.

»Dad hat sie mitgebracht – weißt schon, Babyshower«, sagte Trent und warf die Flasche in den Abfalleimer.

»Sammy war sicher begeistert«, bemerkte Nicole auf dem Weg zum Zimmer.

»Sie hat tatsächlich mitgetrunken. Zwei Gläser sogar!« Trent hatte offenbar Nicoles überraschten Ausdruck bemerkt, denn er fügte hinzu: »Vielleicht haben sie im Kreißsaal die Frauen vertauscht. Ich sollte wohl aufpassen, dass ich die richtige mit nach Hause nehme.«

Nicole lachte. Sie genoss Trents Gesellschaft immer besonders, wenn er nicht in Samanthas Bannkreis stand.

Mittlerweile hatten sie ihr Zimmer erreicht. Trent holte tief Luft. »Bist du bereit, die Frucht meiner Lenden zu sehen?«, fragte er.

Nicole hielt kurz inne. Samantha war immer das Nesthäkchen der Familie gewesen. Jetzt hatte sie ihr erstes Kind, und Nicole fühlte sich plötzlich sehr alt. Auch sie holte tief Luft. »Jetzt oder nie!«, sagte sie, und sie traten gemeinsam ein.

Nicoles erster Blick galt Samantha, nicht ihrer Tochter. Ihr langes, dunkles Haar hing ihr wirr ins Gesicht, ihre Augen waren verschwollen, als hätte sie stundenlang geweint, und trotzdem bot sie ein Bild der Schönheit, friedlich und beseelt mit dem schlafenden Kind im Arm.

»Schau, was ich gemacht habe!«, rief sie Nicole zu. Sie hielt ihr das Baby hin. »Willst du sie halten?«

Nicole nickte. Sie nahm Rosemary auf den Arm und betrachtete ihr winziges Gesicht, das Näschen, die zarten Wimpern, sah sie in ihrer ganzen, kleinen Perfektion.

»Wo ist Darren?«, fragte Samantha.

»Karate«, antwortete Nicole ohne nachzudenken. So sehr war sie mit Rosemary beschäftigt, die gerade ihren Zeigefinger umklammerte, dass ihr für diplomatische Ausreden die Konzentration fehlte.

»Karate? Wenn Darren je im Krankenhaus landen sollte, werde ich dafür sorgen, dass ich einen wichtigen Termin im Nagelstudio habe und deshalb nicht kommen kann.« Samantha verzog beleidigt den Mund. »Ich wäre fast gestorben, ganz nebenbei.«

Aber Nicole hörte gar nicht richtig zu. Zum ersten Mal seit Ewigkeiten verspürte sie tief in sich eine intensive Sehnsucht. Da wusste sie, dass sie einen dringenden Wunsch hatte. Sie wollte ein Kind, mit oder ohne Darren.

Doch dass ihr etwas so viel bedeuten konnte, machte ihr eine Riesenangst.

Samantha

Als ich nach der Arbeit im Charlie-Gairdner-Krankenhaus eintraf, saß Nicole bereits an Celines Seite und hielt ihre Hand. Das verwirrte mich. Seit fast zehn Jahren hatten wir bei fast allem, was Celine tat oder sagte, einträchtig die Augen verdreht, daher war ich überzeugt, dass Nicole diese Frau genauso wenig ertrug wie ich. Dennoch saß sie jetzt hier und tröstete sie.

»Hi, Celine«, sagte ich. »Ich habe dir Blumen mitgebracht.«

»Danke«, flüsterte Celine mit brüchiger Stimme. »Du kannst sie da vorn hinstellen, neben Nicoles Strauß.«

Als ich sie in die Vase stellte, fiel mir auf, wie mickrig sie wirkten neben Nicoles Riesenbouquet, sicher aus Jethros Portokasse bezahlt. Ich wusste, dass ich sie rasch und mit wenig Mühe gekauft hatte, aber trotzdem ärgerte es mich, dass Nicole mich schon wieder übertrumpft hatte. Die Erinnerung an den Riesenstrauß roter Rosen neben Tinas Krankenbett stieg in mir auf, aber ich verdrängte sie rasch.

»Wie geht es dir?«, fragte ich Celine, nachdem ich mich auf die andere Bettkante gesetzt hatte.

»Es ging mir schon mal besser.« Jetzt erst bemerkte ich, dass Celine völlig ungeschminkt war. Es war das erste Mal, seit ich sie kannte, dass ich ihr nacktes Gesicht sah. So, ohne Make-up, wirkte sie erheblich jünger als vierundvierzig.

»Es tut mir so leid. In der wie vielten Woche warst du?«

»Fünfzehnte. Wir dachten ... wir wären sicher.« Celine fing an zu weinen, dicke Tränen kullerten ihr die nackten Wangen herunter. »Mein Muttermund hat sich zu früh geweitet. Sie haben gesagt, beim nächsten Mal müssten sie ihn zunähen. Wenn es überhaupt ein nächstes Mal gibt.«

Nicole nickte und drückte Celine verständnisvoll die Hand. Ich hatte keine Ahnung, wie ich mit dieser mitfühlenden Geste meiner Schwester umgehen sollte.

»Wo ist Dad?«, fragte ich stattdessen. Vielleicht fand er Nicoles neue Verbundenheit mit Celine auch so verstörend wie ich.

»Er holt sich einen Kaffee aus der Cafeteria«, sagte Celine. »Aber er ist schon lange weg. Könntest du nach ihm sehen?«

Erleichtert über die konkrete Aufgabe sprang ich auf. »Klar!«

Dad saß allein im Café im Erdgeschoss und rührte mit einem Plastiklöffel in seinem Kaffee herum.

»Da bist du ja. Wie geht es dir?«, fragte ich sanft.

»Ganz okay«, antwortete er, aber so traurig hatte ich ihn noch nie gesehen. Ich setzte mich an den Tisch und legte ihm die Hand auf den Arm.

»Warum hast du nicht erzählt, dass Celine schwanger ist?«, fragte ich.

Er seufzte. »Es hat so lange gedauert, bis es endlich geklappt hat, da wollten wir es nicht beschreien.«

»Ich wusste nicht, dass du noch mal Vater werden wolltest.«

Craig sah mich überrascht an. »Ich wollte immer einen Stall voller Kinder. Aber DL hatte natürlich kein Interesse. Zu viel Unordnung. Celine war von Anfang an dabei. Schon bei unserem ersten Kennenlernen hat sie mir erzählt, dass sie Kinder wollte.«

Ich musste an Celines perfekt manikürte Nägel denken, ihre Vorliebe für strahlend weiße Outfits, und fragte mich, ob Kinder nicht auch für sie zu viel Unordnung bedeuteten. Doch Celine hatte Rosemary von Anfang an mit Aufmerksamkeit und Liebe überschüttet, die beiden kamen so gut miteinander klar, dass ich manchmal überzeugt war, dass Rosemary ihre Tante Celine mehr liebte als mich.

Dad starrte in seinen Kaffee, rührte und rührte mit dem Plastiklöffel, als wollte er sich hypnotisieren. »Dieses Baby war meine Chance, ein besserer Ehemann und Vater zu werden. Es war wie eine zweite Chance. Und jetzt hat man sie mir genommen.«

Ich drückte seinen Arm. »Ach, Dad! Du warst doch ein guter Vater. So viel hast du richtig gemacht. Und ich weiß, dass du ein guter Ehemann bist. Es war sicher nicht leicht, Tina ein guter Mann zu sein, aber selbst das hast du geschafft. Und Donna-Louise ... das war einfach Pech.«

Dad starrte einfach weiter in seinen Kaffee. Würde er mich doch ansehen und mir versichern, dass er seinen beiden Ex-Frauen ein *wunderbarer* Mann gewesen sei, damit ich endlich dieses miese Gefühl abschütteln könnte, das Tante Meg in mir ausgelöst hatte. Aber wenn er es nur zu mir sagte, wäre es ohnehin sinnlos, auch Nicole sollte es hören. Sie sollte die Wahrheit hören, das war mir extrem wichtig.

»Ist Nicole noch bei Cee-Cee?«, fragte er.

»Ja«, sagte ich. Wieder musste ich an den Riesenstrauß denken.

»Sie ist schon den ganzen Nachmittag bei ihr. Gestern auch. Sogar Jethro hat sie besucht.«

»Echt?«

»Cee-Cee ist so froh, dass eine Person bei ihr ist, die genau versteht, was sie durchmacht.«

»Tut Nicole das?« Mir kam das alles zunehmend spanisch vor. Ich wusste, dass Nicole keine Kinder bekommen konnte, aber mir war nicht klar gewesen, dass sie welche wollte. Sie so richtig wollte. Das erste Mal, als sie Rosemary im Arm hielt, hatte sie sie behandelt wie eine tickende Bombe. Konnte es sein, dass ich mich die ganze Zeit über geirrt hatte?

Dad ließ das Rühren sein und leerte den Kaffee in einem Zug. Wahrscheinlich hatte er ihn längst kalt gerührt. »Dieser Jethro scheint mir ein guter Mensch zu sein«, sagte er. »Ich kann nur hoffen, dass Nicole irgendwann bereit ist, ihn zu heiraten.«

»Ich bin nicht sicher, ob es tatsächlich an Nicole liegt, Dad«, bemerkte ich.

»*Au contraire.* Jethro hat vor ungefähr acht Jahren bei mir um ihre Hand angehalten, und ich habe meinen Segen gegeben, aber seitdem ist nichts weiter passiert.«

»Vielleicht hat er seine Meinung geändert«, gab ich zu bedenken, obwohl ich selbst nicht daran glaubte. Diese Unterhaltung machte mich fertig. Nach und nach wurden all meine Überzeugungen ins Gegenteil verkehrt.

»Möglich«, sagte Dad. »Lass uns zurückgehen.«

Oben auf der Station fanden wir Celine allein im Bett.

»Wo ist Nicky?«, fragte Dad.

Celine runzelte die Stirn. »Ihr habt sie nicht gesehen? Sie hat gesagt, dass sie euch noch suchen würde, um sich zu verabschieden.«

Am liebsten hätte ich entgegnet, dass sie offenbar nicht besonders gründlich gesucht hatte, stattdessen schüttelte ich den Kopf. »Nein, wir haben sie wohl verpasst.«

Dad ließ sich auf die Bettkante sinken, dort, wo vorher Nicole gesessen hatte. Unsicher, was ich tun sollte, fing ich an, ein paar Sachen auf Celines Nachttisch aufzuräumen und die Blumen in den Vasen zu ordnen.

»Lass das!«, sagte Dad, was mir einen Stich versetzte. Er war einer der wenigen Menschen, die meinen Ordnungsdrang verstanden. Er und Donna-Louise, die mir beigebracht hatte, Gefühle der Unsicherheit zu kanalisieren, indem man in seiner Umgebung Ordnung schaffte.

Ich setzte mich hin, sprang aber gleich wieder auf. »Hast du irgendwelche Wäsche, die ich mitnehmen kann? Ich bring sie dir gewaschen zurück.«

»Nein, nicht nötig. Sie werden mich wohl morgen entlassen.«

Dad hielt jetzt Celines Hand auf dieselbe Weise wie vorher Nicole. Ich verabschiedete mich rasch und ging.

Im Lift checkte ich zum ersten Mal seit der Ankunft im Krankenhaus mein Handy und sah eine Nachricht von Nicole, schon eine halbe Stunde alt.

Fahre jetzt Mums Wohnung ausräumen. Komm dazu, wenn du kannst.

Mit einem Seufzer ließ ich das Handy wieder in die Tasche gleiten. Ich wusste genau, dass ich mich bis jetzt davor gedrückt hatte, Tinas Wohnung zu betreten. Die paar Male, die ich sie dort in den vergangenen Jahren besucht hatte, konnte man an den Fingern einer Hand abzählen. Aber mir war ebenso klar, dass Nicole die Last schon zum großen Teil allein geschultert hatte und ich jetzt auch meinen Beitrag leisten musste.

Außerdem brauchte ich dringend eine Ablenkung, um meine Nerven zu beruhigen, und unsere mickrige CD-Sammlung war bei Weitem nicht ausreichend.

Bin gerade losgefahren, in einer halben Stunde bei dir.

Als ich auf den Anwohnerparkplatz vor Tinas Haus fuhr, ging es mir sofort dreckig. Irgendwas an der schmuddeligen Fassade, den defekten Rollos und dem Unkraut, das an den Hauswänden aus dem Boden spross, löste bei mir eine postapokalyptische Stimmung aus. *Wo die lebenden Toten wohnen.*

Im Flur des ersten Stocks bemerkte ich, dass ich nicht mehr wusste, welche der identischen Türen zu Tinas Wohnung gehörte. Ich stand da wie blöd. Es war mir zu peinlich, Nicole anzurufen und es zuzugeben, aber genauso unangenehm wäre es, einfach irgendwo zu klopfen.

Da erinnerte ich mich, wie ich damals, als wir gerade nach Bassendean gezogen waren, immer an der falschen Tür geklopft hatte. Damals als kleines Mädchen waren die identischen Mietshäuser ein richtiger Schock für mich gewesen, denn ich kannte nur unser stattliches Eigenheim in Mount Lawley mit seiner Veranda vorn und hinten und dem preisgekrönten Rosengarten.

Einmal hatte ich Tina sogar gefragt, warum sie nicht versucht hatte, das Haus zu behalten, sondern so einfach ausgezogen war.

»Das Haus war viel zu protzig für meinen Geschmack«, hatte sie geantwortet. »Und der Garten war ein Vollzeitjob! Aber ich kann dir sagen, *so einfach* bin ich sicher nicht ausgezogen.«

Den letzten Satz hatte ich damals einfach ignoriert, erst jetzt wurde mir klar, dass ich vermutlich nie die ganze Wahrheit erfahren würde, denn die hatten wir zusammen mit Tina begraben.

Da ging hinten im Flur eine Tür auf, und Nicole kam mit Mülltüten beladen heraus.

»Hier, ich helf dir!«, rief ich, in der Hoffnung, Nicole hatte nicht bemerkt, dass ich wie ein Ölgötze hier herumgestanden hatte.

»Du wusstest nicht mehr, welche Tür Mums war, hab ich recht?« Nicole drückte mir eine Tüte in die Hand. »Keine Sorge. Ich bin auch immer unsicher, obwohl ich öfter hier war als du.«

Diese Bemerkung nervte mich schon wieder, aber ich beschloss, darüber hinwegzusehen. Es war meine Entscheidung gewesen, Tina nur sehr selten zu besuchen, und ich musste dazu stehen.

»Wie war Dad drauf, als du mit ihm gesprochen hast?«, fragte Nicole auf dem Weg nach unten zum eigens gemieteten Container.

»Ganz okay. Traurig, aber okay. Wie geht's Celine?«, fragte ich.

»Ich kann ihren Schmerz so gut nachempfinden«, antwortete Nicole. »Aber ich hatte keine Ahnung, dass sie sich so sehr ein Kind gewünscht hatten. Wusstest du, dass das schon ihre dritte Runde IVF war?«

»Nein, ich hatte keine Ahnung.« Ich musterte Nicole mit einem Seitenblick. »Dad meinte, es wäre ein ›großer Trost‹ für sie, dass du bei ihr bist. Womit genau tröstest du sie denn?«

»Nichts Besonderes. Ich höre einfach zu«, meinte Nicole und schleuderte die Tüten in den Container. »Solltest du auch mal versuchen.«

Ich warf meine Tüte hinterher. »Willst du behaupten, dass ich nicht zuhöre?« Mir brannten die Ohren. »Wenn du was Interessantes zu sagen hättest, wäre ich die Erste, die es hören wollte.«

Nicole wirkte betroffen. »Du liebe Güte, Sam!«

Ich schämte mich zwar, sah aber in diesem Augenblick keinen Weg zurück. Also wandte ich mich ab und marschierte, so schnell ich konnte, zur Wohnung.

Schon auf der Schwelle erwischte mich Tinas typischer Duft, Chanel No. 5. Ich blieb stocksteif stehen, damit mich die Trauer nicht komplett überwältigte. »Dieser Geruch …« Ich drehte mich zu Nicole um, die jetzt hinter mir stand, aber für mehr fehlten mir die Worte.

»Die Wohnung war die ganze Zeit verschlossen. Was hast du erwartet?«, sagte Nicole scharf und drängte sich an mir vorbei. Offenbar war sie immer noch sauer auf mich.

»Es riecht nach Tina«, versuchte ich es erneut, aber Nicole hörte mich nicht, denn sie war damit beschäftigt, in der Küche Schranktüren zuzuknallen.

Also kniff ich die Lippen zusammen und machte mich an die Arbeit.

Eine Weile ging jede von uns getrennt ihrer Aufgabe nach. Ich sortierte den Inhalt der Küchenschränke, Geschirr und Besteck in die auf dem Esstisch bereitstehenden Kartons mit der Aufschrift »Müll« und »Spenden«, während Nicole sich um Tinas Bücher kümmerte.

Irgendwann brachte sie eine ganze Ladung zu mir herüber

und ließ sie auf den Tisch fallen, was ich als Versuch der Wiederannäherung verstand.

»So viele Bücher von Dan Brown«, bemerkte ich. »Ich hätte nicht gedacht, dass Teensy auf ihn stand.«

Es war schon Jahre her, seit ich Mum das letzte Mal »Teensy« genannt hatte, eigentlich war es nämlich Dads Spitzname für sie. In der Highschool hatten wir oft darüber gescherzt, dass unsere Mutter so hieß, weil »teensy« »ein bisschen« bedeutete und sie eben oft »ein bisschen betrunken«, »ein bisschen verkatert« oder »ein bisschen nachlässig« war. Das war einer dieser Flachwitze, mit denen wir uns von unserem Schmerz ablenken wollten.

Nicole zuckte die Achseln, offenbar doch noch nicht bereit, mir so einfach zu verzeihen. Sie fing an, in dem Karton mit Spenden herumzuwühlen und ein paar Sachen wieder herauszufischen, die ich zuvor dort hineingeworfen hatte.

»Diese Platte hat Nanna gehört, und die hier auch«, sagte Nicole. »Das Messer hier ist das letzte von Tinas Hochzcitsbesteck.«

»Woher weißt du das alles?«

»Ich habe länger mit Mum gelebt als du, schon vergessen?«

»Nein, dafür sorgst du schon«, murmelte ich.

»Wie bitte?« Nicole sah mich so bitterböse an, wie ich sie schon seit Langem nicht mehr erlebt hatte, nicht mehr, seit wir Kinder waren.

Ich trat einen Schritt zurück. »Nichts.«

Schweigend widmeten wir uns wieder unseren Aufgaben. Mit ihrer Bemerkung hatte Nicole mal wieder eine alte Wunde aufgerissen, das versuchte sie ständig, bei jeder halbwegs passenden Gelegenheit. Sie tat immer so, als hätte ich Tina im Stich gelassen, als hätte ich mich aus einer Laune heraus entschieden, zu Dad nach Mount Lawley zu ziehen, und nicht, wie es in Wahrheit geschehen war, weil Tina mich nicht mehr in ihrer Wohnung haben wollte.

Ich konzentrierte mich auf meine Arbeit. Das meiste Geschirr landete im Müllkarton. Es war abgeplatzt oder gesprungen. Nichts passte zusammen. Und sauber war es auch nicht.

Als ich den Karton zum Container trug, ließ ich Nicoles Bemerkungen über Celine Revue passieren, ihre Behauptung, sie bräuchte nur jemanden, der ihr zuhört. Ich hatte nie besonders viel auf Celines Meinung gegeben, aber ihr Geschwurbel über Make-up und Ammenmärchen hatte mir vielleicht den Blick auf das verstellt, was sich unter ihrer Oberfläche verbarg.

»Meinst du, Celine und Dad versuchen es mit einer neuen Runde IVF?«, fragte ich Nicole, als ich wieder oben war. Sie hatte mittlerweile einen ganzen Stapel vergrauter Handtücher und ausgefranster Bettbezüge aus dem kleinen Schrank neben dem Bad geholt.

»Ich weiß es nicht«, sagte sie, das Gesicht von der Schranktür verdeckt. »Es ist ein ziemlicher Eingriff und eine Belastung, die außerdem eine Menge kostet. Und die Erfolgsquote liegt niedriger, als alle denken. Für die meisten Paare ist das eine sehr teure Angelegenheit, die am Ende nichts als Leid verursacht.«

»Du scheinst dich ja gut auszukennen.« Ich war es nicht gewohnt, Nicole so selbstsicher über irgendein Thema reden zu hören.

»Ich kann keine Kinder bekommen, falls du das vergessen hast.« Sie seufzte auf ihre typische Art.

»Du hast auch nie welche gewollt. Oder irre ich mich da?«

Nicole schloss die Schranktür, sah mich kurz an und schnappte sich dann den Wäschestapel für den Müll. »Weißt du was, Sam?«, sagte sie auf dem Weg zur Tür. »Du denkst, du kennst mich in- und auswendig. Aber das tust du nicht.«

Wieder kniff ich die Lippen zusammen und widmete mich der Arbeit. Doch egal, wie verbissen ich auch herumsortierte, ich wurde den Gedanken nicht los, dass mir meine Schwester vielleicht tatsächlich fremd war.

Teil Nr. 13: 2009

»Jetzt schau dir mal an, wie süß unsere beiden Zahnbürsten kuscheln!«, rief Jethro, während Nicole ihre Kulturtasche auspackte. Er hatte ihr einen der Schränke im En-suite-Bad ausgeräumt. Der war allerdings viermal größer als das Kästchen, mit dem sie in ihrer früheren Wohnung vorliebgenommen hatte.

»Es sieht aus, als würden sie zusammengehören.« Nicole lachte. Ihre Zahnbürste hatte schon zig Mal auf Jethros Waschbecken gelegen, aber sie hatte sich nie getraut, sie in den luxuriösen Halter zu stellen.

»Weißt du, ich habe echt gedacht, dass du nie bei mir einziehst. Und jetzt bist du hier! Hast du wirklich drei Jahre gebraucht, um zu erkennen, dass ich das Beste bin, was dir je passiert ist?«

Nicole nickte. Sie hatte Jethro in dem Glauben gelassen, dass sie sich aktiv dazu entschieden hätte, mit ihm zusammenzuwohnen, doch in Wahrheit war ihr Mietvertrag nicht verlängert worden, und dieser Umstand hatte sie vor vollendete Tatsachen gestellt.

»Wenn ich vor drei Jahren schon geahnt hätte, dass ich einen Badezimmerschrank vom Ausmaß einer Lagerhalle bekommen würde, wäre ich natürlich früher eingezogen. Wie Suzette.«

Kaum hatte sie den Namen seiner Ex-Frau ausgesprochen, verlosch Jethros Lächeln. »Mach mir bloß nicht die Suzette.«

Die Legende besagte, dass Suzette drei Wochen nach ihrem ersten Date mit Sack und Pack bei Jethro vor der Tür gestanden hatte und zehn Jahre lang geblieben war, nur um ihm am Ende das Herz zu brechen und ein ziemliches Loch in sein Bankkonto zu reißen.

»Nein, ich mach dir nicht die Suzette«, versicherte sie ihm. »Solange du mir nicht den Darren machst.«

»Joa, keine Chance. Das Risiko, dass ich zu meiner Mama zurückrenne, geht gegen null, das würde sie nicht zulassen.« Und da war es wieder, Jethros Lächeln.

Während Jethro das Abendessen zubereitete, packte Nicole ihre Klamotten aus und schichtete einen Bücherstapel auf ihrem Nachttisch auf, es waren dieselben, die sie auch in ihrer alten Wohnung in Leederville neben dem Bett geparkt hatte. Ganz unten lag *The Secret – Das Geheimnis*, das Samantha ihr vor drei Jahren zu Weihnachten geschenkt hatte, kurz bevor Jethro in ihr Leben getreten war. Nicole wusste bis heute nicht, warum. Selbsthilfebücher waren echt nicht ihr Ding. Aber jedes Mal, wenn sie es wegwerfen wollte, bekam sie ein schlechtes Gewissen. Manchmal dachte Nicole, dass Samantha selbst wie ein Buch war, das sie eigentlich lesen müsste, aber partout nicht wollte.

Jetzt zog sie dieses ungeliebte Buch hervor und trug es rasch zum Regal in Jethros Arbeitszimmer, bevor sie ihre Meinung änderte. Dort fand sie eine Lücke und schob es hinein. Sie hatte das Gefühl, sich von einer Last befreit zu haben.

Diese Methode der Befreiung hatte sie schon öfter verwendet, vor allem, wenn es um Altlasten von Darren ging: die Plastikanhänger aus Japan, die er ihr geschenkt hatte, das T-Shirt mit der Aufschrift *Windows95*, das er nach der letzten Trennung bei ihr vergessen hatte, die Decke, unter der sie gemeinsam ferngesehen hatten. Die Krümelmonsterdose war das einzige Überbleibsel, dessen sie sich nicht auf diese Weise entledigt hatte. Die stand sogar mitten in der Küche, sehr zu Jethros Belustigung. Seit ihrer Fehlgeburt vor zehn Jahren hatte sie sie dort deponiert, um sich daran zu erinnern, dass sie mit dem zufrieden sein sollte, was sie hatte.

»Es ist angerichtet!«, rief Jethro aus dem Esszimmer.

Auf dem Weg dorthin fiel Nicole wieder auf, wie groß es eigentlich war, dieses Heim, das jetzt auch ihres sein sollte, groß und luxuriös, mit teuren Möbeln ausgestattet. Sie fragte sich, ob sie sich hier je so entspannen könnte wie in ihrem vergleichsweise bescheidenen Dreizimmerapartment.

Im Klavierzimmer blieb sie kurz stehen, hob den Deckel des Steinways und klimperte eine zufällige Melodie.

»Da bist du!« Jethro kam durch die Flügeltür zum Esszimmer.

»Da bin ich. Genau wie dieses Klavier«, sagte Nicole. »Jetzt, wo ich hier wohne, könntest du mir doch endlich das Geheimnis verraten. Wie hast du dieses Instrument hier hereinbekommen?«

Schon bei Nicoles erstem Besuch hatte sie gefragt, wie der stattliche Flügel in das kleine Zimmer gekommen war, obwohl er weder durch die Türen noch durch die Fenster passte. Doch Jethro hatte ihr immer wieder eine neue absurde Geschichte aufgetischt. Das Klavier sei aus einem Samen gewachsen. Er habe es bei IKEA bestellt und mit einem einzigen Inbusschlüssel zusammengebaut.

Jetzt lachte er. »Ich habe die Spannung schon so lange hochgetrieben, dass die Lösung vermutlich so richtig enttäuschend sein wird.«

»Nur zu, enttäusche mich!«

»Wie du dir sicher schon gedacht hast, wurde das Zimmer um den Flügel herumgebaut. Man hat das Instrument ins Haus getragen, als die rückwärtige Mauer noch nicht hochgezogen war. Wenn wir es irgendwann mal loswerden wollen, müssten wir die ganze Mauer wieder einreißen.«

Irgendwas an dieser Geschichte machte Nicole traurig, als wäre der Flügel gegen seinen Willen hier eingesperrt.

Jethro räusperte sich. »Wenn die Dame sich nun in den Speisesaal bequemen würde ...«

Er öffnete die Flügeltür und präsentierte ihr die mit Rosen und Kerzen geschmückte Tafel.

»Oh!«, sagte sie. »Wie schön!«

»Ich wollte, dass unser erstes Abendessen im gemeinsamen Heim etwas Besonderes ist. Deswegen habe ich uns auch meine legendäre Lasagne kredenzt.«

»Na, das entschädigt mich wenigstens für die enttäuschende Klaviergeschichte«, sagte Nicole lächelnd und schloss sanft den Deckel. »Ach, übrigens, ich habe ein paar Bücher in dein Regal im Arbeitszimmer gestellt. Ist das okay? Ich fürchte, in den Kartons sind noch ein Haufen mehr.«

»Aber sicher! Stell sie hin, wo du willst. Ich möchte, dass sich unsere Bücher auf engstem Raum begegnen, sich so richtig kennenlernen und vielleicht irgendwann kleine Bücherkinder zeugen. So, jetzt mach es dir bequem und lass dich von mir verwöhnen.«

Nicole setzte sich, aber im tiefsten Inneren plagten sie Schuldgefühle. *Kinder.* Wieder dieses Wort. Er ließ es hier und da fallen. Die einzigen Momente, wenn Jethro bei ihr Unbehagen auslöste. Sie wusste genau, wie sehr er sich Nachwuchs wünschte, deswegen hätte sie ihm vor ihrem Einzug unbedingt die Wahrheit über ihre verkorkste Gebärmutter sagen müssen. Dass sie verkorkst war, wusste sie allerdings nicht mit Sicherheit, denn nach ihrer Fehlgeburt war sie nicht zum Nachsorgetermin gegangen. Es erschien ihr einfacher, nicht genau zu wissen, wo das Problem lag.

»Et voilà!« Jethro trug ein Tablett mit silberner Haube herein und stellte es vor Nicole auf den Tisch. »Erweisen Sie mir die Ehre?«

Sie hob die Haube, aber statt der Lasagne entdeckte sie darunter einen handgeschriebenen Zettel mit der Aufschrift: »HEIRATE MICH!«

Nicole saß da wie vom Donner gerührt. »Aber …«, stammelte sie. »Aber ich dachte, nach der letzten Misere hättest du genug von diesem ›Eheding‹?«

Falls Jethro ein sofortiges »Ja!« erwartet hatte, verbarg er seine Enttäuschung geschickt. »Tja, das hatte ich auch gedacht. Und jetzt sieh mich an. Ich will das ›Eheding‹ doch, aber ich will es mit dir«, gestand er. »Außerdem habe ich Suzette nie einen Antrag gemacht. Der kam von ihr.«

»Ich …« Nicole war sprachlos. »Ich weiß nicht, was ich sagen soll.«

»Na, das Problem habe ich nicht. Ich liebe dich, Nicole. Du erfüllst mein Leben mit deinem sanften Strahlen, bringst Licht in die dunklen Winkel, von denen ich gedacht hatte, dass sie für immer im Schatten bleiben würden.« Er trat neben sie, zog eine kleine Samtschatulle aus der Tasche und kniete sich vor sie hin. »Bitte, Nicole. Erweise mir die Ehre, den Rest meines Lebens an meiner Seite zu verbringen, meine schlechten Gewohnheiten und noch schlechteren Witze zu ertragen und vielleicht, ganz vielleicht, ein oder zwei Kinder mit mir zu haben …«

Als er die Schatulle öffnete und ihr den atemberaubenden Diamantring präsentierte, wäre Nicole beim Gedanken an ihre potenziell unfruchtbare Gebärmutter am liebsten sofort nach oben gerannt, um ihre Siebensachen zu packen. Die meisten Umzugskartons waren ohnehin noch voll. Der Umzugswagen könnte ohne viel Aufwand zurückkommen und diesen Riesenfehler im Nu bereinigen, ohne zu viel Schaden anzurichten. Am Ende würde Jethro ihr sicher dankbar sein.

Jethro hatte ihren inneren Aufruhr offenbar bemerkt, weil er ihre Hand ergriffen hatte, bevor sie aufstehen und fliehen konnte. »Ich weiß, ich hab das alles falsch gemacht. Zu schnell, zu viel.

Es hat so lange gedauert, bis du endlich hier eingezogen bist, da dachte ich …«

Im Zimmer herrschte Schweigen. Nicole beobachtete, wie Kerzenwachs über den Ständer rann und schließlich auf die weiße, bestickte Tischdecke tropfte. Ihr Fluchtinstinkt hatte sich beruhigt. Jethro hatte sie vom Abgrund weggezogen.

»Du musst mir keinen Ring schenken, um mich an dich zu binden«, sagte sie, den Blick fest auf ihn gerichtet. »Ich *will* hier sein.«

»Und ich will dich hier haben«, sagte Jethro. Seine Wangen waren gerötet und die Augen auf eine Weise geweitet, die sie noch nie bei ihm gesehen hatte.

»Und ich will, dass du mich willst … et cetera.«

Sie lächelten einander verlegen an, beide eifrig bemüht, den peinlichen Moment zu beenden.

»Es ist so wunderbar, dass du endlich hier bist«, sagte Jethro mit einem kleinen Achselzucken.

Als Nicoles Blick über das eindrucksvolle Beleuchtungskonzept und die an den Wänden ausgestellten Kunstwerke wanderte, verstand sie, dass sie nie wieder aus Konservendosen vor dem Fernseher essen müsste, es sei denn, sie wollte es unbedingt.

»Na, jetzt, da wir beide zufrieden sind, sollten wir vielleicht die Lasagne essen, die wird nämlich langsam hart«, bemerkte Jethro.

»Ach, und ich dachte, du servierst mir heute nur Papier«, scherzte Nicole und bedauerte sofort, die Sache mit dem Heiratsantrag so schnell wieder aufgegriffen zu haben.

»Nee, die Diät hab ich schon ausprobiert, hat nicht funktioniert«, versetzte Jethro, mied aber ihren Blick.

»Lass mich die Lasagne holen«, sagte Nicole. »Ich bin hier nicht mehr Gast, sondern wohne bei dir, schon vergessen?« Sie wollte die Stimmung unbedingt wieder anheben.

In der Küche konzentrierte sie sich eine Weile auf ihren Atem, um sich zu beruhigen, ein Trick, den sie zuerst bei Samantha gesehen hatte, als sie Teenager waren. Damals hatte ihre Schwester so ihre Wutausbrüche unter Kontrolle bekommen. Alles würde gut werden. Vielleicht war sie gar nicht unfruchtbar. Könnte doch sein, dass die Fehlgeburt ein Ausrutscher gewesen war, eine kleine Fehlreaktion. Sie würde irgendwo einen Termin machen und sich durchchecken lassen. Dann bekäme sie ein Fruchtbarkeitszertifikat ausgestellt, das sie sich gerahmt an die Wand hängen könnte, direkt neben der Krümelmonsterdose. Am Ende würde sie womöglich Dutzende Kinder in die Welt setzen.

Sie betrachtete die Keksdose, das Krümelmonster starrte mit seinen riesigen Kulleraugen zurück. »Ich werde es einfach versuchen«, erklärte sie ihm.

Als sie mit der Lasagne ins Esszimmer zurückkehrte, nahm Jethro den Ring von der Platte und steckte ihn wieder ein. Beide taten, als hätte sie es nicht gesehen.

Teil Nr. 14: 1985

Samantha hatte Tina weisgemacht, sie würde bei Kerstin übernachten, und Kerstin hatte ihrer Mutter erzählt, sie schlafe bei Samantha. Die beiden nahmen es nicht so genau und würden die Behauptungen ihre Töchter nicht nachprüfen. Ein perfekter Plan.

Als sie bei Danny eintrudelten, wurden sie von ihm und seinem Kumpel Jamie begrüßt, der an einer anderen Schule war.

»Willkommen bei unserer exklusiven VIP-Party«, sagte Danny und wies mit ausschweifender Geste ins pfirsichfarbene Schlafzimmer im vorderen Teil des Hauses. »Aber zerwühlt mir nicht das Bett«, fügte er hinzu.

Dannys Eltern waren auf Reisen in Europa, und sein älterer Bruder Gavin hatte beschlossen, eine Megaparty zu schmeißen. Auch Danny durfte ein paar Freunde einladen, als Gegenleistung dafür, dass er ihn nicht verpfiff.

Im Schlafzimmer hatten sich schon ein paar Schüler aus der Achten versammelt, die Samantha kaum kannte, sie hockten etwas verdruckst auf dem Flauschteppich herum, tranken Limo aus der Dose und hörten 96FM aus Dannys Gettoblaster. Samantha nahm ein paar Salzbrezeln und setzte sich weiter hinten zu Kerstin an die Wand. Wenn sie den Mund voll hatte, musste sie wenigstens nichts Interessantes von sich geben.

»Jetzt guck dir mal die braven Achtklässler an«, höhnte Gavin, der im Türrahmen aufgetaucht war, eine Flasche Jim Beam in der Hand, ein Mädchen aus der Elften mit zu hohen Absatzschuhen im Arm.

»Sind sie nicht süß?«, fragte sie, während sie unsicher auf ihren Stilettos herumwackelte.

»Sieht aus wie eine Möchtegernparty. Drinks, die nur wie Alkohol aussehen. Eine Party, die aussieht wie eine, aber keine ist«, erklärte er dem Mädchen wichtig, als wäre sie zu dumm, um das Wort »Möchtegern« zu verstehen.

»Hau ab!«, sagte Danny und knallte die Tür zu. Dann wandte er sich um und betrachtete seine Gäste. »Wisst ihr was? Unsere Party sieht tatsächlich ziemlich öde aus. Wer hat Lust auf ein Spiel? Wie wär's mit Flaschendrehen?«

Als er verschwunden war, um eine Flasche zu holen, warf Kerstin Samantha einen Blick zu, den sie sofort verstand. Kerstin war total verknallt in Danny. Hier war ihre große Chance. Doch kaum hatte sie das verstanden, wurde ihr klar, was es bedeutete, wenn Kerstin bei Danny landen würde. Dann wäre sie nämlich allein unter Fremden. Ihr Magen verkrampfte sich.

Danny kehrte mit zwei Flaschen zurück: Eine war leer, die andere voll. »Wir machen es besonders spannend. Wenn man dran ist, muss man auch was aus *dieser* Flasche trinken.«

Jetzt sah Samantha Kerstin vielsagend an. Mit Alkohol fühlte sie sich überhaupt nicht wohl, das wusste ihre Freundin genau. Aber Kerstin riss die Augen auf und schüttelte den Kopf. *Versau mir das jetzt bloß nicht,* vermittelte sie ihr stumm. Also blieb Samantha, wo sie war, obwohl ihr das Herz bis zum Hals klopfte.

»Was ist da drin?«, fragte Kerstin.

Danny sah aufs Etikett. »Koala«, sagte er. Samantha wusste aus Tinas üppig bestückter Privatbar, dass dieses Getränk Kahlúa hieß, aber sie verbesserte ihn nicht. Sie verhielt sich so wie alle anderen, die sich stumm in einen Kreis setzten, die leere Flasche drehten und die volle herumreichten. Samantha war nicht sicher, was sie nervöser machte, jemanden küssen zu müssen oder Alkohol zu trinken.

Als die Flasche das erste Mal auf sie zeigte, durfte Jamie bestimmen, was sie tun musste. Danny gab ihr den Kahlúa.

»Skol, skol, skol!«, riefen alle im Chor. Samantha hatte keine Ahnung, was das bedeutete, aber vermutlich wussten es die anderen auch nicht. Sie hob die Flasche an die Lippen und überlegte, so zu tun, als würde sie trinken, wurde jedoch von dem süßlichen, sirupartigen Geschmack überrascht. Sie hatte immer geglaubt, Alkohol wäre bitter wie Tinas Atem beim Gutenachtkuss. Dass er tatsächlich gut schmecken könnte, war ihr gar nicht in den Sinn gekommen.

»Küssen, küssen, küssen!«, riefen die anderen. Jamie beugte sich zu ihr vor und brachte seinen Mund flüchtig auf ihren. Ihr erster Kuss. Ohne nachzudenken, trank sie einen zweiten Schluck Kahlúa.

»Nicht fair!«, rief Danny und nahm ihr die Flasche aus der Hand, allerdings grinste er dabei und genehmigte sich gleich auch noch einen Schluck, bevor er sie weiterreichte. »Jetzt trinken alle. So macht es mehr Spaß.«

Das Spiel ging weiter, der Kahlúa ging langsam zur Neige. Eine weitere Flasche mit unbekanntem, weniger süßem, aber genauso wärmendem Inhalt machte die Runde. Samantha spürte, wie um sie herum alles weicher wurde. Die anderen waren auf einmal gute Freunde, sogar diejenigen, deren Namen sie nicht kannte.

Irgendwann, mit voranschreitender Uhrzeit und steigendem Alkoholpegel, steigerten sie sich zu »Wahrheit oder Pflicht extrem«.

»Nimm Wahrheit!«, kreischte Samantha, als die Flasche auf Kerstin zeigte. »Sag Danny die Wahrheit!«

Kerstin stieß Samantha mit voller Wucht den Ellbogen in die Rippen, dann sagte sie: »Pflicht.«

»Okay.« Danny legte die Fingerspitzen aneinander wie ein Bösewicht aus einem Bond-Film. »Geh in den Garten und klaue den idiotischen Freunden meines Bruders ein Bier.«

Als Kerstin verschwunden war, ließ sich Samantha rückwärts auf den Teppich fallen. Sie spürte, dass jemand mit ihrem Haar spielte, vermutlich Jamie, und es fühlte sich gut an.

Kerstin kehrte mit einer kleinen Flasche Emu Bitter zurück, was allgemeinen Jubel auslöste. »Sam«, flüsterte sie ihr ins Ohr. »Deine Schwester ist hier.«

»Mir doch egal«, erwiderte Samantha.

»Sie weiß, dass du auch hier bist.«

»Mir doch egal.«

Samantha schloss die Augen und ließ sich treiben, alles drehte sich, und ihr wurde das Haar gestreichelt.

»Sammy?«

Sie schlug die Augen wieder auf. Weit über ihr erkannte sie Nicoles Gesicht. Sie hatte die Stirn gerunzelt.

»Meine Güte, du bist betrunken!«, rief sie.

»Bin ich. Und es gefällt mir, Nicky. Du solltest es auch mal ausprobieren.«

Als das grässliche Gespenst mit Nicoles Gesicht verschwunden war, setzte sich das Zimmer wieder sanft in Bewegung. In ihr drin war alles wie Honig, warm und klebrig. Die Flasche mit dem weniger süßen Getränk war jetzt bei ihr gelandet, sie trank einen Schluck, legte sich wieder hin, schloss die Augen.

»Du bist dran, Sam«, brüllte Danny sie an, Minuten, Stunden, Tage später.

»Pflicht«, sagte Samantha und richtete sich auf. Sie hatte zwar Lust auf eine riskante Aufgabe, aber ihr war so schwindelig.

»Zwei Minuten mit Jamie im Kleiderschrank«, verkündete Danny. Die anderen jubelten.

»Okey-dokey«, sagte Samantha. Doch als sie aufstehen wollte, geriet sie sofort ins Straucheln. »Hoppla!«

Jamie zog sie hoch. »Hier entlang, Mylady«, sagte er. Er sah ein bisschen aus wie Matthew Broderick, und beim Gedanken an die sanfte Berührung seiner Lippen spürte sie ein leichtes Kribbeln. Sie stolperten in den begehbaren Kleiderschrank, und als Danny die Türen schloss, jubelten die anderen erneut.

»Was sollen wir hier jetzt machen?«, flüsterte Samantha.

»Keine Ahnung. Kann ich deine Brust anfassen?«

»Okay.«

Jamie tastete sich vor, bis er ihre linke Brust gefunden hatte. Er knetete sie wie einen Teigklumpen.

»Aua!«, rief Samantha.

Mittlerweile war Jamie an ihrer Jeans angelangt. Er fummelte an ihrem Knopf herum, dann schob er die Hand in ihren Bund, als wollte er ihre Bluse festziehen.

Jemand riss die Tür auf. »Die Zeit ist noch nicht abgelaufen!«, protestierte Jamie, zog seine Hand aber rasch wieder aus Samanthas Hose.

Vor der Tür stand allerdings nicht Danny, sondern Tina. Selbst durch den Alkoholschleier hindurch erkannte Samantha, dass sie wütend war, nein, ihre Mutter war fuchsteufelswild.

»Abmarsch, junge Dame!«, sagte sie und zerrte Samantha aus dem Schrank. Sie klang wie eine dieser wild gewordenen Furienmütter aus dem Fernsehen.

»Und du«, sagte sie zu Jamie, »wenn du noch ein Mal über ein betrunkenes Mädchen herfällst, du kleiner Scheißkerl, dann komme ich persönlich bei dir vorbei und schneide dir mit der schärfsten Schere, die ich finden kann, die Eier ab.«

Jamie wich zurück. Samantha stellte sich vor, wie er sich unter Tinas bösem Blick in einen Frosch verwandelte.

»Okay, wir gehen!« Tina bugsierte Samantha am Ellbogen aus dem Haus und auf den Gehweg, wo Nicole bereits wartete. »Du brauchst frische Luft.«

»*Du* brauchst frische Luft«, gab Samantha zurück.

»Was soll das heißen?«

»Du bist bestimmt betrunkener als ich. Du bist doch dauerbesoffen!«

»Hör auf!« Nicole drängte sich zwischen Samantha und Tina. *»Bitte!«*

»Auf geht's!« Tina fasste Samantha am Ellbogen, den Mund zu einer schmalen Linie verkniffen.

»Moment.« Samantha blieb stehen. »Ich habe meine Tasche vergessen, muss noch mal zurück ins Haus.« Die Tasche war ihr völlig egal. Sie wollte nur zurück zur Party und zu Jamie.

»Könntest du bitte ihre Tasche holen, Nic?«, fragte Tina. Voller Neid sah Samantha ihre Schwester im Haus verschwinden. »Kann ich nicht auch?«, bettelte sie. »Das hat solchen Spaß gemacht!«

»Ich glaube, für heute hattest du genug Spaß.«

»Du kannst mir nicht den Spaß verbieten! Und das Trinken auch nicht. Ich find's super. Betrunken sein ist super. Endlich fühle ich mich so, wie ich in echt bin.«

Tina packte sie an den Schultern. »Tu das nicht, Samantha. Werde nicht wie ich.«

»Nie im Leben werde ich wie du, du armselige alte Säuferin«, schleuderte Samantha ihr entgegen. »Dad wollte dich nicht, und ich will dich auch nicht.«

Ihre Wange brannte sofort, aber es dauerte ein paar Sekunden, bis Samantha verstand, warum. »Du hast mich geschlagen«, sagte sie langsam, die Hand am Gesicht, obwohl der Schmerz viel tiefer saß. Sie brach in Tränen aus.

»Tut mir leid, mein kleiner Schatz! Tut mir so leid!« Tina versuchte, Samantha in den Arm zu nehmen, doch sie stieß ihre Mutter weg und rannte weinend in die Dunkelheit, die Hand immer noch an ihrem tränennassen Gesicht.

Sie landete in einem Park. Nachdem sie ausgiebig in ein Blumenbeet gekotzt hatte, wankte sie zum Spielplatz und legte sich in einen grellgelben Plastiktunnel. Der Alkohol wärmte sie schon lange nicht mehr, sie fror, und ihr war schlecht. Sie wollte in ihr Bett. Sie wollte Dad. Sogar Mum wollte sie. Nicht die wütende, tobende Mum von vorhin, sondern die grinsende, lachende, die zu lauter Musik durch die Wohnung tanzte und sie abends ins Bett brachte.

Sie schloss die Augen und ließ sich von ihrer Übelkeit und dem Rausch in den Schlaf wiegen.

»SAMANTHA!«

Die ferne Stimme ihres Vaters riss sie aus ihrem Dusel. Sie rappelte sich auf und kroch aus dem Tunnel. Ihre Jeans stand immer noch offen, dort, wo Jamie seine Hand reingeschoben hatte. Nachdem sie sie wieder zugeknöpft und ihre Jacke zurechtgezogen hatte, holte sie tief Luft.

»Dad!«, rief sie mit dünner Stimme.

Craig kam aus der Dunkelheit auf sie zugerannt. »Da bist du! Meine Güte, ich habe mir solche Sorgen gemacht. Überall habe ich nach dir gesucht.«

»Warum suchst du nach mir?«

»Deine Mutter hat mich angerufen. Sie hat mir gesagt, dass du weggelaufen bist, in den Park. Sie meinte, du wärst betrunken.«

»*Sie* ist betrunken!« Samantha bemühte sich, wütend zu klingen. Aber es wollte ihr nicht gelingen.

»Wir bringen dich jetzt erst mal nach Hause«, sagte Craig.

Sein Wagen war um die Ecke geparkt. Sie fuhren durch die dunklen Straßen nach Mount Lawley, wo Donna-Louise bereits wartete. »Ojemine!«, sagte sie bei Samanthas Anblick. Sie legte ihr zögerlich den Arm um die Schultern und brachte sie ins mittlere Schlafzimmer, wo schon ein frisch bezogenes Bett wartete. Samantha hörte Craig am Telefon im Flur, aber seine Worte drangen nicht durch den immer noch dichten Alkoholnebel zu ihr vor.

Donna-Louise saß auf der Bettkante. »Hier ist ein Glas Wasser für dich«, sagte sie. »Und ein Eimer. Falls du ihn brauchst.«

Der Eimer stand auf einer Plastikfolie am Boden.

»Tut mir leid«, sagte Samantha kleinlaut.

»Ist schon gut. Jeder macht mal Fehler«, erwiderte Donna-Louise. »Wichtig ist nur, dass man sie nicht wiederholt.«

Craig erschien im Türrahmen, das Telefonat war offenbar beendet. »Wie geht es meinem Mädchen?«

»Wird schon wieder«, sagte Donna-Louise. »Stimmt's?«

Samantha nickte.

»DL, könnte ich kurz mit dir sprechen?«, fragte Craig.

Die beiden verließen das Zimmer. Samantha hörte sie draußen flüstern, ihre Stimmen rieselten ihr wie Sand durchs Hirn. Sie schloss die Augen und dämmerte langsam weg.

Plötzlich stand Craig an ihrem Bett und nahm ihre Hand. »Ich habe mit Tina und gerade auch mit DL gesprochen, und wir sind übereingekommen, dass es besser für dich ist, wenn du eine Weile bei uns bleibst. Solange du willst.«

Samantha hatte nicht die Kraft, etwas zu erwidern. Stattdessen schloss sie wieder die Augen und gab sich komplett dem Schlaf hin.

Am nächsten Morgen war sie noch immer benebelt, und ihr Mund war staubtrocken. An die meisten Ereignisse des vergangenen Abends konnte sie sich nicht mehr erinnern.

Aber eines wusste sie noch: die Ohrfeige.

Diese Ohrfeige würde sie nie vergessen.

Nicole

»Wir versuchen es noch einmal mit IVF«, verkündete Celine am Telefon.

»Gut so!«, erwiderte ich. »Hast du dir schon überlegt, es bei einer anderen Klinik zu versuchen? Wenn du willst, kann ich kann dir die Liste geben, die Jethro aufgestellt hat. Sie ist zwar nicht mehr ganz aktuell, aber schon mal ein guter Anfang.«

»Das wäre super, danke«, sagte Celine. »Weißt du, es ist wirklich schön, so offen mit dir darüber zu reden. Es ist fast so, als wären wir Schwestern.«

Celine war völlig schief gewickelt, offenbar hatte sie keine Ahnung, wie Samantha und ich miteinander redeten. »Ich bin froh, dass ich dir helfen kann, Celine; ich weiß, wie schwer das ist.«

»Ich bin dir sehr dankbar. Einmal habe ich versucht, mit Samantha zu sprechen, kurz nach Rosemarys Geburt, aber sie hat mir nur erzählt, Mutter zu sein wäre gar nicht so toll, wie alle immer tun.«

Diesen Spruch hatte Samantha mir gegenüber auch schon ein paarmal rausgehauen. Es nervte mich, dass sie so tat, als wäre das Muttersein ein großes Geheimnis, in das ich nie eingeweiht werden würde.

»Darf ich dich um einen Gefallen bitten?«, fragte Celine. »Von Schwester zu Schwester sozusagen?«

Es kostete einige Überwindung, die zweite Schwester-Anspielung zu ignorieren, aber ich atmete einmal tief durch und sagte: »Klar.«

»Würdet ihr Craig zum Mittagessen einladen, du und Samantha? Ich bekomme hier die volle Aufmerksamkeit, aber er hat eigentlich nur Kollegen, keine Freunde. Ich glaube, er würde sich gern mal aussprechen.«

Wieder war Celine schief gewickelt, denn das hier war kein Gefallen unter Schwestern, sondern einer zwischen Stiefmutter und Stieftochter. Eine Schwester bat die andere nicht, ihren Gatten, der in Wahrheit der Vater der anderen war, zum Essen auszuführen. Jemand sollte sich mal einen Moment Zeit nehmen, um Celine das alles genauer zu erklären. Ich würde das allerdings nicht tun.

»Sicher. Ich telefoniere mal mit Sammy.«

»Super. Ich würde sie ja selbst fragen, aber sie kann ein bisschen …«

»… biestig sein?«

»Ja. Danke, *Schwesterherz*.«

Autsch!

Gleich nach dem Gespräch hängte ich mich ans Telefon, bevor sich mein Vorsatz wieder verflüchtigte. Seit unserem Streit in Mums Wohnung hatte ich Samantha gemieden. Was auch immer zwischen ihr und Trent brodelte, war mir gerade eine Nummer zu groß und zu komplex. Ich war noch nicht mal bereit, darüber zu reden, auch nicht mit Jethro.

Samantha ging sofort ran. »Was ist los?«

»Ich habe gerade mit Celine gesprochen, und sie bittet uns, Dad zum Mittagessen einzuladen. Sie meinte, er wäre seit der Fehlgeburt ein bisschen down.«

»Wie schön zu hören, dass Celine und du euch so viel nähergekommen seid. Geht ihr jetzt offiziell miteinander?« Samanthas

Stimme klang seltsam, als müsste sie sich sehr konzentrieren, um die Worte einzeln auszusprechen.

»Ja, wir haben uns tatsächlich intensiv unterhalten«, gab ich zu. Seit ihrer Entlassung aus dem Krankenhaus hatte Celine mich täglich angerufen, was mir ein bisschen Sorge bereitete. Wenn sie sich nur auf mich verließ, würde ich sie zwangsläufig irgendwann enttäuschen, genau wie es immer passierte. »Also, kommst du am Samstag mit uns zum Mittagessen? Ich dachte, dann könnten wir auch gleich diese Sache abhaken.«

»Prima Idee! In seinem früheren Liebesleben herumzubohren bringt ihn sicher auf fröhlichere Gedanken.«

»Jetzt sei nicht so, Sam! Sag einfach, dass du mitkommst. *Bitte?*«

»Ja, okay. Aber nur, weil du mich so nett bittest.«

»Was?«

»Weil du mich so nett bittest, mit deiner netten Bittstimme.«

»Ist bei dir alles okay?«

»Jaja, alles paletti, aber ich muss jetzt Schluss machen«, sagte sie und legte auf.

Das gefiel mir ganz und gar nicht. Meine Schwester klang wie eine Fremde, die sich als Samantha ausgab.

Am darauffolgenden Samstag trudelte ich um kurz nach zwölf in Mount Lawley ein. Celine begrüßte mich im Morgenmantel, aber sie war bereits perfekt geschminkt.

»Wie findest du es?«, sagte sie und klimperte mit den falschen Wimpern. »F'nelle hat mir im Krankenhaus eine neue Lidschattenpalette mitgebracht, ich habe mich gerade ein bisschen ausgetobt.«

»Hm, die Farben bringen deine Augen zum Explodieren«, sagte ich, froh, dass ich F'nelles Worte von der Hochzeit noch im Ohr hatte.

Celine strahlte und riss die Tür weiter auf. »Komm rein. Craig holt gerade seine Jacke.«

Wir gingen über den Flur, aber Celine blieb vor dem Zimmer stehen, das vor Mums und Dads Trennung mir und Samantha gehört hatte. »Wir haben angefangen, das Zimmer zu renovieren«, sagte Celine, dann senkte sie die Stimme »Fürs Baby.« Sie schob die Tür auf, als wäre es der große Nachher-Moment in einer dieser Umgestaltungsshows, allerdings präsentierte sie mir nichts als kahle Wände. Der Teppich war bis auf den Estrich herausgerissen worden, genau wie die Einbauten.

»Die Stuckrose an der Decke ...«, setzte ich an, meine Stimme nur noch ein Flüstern. Das Zimmer, in dem ich aufgewachsen war, war völlig zerstört. Es schmerzte mehr als Tante Megs Enthüllung im Blue Duck.

Aber dann sah ich Celines Miene und merkte, wie egoistisch ich war. Sie trauerte um eine Kindheit, die in diesem Zimmer vielleicht nie stattfinden würde. Als ich ihr die Hand auf den Arm legte, lächelte sie leicht, schloss die Tür wieder und führte mich weiter ins Wohnzimmer.

»Oh!«, rief ich beim Eintreten. Mein letzter Besuch lag schon ewig zurück, zu Tinas Zeiten standen dort Möbel aus den Fünfzigern, unter Donna-Louises Führung herrschten Fifty Shades of Beige, aber jetzt strahlte alles in bunten Farben. Überall lagen Wurfkissen.

»Das sieht ja wirklich toll aus, was du hier gemacht hast«, bemerkte ich in der Hoffnung, sie ein bisschen aufzumuntern. Das Kompliment funktionierte offenbar, denn sie strahlte wieder, heller als alle Wurfkissen zusammen. »Danke dir! Ich habe das Farbschema verändert. Ich glaube, es funktioniert, aber Craig ist es zu unruhig. Er meinte, er kriegt Kopfweh davon.«

»Und deswegen trage ich jetzt auch im Haus meine Sonnenbrille«, sagte Dad, der hinter uns ins Zimmer getreten war. Sein Haar war noch duschfeucht, was ihn alt und hutzelig aussehen ließ. »Hallo, mein Schatz.« Er umarmte mich flüchtig. »Wohin bringt ihr mich?«

»Jethro hat uns bei Coco's einen Tisch reserviert. Sammy trifft uns dort.«

»Coco's? Ihr lasst's aber krachen!«, bemerkte Celine, offensichtlich beeindruckt. Sie betrachtete Craig kritisch. »Vielleicht solltest du doch eine Krawatte anziehen?«

»So elegant ist das da nicht«, sagte ich. »Was er anhat, ist wunderbar.«

Ich wurde langsam etwas kribbelig, denn ich wusste, dass Samantha nie zu spät kam und sich tierisch aufregen würde, wenn sie zu lange auf uns warten müsste.

»Ich dachte, wir hatten eins gesagt«, waren dann auch die ersten Worte, mit denen Samantha uns vor dem Restaurant begrüßte. Dabei war es gerade mal fünf nach. »Und wie bist du bitte an eine Reservierung gekommen?« Sie sprach gedämpft, als würde sie gleich eine Kirche betreten. Mir reichte es langsam.

»Ich habe angerufen und einen Tisch reserviert«, sagte ich achselzuckend. »Und was soll das ganze Getue wegen Coco's? Ich habe schon in viel exklusiveren Restaurants gegessen.«

Ich war ziemlich sicher, dass Samantha eine Grimasse schnitt, bevor sie sich ein Pfefferminzdragee in den Mund schob.

Drinnen führte uns der Oberkellner an einen Fenstertisch. »Nett hier«, sagte Dad.

Samantha studierte bereits die Speisekarte. »Bisschen teuer«, bemerkte sie.

»Das geht auf mich. Ihr seid eingeladen«, sagte ich, schließlich hatte Samantha mich damals, als ich noch allein in Inglewood wohnte, ständig eingeladen. Es fühlte sich gut an, dass ich mich jetzt revanchieren konnte.

»Du meinst, es geht auf Jethro«, sagte Samantha mit einem kurzen Lachen, das mir in der Seele wehtat.

»Ist auch egal«, sagte ich, um einen ungerührten Ton bemüht, »es trifft jedenfalls keinen von euch.«

»Danke dir, mein Schatz.« Dad legte mir die Hand auf den Arm. Ich lächelte. Wenigstens einer wusste meine Geste zu schätzen.

Der Kellner kam und nahm unsere Bestellungen entgegen. Ich orderte Pasta, aber Dad und Samantha waren immer noch in die Speisekarte vertieft.

»Ich nehme den Atlantiklachs«, sagte Samantha schließlich. Sie hatte zwar ein Problem mit Jethros Geld, aber das hielt sie nicht davon ab, das teuerste Gericht auf der Karte zu wählen.

»Ich nehme das Sirloin-Steak mit Pilzsoße«, sagte Dad und zwinkerte mir zu. »Celine muss ja nichts von der Soße wissen.«

»Möchten Sie Wein dazu?«, fragte der Kellner.

Bevor Dad antworten konnte, hatte Samantha schon den Mund aufgerissen. »Nein, danke, wir nehmen eine Flasche Mineralwasser, mit Kohlensäure, bitte.«

Dad und ich starrten Samantha an.

»Was?«, fragte sie. »Es ist mitten am Tag. Ihr seid doch keine *Säufer*!«

Und du hast mir gar nichts zu sagen, dachte ich, leicht trotzig.

Ein paar Tische weiter trank ein Pärchen seinen Wein, während ihre Tochter auf dem iPad *Dora* schaute, und zwar auf voller Lautstärke.

»Privatfernseher gehören nicht ins Restaurant«, murmelte Dad.

»Das ist kein Fernseher«, korrigierte Samantha ihn, »sondern ein iPad.«

»Egal, was es ist, das Kind sollte jedenfalls nicht davor hocken.«

»Vielleicht ist das ihre einzige Möglichkeit, ungestört essen zu gehen.«

»Wenn sie genug Geld haben, um hier zu essen, dann haben sie auch genug, einen Babysitter zu bezahlen.«

»Vielleicht wollen sie aber mit ihrem Kind essen«, entgegnete Samantha. »Lass sie doch einfach. Manche Eltern sind mit ihren Kindern überfordert.«

Samanthas Abwehrhaltung überraschte mich nicht, denn Rosemary hatte auch ständig an ihren Geräten geklebt. Allerdings hatte ich immer gedacht, es läge daran, dass sie und Trent ihrem Kind nichts abschlagen konnten. Dass sie überfordert gewesen sein könnten, war mir nicht in den Sinn gekommen.

Dad entschuldigte sich und ging zur Toilette.

Samantha beugte sich vor. »Wann fragst du ihn?«

»Ich dachte, diesmal bist du dran.«

»Wieso ich? Du hast dieses Mittagessen angeleiert, du gehörst zum Team Meg.«

Ich seufzte. Natürlich hatte sie recht, aber das machte es auch nicht leichter. Dass Samantha seit Tinas Tod neuerdings alles an mich delegierte, machte mich langsam fertig. Als der Kellner mit dem Mineralwasser kam, wünschte ich inständig, ich hätte Wein bestellen dürfen.

»Hier strullert Mann mit Stil«, bemerkte Dad, als er an unseren Tisch zurückkehrte. Ich hatte fast vergessen, dass Dad früher regelmäßig »strullern« gesagt hatte, bis Donna-Louise auf den Plan getreten war, die dieses Wort abscheulich fand.

Ich wollte das leidige Thema gerade anschneiden, als Dad meine Hand ergriff. »Nicky, ich habe lange über das Gespräch nachgedacht, das wir im Queens begonnen hatten. Und über deine Frage.«

Für einen kurzen Moment war ich erleichtert, dass er selbst das Thema ansprach, aber beim Gedanken an die bevorstehende Antwort war die Anspannung sofort wieder da.

»Es tut mir leid, dass ich nichts dazu gesagt habe. Natürlich hatte es mit Celines Anruf zu tun, aber auch damit, dass ich seit mehr als dreißig Jahren Angst vor dieser Frage habe.«

Ich sah zu Samantha rüber, aber ihr Blick war starr auf Dad gerichtet.

»Du wolltest wissen, ob es stimmt, dass Meg und ich eine Affäre hatten«, setzte er an, griff aber zunächst zu seinem Glas und trank, bevor er weitersprach. »Das ist ein seltsames Wort, *Affäre*.

Wenn man es in der Politik oder in den Nachrichten hört, wirkt es sehr gewichtig. *Spendenaffäre. Staatsaffäre, Bestechungsaffäre.* Aber im Zusammenhang mit Herzensangelegenheiten wirkt es sofort schmuddelig.«

Als er erneut einen Schluck trank und auf den Fluss und die Stadt hinausblickte, fragte ich mich, ob jetzt der Werbeblock käme. Er zögerte die Antwort länger hinaus als das Finale jeder mir bekannten Realityshow. Und davon hatte ich eine Menge gesehen. »Ja?«, sagte ich, langsam ungeduldig.

»Ja, und ... tja. In dieser besonderen Angelegenheit ist es durchaus angemessen, Schmuddeligkeit zu unterstellen.«

»Angemessen?« Ich war verwirrt. Seine Antwort kam von hinten durchs Knopfloch.

Dad betrachtete seine Hände. »Ja, ich habe Tina mit Meg betrogen. Und nicht nur mit Meg. Mit anderen auch, es waren um die acht«, sagte er leise, sein Showmaster-Getue war jetzt verschwunden. »Ich bin nicht stolz darauf. Und ich habe mich oft gefragt, ob Gott mich dafür bestrafen wollte, indem er uns das Baby weggenommen hat.«

»Gott?« Dieses Wort hatte ich Dad nur ein einziges Mal sagen hören, und das war bei der Trauung mit Celine.

»Ich gehe öfter mit Cee-Cee in die Kirche.«

»Jesses«, entfuhr es mir.

»Ich bin nicht stolz auf mein Benehmen«, fuhr Dad fort. »Überhaupt nicht. Tina war wunderbar, aber sie war auch wild und unberechenbar. Ich habe sie überredet, mich zu heiraten, weil ich hoffte, sie damit zu bändigen. Aber das ist mir nicht gelungen. Also hatte ich kleinere Affären mit Frauen, bei denen ich mir einbilden konnte, sie zu kontrollieren.«

»Aber mit Mums *Schwester*?«, fragte ich. Ich hatte Meg zwar geglaubt, fand es aber trotzdem schwierig, die Wahrheit zu hören.

»Die beiden waren sich so ähnlich, damals waren sie fast wie Zwillinge. Meg war allerdings ein bisschen fügsamer als Tina.

Sie hatte in der Vergangenheit ein unglückliches Händchen bei der Partnerwahl bewiesen und war das, was man gemeinhin als ›leichte Beute‹ bezeichnet.« Wieder trank er einen Schluck. »Natürlich hab ich das damals nicht explizit gedacht, es war mehr ein Instinkt. Der Seelsorger der Kirche hat mir geholfen, es besser zu verstehen.«

Ich sah, wie sich Samanthas Brauen beim Wort »Seelsorger« hoben.

»Als ich ihm von deiner Frage erzählt habe, haben wir gemeinsam gebetet. Danach war mir klar, dass ich eine ehrliche Antwort geben musste. Ich bedaure es zutiefst, dass ich Tina gegenüber nie ehrlich war und nie die Verantwortung für meinen Anteil an unserer Trennung übernommen habe. Stattdessen habe ich mir eingeredet, dass ich mich mies verhielt, weil Tina nicht gut für mich war. Auf bestimmte Weise traf das ja auch zu.«

»Wieso das?«, fragte ich.

»Als Kind habe ich einen Wutanfall bekommen, wenn ich über den Rand gemalt hatte. Du warst genauso, nicht, Sammy?«

Samantha nickte.

»Ich habe mir eingeredet, dass Tina wie diese übermalten Ränder war, sie war nicht gut für mich, weil ich Ordnung brauchte. Tatsächlich war das der Grund, warum wir dich zu uns geholt haben, DL und ich. Weil du genauso dringend Ordnung brauchtest.«

»Und ich? Was war mit mir? Wieso war es okay, mich einfach zurückzulassen?« Erst als mir diese Worte einfach aus dem Mund gepurzelt waren, fiel mir auf, dass ich es noch nie so formuliert hatte. *Zurückgelassen.* Normalerweise warf ich Samantha vor, dass sie mich und Mum verlassen hatte.

»Du hast sie immer verstanden«, antwortete Dad. »Mit dir ging es ihr gut. Oder zumindest ging es ihr mit dir besser als ohne dich. Ohne dich hätte sie sich vermutlich schneller zu Tode getrunken.«

»Und übermalte Ränder waren dir immer egal«, warf Samantha ein, als ging es hier nur um beschissene Ausmalbilder.

»Tina war kein Malbuch, sie war ein Mensch, und sie war deine Frau. Du hast mit ihrer *Schwester* geschlafen, Dad!«

»Ich weiß. Bitte, verzeiht mir.« Er senkte den Kopf, als würde er beten.

»Was ist mit Donna-Louise?«, fragte Samantha. Sie war kreidebleich. »Hast du sie auch betrogen?«

Craig fummelte mit seiner Serviette herum. »DL war das Gegenteil von Tina. Jahrelang hatte ich das Gefühl, mit Tina komplett haltlos durchs Leben zu taumeln, deshalb empfand ich DL als ungemein ... stabilisierend. Aber dann ist mir ein Fehler unterlaufen. DL hat es gemerkt und mich verlassen.«

»Deswegen habt ihr euch also getrennt? Weil du mit einer anderen geschlafen hast?«, fragte Samantha.

»Es ist kompliziert«, sagte Dad, den Blick gesenkt. »Da war dieses eine Mal ...«

»Ich fasse es nicht! Dass du Donna-Louise das angetan hast, nach allem, was sie für dich gemacht hat, für uns gemacht hat!« Samanthas Stimme wurde wütender, genau wie ich.

»Was ist mit Mum?«, fuhr ich sie an. Wir waren mittlerweile lauter als *Dora.* »Du hast Dad doch gerade gehört: Während er mit Tina zusammen war, hat er nicht nur mit einer, sondern mit acht anderen Frauen geschlafen. Und eine davon war ihre eigene Schwester.«

»Als ob Tina das überhaupt aufgefallen wäre. Wenn sie nicht ständig besoffen gewesen wäre, hätte sie Dad vielleicht mehr Aufmerksamkeit geschenkt, und er hätte nicht mit anderen schlafen müssen.«

»Meine Güte, Samantha! Du bist wohl in den Fünfzigerjahren stehen geblieben, und Geschlechtergerechtigkeit ist für dich ein Fremdwort.«

»Mädchen, Mädchen!« Dad berührte uns beide am Arm, um uns zu beruhigen.

»Fass mich nicht an!« Samantha schüttelte seine Hand ab und

sprang auf. »Ich werde dir nie verzeihen, was du Donna-Louise angetan hast.«

»Aber unsere Mutter ist dir egal?« Ich sah rot. Nach all diesen Jahren, und obwohl wir Mum gerade beerdigt hatten, stand sie immer noch auf Donna-Louises Seite.

»Sie war doch immer nur *deine* Mutter!«, zischte Samantha.

Als sie zur Tür stürmte, fragte ich mich, ob ich je wieder mit meiner Schwester essen könnte, ohne dass sie mittendrin aufsprang und davonlief. Jetzt hatte sich auch Dad erhoben. Ohne mir auch nur einen Blick zu zollen, schnappte er seine Jacke und lief Samantha hinterher.

»Sammy!«, rief er. »Lass mich erklären!«

Ich blieb allein am Tisch zurück und versuchte zu ignorieren, dass mich das halbe Restaurant anstarrte, während der Kellner unsere Bestellung servierte.

»Könnten Sie die Gerichte der anderen beiden bitte zum Mitnehmen einpacken?«, fragte ich. »Und ich hätte gern die Weinkarte.«

»Aber sicher, Madam«, erwiderte der Kellner und räumte Steak und Lachs ohne ein Wort wieder ab.

Drüben am Nebentisch war das iPad mittlerweile weggepackt worden, und das kleine Mädchen schlief in den Armen seines Vaters, während der versuchte, mit einer Hand zu essen. Ich wünschte, Dad würde zurückkehren, hätte mich überhaupt nicht erst sitzen lassen, sich nicht für Samantha und gegen mich entschieden.

Wieder mal.

Ich aß eine Gabel voll Pasta, und während ich langsam darauf herumkaute, ließ ich den Blick über Perth und den Fluss schweifen, der ungerührt in der Sonne vor sich hin glitzerte.

Teil Nr. 15: 1999

Zum zigsten Mal lief das Video vom Großen Roten Auto, und Dorothys Stimme sägte allmählich an Samanthas Nerven.

Das ging jetzt schon seit Wochen so. Wochen mit endlosen, immer gleichen Tagen: Aufstehen, Frühstück, *Wiggles*, Spaziergang, *Wiggles*, Mittagessen, *Wiggles*, Mittagsschlaf, *Wiggles*, Abendessen, *Wiggles*, Badewanne, Bett. Und wieder von vorn.

Aber heute war es schlimmer als je zuvor. Rosemary war schon vor sechs aufgewacht – ausgerechnet an Trents Ausschlaftag – und hatte in den zwölf Stunden seitdem noch nicht mal eine Stunde Mittagsschlaf gemacht. In der Zeit hatte Samantha die Küche aufgeräumt und Wäsche aufgehängt. Danach hatte sie sich hingelegt. Aber kaum hatte ihr Kopf das Kissen berührt, schrie Rosemary aus dem Kinderzimmer. Auch Samantha musste schreien, aber sie tat es ins Kissen.

Jetzt stand sie vor diesem kleinen Mädchen mit seiner geballten Entschlossenheit, das nie tat, was Samantha von ihm wollte, nie schlief, wenn es schlafen sollte, nie das aß, was Samantha ihm kochte. Sogar die von Samantha ausgesuchte Kleidung lehnte ihre Tochter ab, stattdessen trug sie lieber Samtleggins mit pinkem Ballettröckchen und Piraten-T-Shirt.

»Sie ist dickköpfig wie ihre Mutter«, erzählte Trent den Leuten, als wäre das irgendwie bewundernswert. Samantha fürchtete allerdings, dass Rosemary ihren Dickschädel von ihrer Großmutter geerbt hatte. Von Tina.

Als sich die Zeiger der Wanduhr auf sechs Uhr zubewegten, entspannte sich Samantha langsam. Trent würde bald heimkommen, zeitgleich mit der Erkennungsmelodie von *Nachbarn,* dann würde er sich Rosemary schnappen, um sie zu baden, damit Samantha zur Belohnung für den langen Tag in Ruhe ihre Serie schauen konnte. Es war nicht viel, aber diese Zeit gehörte ihr.

Doch dann klingelte das Telefon.

Ein Anruf um diese Zeit war kein gutes Zeichen. Sie ging trotzdem ran, in der Hoffnung, es möge Trent aus dem Supermarkt sein, der wissen wollte, welches Eis er für sie mitbringen sollte.

»Hallo?«

»Hi, Sammy«, sagte Trent. Er klang müde.

»Du bist noch auf der Arbeit.« Es war keine Frage, sondern eine tief enttäuschte Feststellung.

»Ja. Ich muss warten, bis die neuen Fixes live gehen«, erklärte er. »Tut mir echt leid, Sammy.«

Möglich, aber es tat ihm sicher nicht so leid wie ihr.

»Daddy kommt heute später von der Arbeit«, erklärte Samantha ihrer Tochter, nachdem sie aufgelegt hatte. »Komm, wir schauen uns zusammen Mummys Serie an!«

Rosemary verschränkte die Arme und zog einen Flunsch. »Nein!«, sagte sie. *»Wiggles!«*

»Jetzt ist Mummy dran.«

»Wiggles!«

Als Samantha den Sender wechselte, hielt sich Rosemary die Ohren zu und kreischte drauflos. *»Wiiiiggles!«*

Samantha schloss die Augen und zählte stumm bis zehn. Immer, wenn sie mit Rosemarys eisernem Willen konfrontiert wurde, rührte sich die Andere Samantha wie ein uralter Dämon, bereit, sich in die Schlacht zu stürzen.

»Okay, Schatz«, sagte sie, als der Moment vorüber war und sie die Augen wieder geöffnet hatte. »Dann schauen wir noch ein bisschen *Wiggles*.«

Als sie auf die Wiedergabetaste des Videorekorders drückte, dachte sie daran, dass in allen Erziehungsratgebern stand, wie wichtig Konsequenz und Beständigkeit waren. Momentan war sie ungefähr so beständig wie nasses Toilettenpapier.

Sie legte sich neben ihre herumtanzende Tochter auf den Teppich und schloss erneut die Augen. In Gedanken kehrte sie zurück zu dem Tag, als Rosemary geboren wurde, und sie fragte sich, ob alles anders wäre, wenn sie es damals irgendwie geschafft hätte, ihre Tochter wie von ihr geplant auf die Welt zu bringen, statt sich aufschlitzen zu lassen wie eine Wassermelone an einem heißen Nachmittag.

Sie wusste noch, wie sie in ihrem Krankenbett saß und um sie herum alle so taten, als wäre die Ankunft des Babys ein Anlass zum Feiern und nicht das Ende ihres bisherigen Lebens. Sogar Champagner hatten sie mitgebracht, nicht zu fassen. Unvergesslich war allerdings auch dieser Geschmack gewesen, wie Sternenfunkeln, wie ein Funken Hoffnung an einem dunklen Tag. Jetzt, zum zweiten Mal in fast fünfzehn Jahren Abstinenz, erfasste sie bei diesem Gedanken der große Drang, sich einen Drink zu genehmigen.

»Los, wir tanzen!«, rief Rosemary und hüpfte vor ihr herum. Wäre ihre Tochter älter, würde Samantha schwören, dass sie ihrer Mutter mit Absicht reinreiben wollte, dass sie die *Wiggles* ansahen und nicht ihre Serie.

»Los, wir trinken!«, rief Samantha zurück, stand auf und tänzelte zum Schrank, in dem Trent die alkoholischen Getränke aufbewahrte, die von seinem Geburtstag übrig geblieben waren. Sie hatte ihm nach einigem Zögern erlaubt, seinen Fünfundzwanzigsten mit Cocktails für seine Gäste zu feiern, solange er selbst keine trank. Jetzt war sie heilfroh darüber, auch wenn nur eine halb leere Flasche Gin und eine ungeöffnete Flasche Curaçao übrig geblieben waren.

Sie leerte den Gin in einem Zug. Obwohl er wie abgestandenes Blumenwasser schmeckte, ging er runter wie Öl. Rasch drehte sie den Verschluss von der nächsten Flasche, schnupperte daran und verzog das Gesicht. Nein, auf keinen Fall. Wie etwas so Blaues so nach Orange schmecken konnte, war ihr unverständlich. Aber als sie es in die Spüle goss, bedauerte sie es sofort. Was könnte sie jetzt noch trinken?

Ihr Blick wanderte von der Uhr zum Fernseher. Captain Feathersword war fast fertig mit seinem »Nicky Nacky Nocky Noo«, danach kamen nur noch »Dorothys Party« und das unvermeidliche »Große Rote Auto«. Wenn sie bis zum Ende wartete, bliebe ihr noch genug Zeit, um Rosemary vor Trents Rückkehr ins Auto zu verfrachten und mit ihr zum Getränkemarkt zu fahren.

Zum ersten Mal seit Monaten empfand sie so etwas wie Lebensfreude.

Es machte ihr nicht einmal was aus, dass Rosemary schon darauf bestand, auf der Fahrt die *Wiggles* zu hören, bevor Samantha auch nur den Motor gestartet hatte. Das bisschen Alkohol würde ihr sicher helfen, Dorothys Gekreische auszublenden.

Als sie auf den Parkplatz des Drive-through-Getränkemarkts fuhr, stellte sie beim Blick in den Rückspiegel fest, dass Rosemary auf der rund fünfminütigen Fahrt eingeschlafen war. Ihre Stimmung sackte in den Keller. Wenn Rosemary jetzt schlief, würde sie sie später nicht ins Bett bekommen. Aber das wäre dann Trents Problem. Das war er ihr schuldig, wenn er so spät heimkam.

Als der Verkäufer auf ihren Wagen zukam, kurbelte sie die Scheibe herunter. »Was kann ich für Sie tun?«, fragte er.

Sie ließ den Blick über die Regale schweifen, hatte aber keine Ahnung, was sie kaufen sollte. Alle Getränke sahen gleich aus.

Eine Flasche erregte schließlich ihre Aufmerksamkeit. »Was ist das da mit dem roten Plastikhut drauf?«

»Tequila«, sagte er. »Wenn Sie mich fragen, sollten viel mehr Flaschen einen eigenen Hut haben.«

Samantha stimmte ihm zu und bettete den Tequila vorsichtig auf den Sitz neben sich, als wäre er ein Beifahrer. Dieser rote Hut verhieß ihr ein bisschen Glück.

Als sie den Motor anließ, krakeelte Dorothy wieder drauflos, und Samantha drehte die Lautstärke auf, obwohl Rosemary immer noch schlief. Zum ersten Mal seit Ewigkeiten hatte sie das Bedürfnis mitzusingen. Die Straße erschien ihr auf einmal nicht mehr wie der Weg zurück in ihr häusliches Gefängnis. Sie fuhr und sang, und das Leben war auf einmal so viel besser.

Als sie um die nächste Ecke bog, verrutschte auf einmal alles. Irgendwas hatte sich gelöst, vielleicht im Wagen, vielleicht in ihrem Kopf, wie ein Bein, das unter dem Gewicht eines zu schweren Körpers einknickt. Der Wagen geriet ins Schleudern, und danach lief alles wie in Zeitlupe ab. Samantha kam sich vor, als wäre sie zwischen die Minuten und die Sekunden in den unendlichen Raum gerutscht, wo sie für immer herumgeschleudert wurde.

Dann blieb der Wagen stehen.

Sie sah sofort nach Rosemary, die immer noch schlief, gar nichts von der Gefahr bemerkt hatte, in die sie gerade geraten war. Rasch stieg Samantha aus dem Auto, um sich zu vergewissern, dass niemand den Unfall gesehen hatte, und bemerkte zu ihrer Erleichterung, dass die Straße leer war.

Zitternd legte sie den Gang ein. Bei der ersten Gelegenheit fuhr sie an den Straßenrand und rief Trent an.

»Bist du verletzt?«, fragte er. Seine Stimme klang gedämpft, als säße er im Bus.

»Nein.« Samantha schluckte. Da erst bemerkte sie, dass sie weinte.

»Ist der Wagen kaputt? Kannst du fahren?«

»Es ist nichts beschädigt.«

»Dann mach dir keine Sorgen.«

Aber Samantha konnte nicht aufhören zu weinen. »Ich muss ständig an den Unfall von damals denken, als Mum mit mir und Nicole auf dem Rückweg von Esperance war. Keine Ahnung, ob Mum hinterher geweint und einen Schrecken bekommen hat, weil sie uns so in Gefahr gebracht hat. Schließlich hätten wir sterben können. *Ich* hätte sterben können, wenn ich noch auf der Rückbank gesessen hätte.«

»Sie war sicher fix und fertig«, sagte Trent in beruhigendem Ton.

»Ich glaube nicht. Sie war betrunken, vergiss das nicht. Ihre Gedanken haben wahrscheinlich nur darum gekreist, wo sie ihren nächsten Drink herkriegt.«

Während sie das sagte, fiel ihr Blick auf den Tequila, der immer noch neben ihr auf dem Sitz lag und den sie immer noch trinken wollte. Nicht nur das. Wenn sie ehrlich war, wollte sie ihn gerade jetzt mehr als je zuvor. Bei dem Gedanken wurde ihr übel. Sie schnappte sich die Flasche und schob sie unter ihren Sitz, damit der Anblick sie nicht in Versuchung brachte.

Als sie in ihre kleine Auffahrt einbog, sah sie Trent von der Bushaltestelle kommen, die Arbeitstasche über der Schulter. Rosemary war aufgewacht, ihre Wangen vom Schlaf gerötet.

Samantha stellte den Motor ab und schloss die Augen. Immer noch spürte sie das Schleudern, bewegte sich irgendwo zwischen den Sekunden, in der Unendlichkeit verloren.

»Wie geht es meiner Lieblingstochter?« Trent öffnete die Beifahrertür auf Rosemarys Seite. Samantha hatte die Augen noch geschlossen. »Hast du ein bisschen geschlafen?«

»Aufwachen, Jeff!«, krähte Rosemary.

»Hey! Was ist das hier?«

Als Samantha die Augen aufschlug, sah sie Trent mit der Tequilaflasche in der Hand.

»Der war im Angebot«, log Samantha rasch. »Hab ich dir für Silvester gekauft. Ich dachte, wir könnten Paella machen und Nicole und Darren einladen. Weißt schon, eine kleine Party.«

Trent lachte nervös. »Wer bist du? Was hast du mit meiner Frau gemacht?«

»Keine Ahnung. Neues Jahrtausend, neue Samantha?«

»Okayyyyy ...« Trent zog das Wort in die Länge, während er die Flasche in seiner Tasche verstaute. »Sonst noch irgendwelche Einkäufe zum Reintragen?«

Glücklicherweise wurde er durch Rosemary abgelenkt. »Raus!«, rief sie, die Arme ausgebreitet. Trent befreite sie aus ihrem Sitz und setzte sie sich auf die Hüfte. Rosemary schlang die Arme um seinen Hals. »Ich hab Daddy lieb!«, rief sie und sah Samantha bedeutungsschwanger an. »Ich hab Daddy lieb!«, wiederholte sie.

Samantha reagierte nicht, in Gedanken zählte sie die Tage, die sie von Silvester und der Flasche Tequila trennten.

Teil Nr. 16: 1982

Seit dem Unfall in Bruce Rock war nichts mehr wie früher. Tina und Craig, die ihre Streitereien grundsätzlich hinter verschlossenen Türen ausgetragen und sich auch dann nur angezischt hatten wie die Schlangen, polterten jetzt laut brüllend und keifend durchs Haus, und es war an Nicole und Samantha, sich hinter ebenjenen Türen zu verschanzen.

Wenn sie in ihrem Zimmer waren, lag Nicole auf ihrem Bett, betrachtete die Stuckrose an der Zimmerdecke und versuchte, darin Gesichter zu entdecken, während Samantha ihre Puppe aus- und wieder anzog. Wenn es mal wieder laut krachte, weil irgendein Gegenstand an die Wand knallte und in tausend Stücke zerbrach, sah Samantha zu Nicole, die ihren Blick allerdings stets mied, denn sonst müsste sie sich der Tatsache stellen, dass ihre Eltern sich trennen würden. Nicole vergrub sich lieber in ihrer eigenen Gedankenwelt und tat so, als würde das alles nicht geschehen.

Eines Samstags trat dann Stille ein. Craig blieb im Schlafzimmer, während Tina verbissen mit einer großen Gartenschere die Rosen stutzte. Keinen von beiden schien es zu interessieren, dass Mittagszeit war. Also schlich Nicole sich in die Küche und bestrich ein paar Brote mit Vegemite, die sie und Samantha auf dem Läufer vor ihrem Bett aßen, als wäre es ein Picknick.

»Glaubst du, sie lassen sich scheiden?«, fragte Samantha, als die Brote aufgegessen waren.

»Keine Ahnung.«

»Was heißt das eigentlich genau, Scheidung?«

»Dass zwei Leute nicht mehr verheiratet sind.«

»Davinas Eltern sind geschieden.«

»Schön für sie«, sagte Nicole und bedauerte es sofort. Samanthas Augen füllten sich mit Tränen. »Mum und Dad lassen sich bestimmt nicht scheiden. Streit kommt in jeder Ehe vor.«

Nicole musste an die Paare in Liebeskomödien denken, die sich unter dem eingespielten Gelächter der Zuschauer stritten. Wenn Craig und Tina aufeinander losgingen, waren Nicole und Samantha die einzigen Zuschauer, aber zum Lachen war ihnen dabei nicht zumute.

»Davina wohnt jetzt bei ihrer Mum und sieht ihren Dad gar nicht mehr. Ich will Dad aber sehen, immer.«

»Es wird sicher alles gut.«

Samantha biss sich auf die Lippe und zupfte am Läufer herum. »Sie musste sich entscheiden, bei welchem Elternteil sie wohnen wollte. Ich glaube, wenn Mum und Dad sich scheiden lassen, sollten wir uns aufteilen.«

Nicole dachte an die Schule, daran, dass sie beim Sport immer als Letzte in die Mannschaft gewählt wurde, außer beim Basketball, wegen ihrer Größe. Sie stellte sich Craig und Tina als Mannschaftskapitäne vor, die sich in der Turnhalle darum stritten, wer Samantha haben durfte. Natürlich wollten sie beide Samantha, denn sie war viel ordentlicher als Nicole. Außerdem war sie klein und niedlich.

»Ich glaube nicht, dass das so funktioniert«, sagte sie, weil sie nicht mehr daran denken wollte.

Plötzlich ging draußen ein Mordsgeschrei los.

»Soll ich gehen?«, brüllte Craig. »Besoffen schaffst du es nicht bis Kalgoorlie.«

»Herrje, Craig! Ich war bei dem Unfall nicht betrunken, das habe ich dir schon zig Mal gesagt.«

»Und ich hab dir zig Mal nicht geglaubt.«

»Du bist doch derjenige, der lügt!«, keifte Tina. »Was hast du denn getrieben, während ich mit den Kindern in Esperance war?«

Das Gezeter verlagerte sich in den Flur, kurz danach schloss sich eine Tür hinter ihnen.

»Sie streiten immer noch über den Unfall«, flüsterte Samantha.

»Ich weiß.« Jedes Mal, wenn das Thema aufs Tapet kam, drehte sich Nicole der Magen um. Sie wusste, dass es ihre Schuld gewesen war, weil sie Tina gehetzt hatte, damit sie *Young Talent Time* nicht verpasste. Es war nur eine Frage der Zeit, bis Tina Dad die Wahrheit erzählte.

»Dad glaubt, Mum war betrunken. Glaubst du das auch?«

»Nein«, sagte Nicole.

»Aber was ist mit der Flasche im Motel, von der du mir erzählt hast?«

»Ich hab dir doch gesagt, dass ich nicht sicher bin.«

»Egal. Ich hab's Dad trotzdem erzählt.«

Nicole runzelte die Stirn. Sie hätte Samantha nie von der Flasche erzählen sollen. Aber seit damals, als Craig von ihr wissen wollte, ob Tina vor dem Unfall getrunken hatte, schleppte Nicole die Sache mit der Flasche mit sich herum. Wie blöd, dass sie geglaubt hatte, diese Last mit ihrer Schwester teilen zu können. Jetzt war ihr klar, dass sie alles nur noch schlimmer gemacht hatte. Ja, sie hatte Tina mit der Flasche gesehen, und ja, ihre Mutter war damit hinter dem Motel verschwunden. Als sie zurückkehrte, war die Flasche leer. Aber sie hatte Tina nicht mit eigenen Augen daraus trinken sehen, das sagte sie sich wieder und wieder. Doch jetzt hatte Samantha die Klappe aufgerissen, und Craig und Tina würden sich scheiden lassen.

Sie legte sich wieder aufs Bett und schnappte sich ihr Buch, *Blumen der Nacht,* das sie schon zum dritten Mal las. Die Welt aus Gefangenschaft, Inzest und Arsenvergiftung spendete ihr Trost.

Samantha saß auf dem Läufer und bemühte sich, ihre Tränen zu verbergen. Nicole legte das Buch zur Seite, blickte zur Decke und überlegte, wie sie ihre Schwester trösten könnte. Plötzlich ging ihr auf, dass sie die ganze Zeit auf die Lösung gestarrt hatte. »Hast du in der Rose an der Decke schon mal Gesichter gesehen, Sammy?«

Samantha legte sich auf den Läufer und sah nach oben. »Ja, vielleicht«, sagte sie. Ihre Stimme klang vom vielen Weinen seltsam nasal.

»Siehst du die Rosen? Das sind ihre Augen. Und die Blätter sind ihre Ohren und Nasen.«

»Ja, ich sehe sie!«, rief Samantha.

»Das sind unsere Freunde. Sie passen auf uns auf und sorgen dafür, dass uns nichts passiert. Uns allen. Dir, mir, Mum und Dad.«

Samantha lächelte, vorübergehend glücklich, es war, als breche Sonnenschein durch eine Wolkendecke. Doch dann knallte die Tür zum Schlafzimmer zu, und ihr Lächeln verschwand.

Gegen zwei wagte sich Nicole in den Garten, um zu sehen, was los war. Tina saß auf der Bank, einen Drink in der Hand und die Gartenschere im Schoß. Nicole sah sich um. Alle Rosen lagen auf dem Rasen, ihre roten Blütenblätter abgerissen und wie Blut überall verteilt. »Kannst deinem Vater ausrichten, dass ich mit der Gartenarbeit fertig bin«, sagte sie zu Nicole.

Nicole machte einen raschen Abgang. Sie wollte nicht dabei sein, wenn Craig das Massaker an seinen Rosen entdeckte.

»Was ist los?«, fragte Samantha. »Ist die Luft rein?«

»Ich glaube, wir sollten hierbleiben.«

»Aber mir ist langweilig.«

Nicole hatte langsam das Gefühl, den langweiligsten Babysitter-Job der Welt angenommen zu haben. Sie stellte sich vor, sie wären für immer hier gefangen, wie die Kinder in *Blumen der Nacht*. Dann müsste sie sich unbedingt ein Hobby zulegen, Ballett tanzen lernen oder Medizinbücher lesen.

»Ich weiß! Wir spielen Monopoly«, sagte sie, zog den Karton unter ihrem Bett hervor und öffnete den Deckel. Sie wusste, dass Samantha gern die Bank verwaltete. Bis sie alles aufgebaut hatten, war der Streit vielleicht vorbei, dann könnten sie gemeinsam zu Abend essen und danach eine Sendung im Fernsehen schauen.

»Ich nehme das Bügeleisen«, sagte Samantha.

Sie griff nach den Scheinen und sortierte sie in die Fächer, als Craig im Garten losbrüllte wie ein Tenor auf der Bühne: »Du liebe Zeit, Tina! Nicht meine Rosen!«

Tina schrie zurück, als wäre sie die Sopranistin: »Ja, deine verdammten Rosen, du verdammter Wichser!«

»Komm, lass uns spielen.« Nicole richtete ihre volle Konzentration aufs Spielbrett.

Ungefähr eine Stunde war vergangen. Es war so still da draußen, und die Mädchen waren so ins Spiel vertieft, dass sie den Streit ihrer Eltern fast vergessen hatten. Samantha würfelte und landete auf dem Opernplatz, auf dem ein frisch erbautes Hotel stand. »TH!«, rief sie.

Während des gesamten Spiels hatte sie diese Abkürzung immer wieder ausgerufen, und Nicole war klar, dass sie darauf wartete, dass ihre Schwester sie nach der Bedeutung fragte. Nicole würde allerdings einen Teufel tun.

»Mädels?« Craig öffnete die Tür. »Ich würde gern kurz mit euch sprechen.«

Er kam herein und setzte sich auf Nicoles Bettkante. Seine Augen waren gerötet, als hätte er geweint. Nicole war verstört. Sie hatte ihren Vater noch nie weinen sehen.

»Ihr habt vielleicht bemerkt, dass eure Mutter und ich uns in letzter Zeit oft … nicht einig waren.«

Nicole fand, das war noch milde ausgedrückt, aber sie nickte trotzdem. Samantha tat dasselbe.

»Und deswegen haben wir beschlossen, dass es besser ist, wenn ich eine Weile weggehe.«

»Geh nicht weg, Daddy!« Samantha sprang auf seinen Schoß und schlang ihm die Arme um den Hals. Nicole stand auf, hielt sich aber zurück, weil sie nicht sicher war, ob sie ihn aufhalten sollte. Natürlich wollte sie nicht, dass ihr Vater sie verließ, aber sie wünschte auch, dass die Streitereien enden würden.

»Es ist nicht für lange. Ich muss nur ein bisschen allein sein. Deine Mum auch.«

Nicole musste sofort an das denken, was Samantha gesagt hatte, und sie fragte sich, ob ihre Eltern überlegten, welches Kind sie wählen sollten, doch dann schob sie diese alberne Vorstellung beiseite. Samantha war ein Baby und dachte wie ein Baby. Sie wusste nichts von der Welt.

Klar war aber auch, dass Nicole genauso wenig wusste.

Craig umarmte Samantha, die jetzt vor sich hin schluchzte. »Du musst jetzt tapfer sein. Mummy und Nicole kümmern sich um dich, bis ich wiederkomme.« Craig blickte an ihr vorbei aufs Spielbrett. »Monopoly? Ich wette, du gewinnst!«, sagte er.

»Ich hab ein Hotel auf dem Opernplatz und auf der Parkstraße«, sagte sie unter Tränen.

»Gutes Mädchen! Spielt ihr mit Geld auf Frei Parken?«

»Ja. Nicole ist schon zweimal drauf gelandet und verliert trotzdem.«

Craig lächelte und stand auf. Er wandte sich an Nicole. »Pass auf deine Schwester auf, ja?«, sagte er. »Und auf deine Mum«, fügte er nach einer Weile hinzu.

Nicole nickte. Ihr Vater verließ das Zimmer und schloss die Tür hinter sich. Samantha blieb auf dem Bett sitzen, offensichtlich unsicher, was sie tun sollte.

Im Flur ging das Gebrüll von vorne los.

»Daddy?«, sagte Samantha vorsichtig.

Nicole versuchte, sie abzulenken. »Komm, du gewinnst doch. Gib mir den Rest«, sagte sie und setzte sich wieder vors Brett.

Samantha zögerte, setzte sich dann aber wieder hin und warf. »TH!«, rief sie traurig, als sie wieder auf einer ihrer Straßen landete.

»Okay, sag mir, was TH heißt.«

»Trautes Heim.« Ihre Augen füllten sich mit Tränen. »TH.«

Im Flur brüllte Craig: »Du wirst ohne einen Penny in irgendeinem Graben verrecken!« Tina antwortete prompt: »Hoffentlich fällt dir der Schwanz ab!« Dann knallte die Haustür zu.

O ja, dachte Nicole, *TH*.

Samantha

Nach meinem Abgang aus dem Restaurant fuhr ich direkt nach Busselton, wo Donna-Louise wohnte. Während der zweieinhalbstündigen Fahrt war ich immer wieder kurz davor, einfach umzukehren und mich zu Hause über meine Wodkareserven herzumachen. Aber der Gedanke an Donna-Louise trieb mich weiter vorwärts.

Irgendwo außerhalb von Mandurah klingelte mein Handy. Es war Dad. Ich wollte nicht mit ihm sprechen. Auch nicht mit Nicole oder mit Trent oder mit Rosemary. Nur mit Donna-Louise. Also schaltete ich den Flugmodus ein und fuhr weiter.

Falls Donna-Louise überrascht war, dass ich einfach so bei ihr reinschneite, verbarg sie es gut. Stattdessen bat sie mich ins Haus und bot mir Tee an, als wäre ich eine nette Nachbarin und keine völlig Durchgeknallte, die einfach mal zweihundert Kilometer zurückgelegt hatte, um sie spontan zu besuchen.

»Es hat mir sehr leidgetan, als ich das von deiner Mum gehört habe«, sagte Donna-Louise, während sie den Tee aufbrühte. »Ich hatte überlegt, zur Beerdigung zu kommen, aber das wäre wohl etwas peinlich gewesen, weil dein Dad ja mit Celine da war.« Sie zögerte. »Zumindest nehme ich stark an, dass Celine mit ihm dort war.«

»Ja, sie waren beide dort.« Ich dachte an Dad auf der Trauerfeier, wie er die ganze Zeit an Nicoles Haustür gestanden hatte, als wäre er auf dem Sprung. »Celine war übrigens im Krankenhaus. Fehlgeburt. Es geht ihr gut, aber ich glaube, die beiden sind sehr enttäuscht.«

»Aha«, sagte Donna-Louise, während sie Spitzenuntersetzer für das Teegeschirr auslegte. »Habe ich mir schon gedacht, dass Craig noch mal das Vatersein ausprobieren würde. Bei mir hat er ja da auf Granit gebissen.«

Während der Tee zog, erkundigte sich Donna-Louise, wie Rosemary an der Uni klarkam.

»Ich habe keine Ahnung. Sie ist die ganze Zeit unterwegs«, sagte ich. »Und wenn sie mal zu Hause ist, dann schläft sie oder macht Selfies im Badezimmer.«

Ich musste an die Bilder denken, die Rosemary auf Instagram teilte, lauter Selfies, auf Nightclub-Toiletten geschossen, ihr Blick von unten in die Kamera gerichtet, die Lippen geschürzt, sodass sie aussahen wie Würstchen. Als ich ihr einen Kommentar hinterlassen hatte, in dem ich mir wünschte, sie würde einfach ein normales Gesicht ziehen, hatte sie mich natürlich geblockt.

»Wie ich sehe, fällt der Apfel nicht weit vom Stamm«, bemerkte Donna-Louise.

Ich muss sehr verwirrt ausgesehen haben, denn sie korrigierte sich sofort. »Nein, nein, dich meinte ich nicht. Du bist nicht der Baum. Ich sprach von Tina. Rosemary ist immer schon nach ihr gekommen.«

»Findest du?« Ich bemühte mich, wenigstens ein bisschen Zweifel in meine Stimme zu legen, obwohl ich im tiefsten Inneren wusste, dass sie recht hatte. Trotz meiner jahrelangen Bemühungen, den Kontakt zwischen den beiden auf ein Minimum zu beschränken, war Rosemary genauso geworden wie Tina – ein Partygirl.

»So ein bisschen wild warst du damals auch, als du bei mir und

Craig eingezogen bist. Weißt du noch, wie oft ich dich gezwungen habe, das Bücherregal neu zu ordnen?«

Ich nickte. Das war Donna-Louises Lieblingsstrafe gewesen, wenn ich mal wieder die Beherrschung verloren hatte. Zuerst war es mir tatsächlich wie eine Bestrafung vorgekommen, aber mit der Zeit wurde es eine Art Meditation. Leider hatte die Methode bei Rosemary nicht angeschlagen.

»So schlimm war ich gar nicht«, protestierte ich.

»Nein«, gab Donna-Louise zu. »Aber die Veranlagung war da, du hättest sicher über die Stränge geschlagen, wenn man dich nicht an die Kandare genommen hätte.«

Beim Gedanken an den Wodka, mit dem ich in letzter Zeit über die Stränge geschlagen hatte, wechselte ich rasch das Thema. »Wie läuft's beim Golf?«

»Ich bin Präsidentin des Frauenvereins«, sagte sie mit einem knappen Lachen. »Den Club von Mount Lawley vermisse ich immer noch, aber manchmal kommen Mitglieder vorbei und spielen ein paar Runden mit mir.«

Als Donna-Louise den Tee abseihte, erfasste mich der Wunsch, dasselbe mit meinem Leben zu tun: alles Schlechte herauszufiltern, damit es wieder rein wäre.

»Wie geht's Nicole? Hat sie ihren reichen Freund jetzt endlich rumgekriegt, damit er sie heiratet?«

»Ich glaube, bei Jethro wartet sie vergebens.« Dass er laut Dad bei ihm um ihre Hand angehalten hatte, blendete ich aus. »Ich glaube, seine frühere Ehe wirft einen großen Schatten auf ihr gemeinsames Leben.«

»Hmmm«, machte Donna-Louise mit verkniffenem Mund. »Ich hatte ja immer erwartet, dass sie sich von ihm ein Kind machen lässt, um ein bisschen Sicherheit zu haben.«

»Ich glaube, sie kann keine Kinder kriegen«, erwiderte ich. »Das einzige Mal, dass sie mit mir darüber geredet hat, war nach einem Termin bei irgendeinem Spezialisten, aber sie wirkte nicht besonders traurig darüber. Nicole ist einfach kein mütterlicher Typ.« Das war meine Standardantwort, die ich allen gab, die mich fragten, ob meine Schwester Kinder hatte. Aber dieses Mal musste ich unweigerlich daran denken, wie Nicole Celines Hand gehalten hatte.

Donna-Louise rührte sachte etwas Zucker in ihren Tee. »Ich nehme an, du wirst mir irgendwann sagen, warum du heute gekommen bist. Natürlich freue ich mich sehr, dich zu sehen, aber dein letzter Besuch ist nun doch schon ein Weilchen her.«

»Wenigstens habe ich diesmal Schuhe an«, scherzte ich. Plötzlich erinnerte ich mich wieder daran, wie ich barfuß in Mount Lawley aufgeschlagen war. Der Grund war mir allerdings entfallen, ich erinnerte mich nur noch daran, wie es sich angefühlt hatte, mit nackten Füßen über den perfekt manikürten, taufeuchten Rasen zu laufen.

»Schuhe?« Donna-Louises Blick wanderte zu meinen Füßen, sie runzelte die Stirn. Ihr Gedächtnis war offenbar noch schlechter als meines.

»Egal«, sagte ich, »ich bin gekommen, weil Nicole und ich mit Dad über seine Trennung von Tina geredet haben, und dabei ist auch etwas herausgekommen, das zumindest zum Teil dafür verantwortlich war, dass eure Beziehung damals in die Brüche gegangen ist.«

Donna-Louise hob eine sorgfältig gezupfte Braue. »Ach, tatsächlich?«

»Ja. Er hat zugegeben, dass er dich betrogen hat.«

»Aha. Tja.«

Donna-Louise wandte sich ab, sah aus dem Fenster in ihren penibel gepflegten Garten. Ich fragte mich langsam, ob es sinnvoll gewesen war, den weiten Weg hierher zu fahren, denn meine Beweggründe schienen bei der armen Donna-Louise nur schmerzhafte Erinnerungen aufzuwühlen.

»Hat er dir auch gesagt, mit wem er geschlafen hat?«, fragte sie, den Blick immer noch nach draußen gerichtet.

»Wir ... ähm ... sind nicht in alle Einzelheiten vorgedrungen. Aber auf der Fahrt hierher habe ich mich das ehrlich gesagt schon gefragt. Jemand auf der Arbeit? Seine Sekretärin? Diese Frau, Cheryl?« Ich schüttelte mich. Cheryl war maximalblondiert gewesen, hatte nach billigem Parfüm gestunken und gelacht wie eine Hyäne.

»Haha, eine Sekretärin wäre kein Problem gewesen. Davon hätten wir uns wieder erholen können. Von hundert Sekretärinnen hätten wir uns erholt.«

»Wer dann?« Ich durchforstete mein Gedächtnis nach anderen Frauen, die Dad damals kannte. »Eine aus dem Club?«

Donna-Louise hob das Kinn und sah mich an. »Es war deine Mutter.«

Mir sackte der Magen in die Knie, als wäre ich gerade mit der Achterbahn in die Tiefe gesaust. »Er hat mit *Tina* geschlafen?«

»Als ich es rausgekriegt habe, wollte er mir weismachen, es wäre nichts passiert. Das konnte dein Vater gut, den Leuten Lügenmärchen auftischen. Aber egal, wie viele Märchen er erzählte, am Ende war mir klar, dass Tina seine einzige wahre Liebe war.« Sie zog am Spitzenuntersetzer unter der Teekanne herum. »Du hast gesagt, Nicole und ihr Freund leben im Schatten seiner früheren Beziehung? Na, ich kann dir sagen, dass Tina einen verdammt langen Schatten geworfen hat, und zwar über jeden einzelnen Tag, die ganzen zwanzig Jahre lang, die Craig und ich verheiratet waren.«

Mir hatte es die Sprache verschlagen. Dass mein Vater, dem Ordnung so wichtig war wie mir, einer Chaotin wie Tina in ewiger Liebe zugetan sein sollte, ergab keinen Sinn.

Donna-Louise schenkte uns Tee nach. Ihre Worte waren so sorgfältig dosiert wie der Zucker, den sie sich jetzt in die Tasse rührte. »Du sollst wissen, dass ich ihn nicht verlassen habe, weil er mit seiner Ex geschlafen hat. Ich habe mich von deinem Vater getrennt, weil ich verstanden hatte, dass er mir nie ganz gehörte.«

»Aber *er* hat *sie* verlassen! Das verstehe ich nicht.«

»Ich nehme an, er hatte ähnliche Gründe wie ich. Tina gehörte niemandem. Dafür habe ich sie immer bewundert.«

Es erstaunte mich zutiefst, dass die kühle, beherrschte Donna-Louise an meiner Mutter, diesem betrunkenen Wirbelwind, irgendwas Bewundernswertes finden konnte. Der Tag war voller Überraschungen.

»Die wahre Frage ist natürlich, warum Tina mit Craig geschlafen hat, nachdem sie ihn ansonsten fröhlich mit Geringschätzung behandelt hat. Wahrscheinlich werden wir es nie erfahren.«

»Da magst du recht haben.« Ich lehnte mich zurück. Mir schwirrte der Kopf. Eines stand fest: Ich musste mich von der vertrauten Version der Vergangenheit verabschieden, die ich jahrelang mit mir herumgetragen hatte.

Im Nebenzimmer schlug eine Uhr. Donna-Louise erhob sich. »Es ist schon spät. Möchtest du zum Abendessen bleiben? Ich könnte dir auch das Bett im Gästezimmer aufschlagen.«

Ich erinnerte mich an die Nacht von Tinas Ohrfeige, als Donna-Louise mir das Bett frisch bezogen hatte. Nie werde ich vergessen, wie gut sich die kühle Baumwollbettwäsche auf meiner Haut angefühlt hatte. Wie sehr wünschte ich mir diese Geborgenheit zurück. Aber ich wusste, dass ich zu Mann und Kind zurückkehren musste. »Nein, ich fahre am besten zurück nach Perth. Muss morgen früh arbeiten«, sagte ich und stellte die Tasse sehr vorsichtig zurück auf die Untertasse. »Danke für den Tee. Und das Gespräch.«

»Jederzeit«, sagte Donna-Louise. »Obwohl du für die Tasse Tee vermutlich gar nicht so weit fahren müsstest.«

Ich lächelte, war mir aber bewusst, dass wir beide so taten, als hätte die Unterhaltung über Tina und Dad nie stattgefunden. Ich nahm meine Sachen, und Donna-Louise brachte mich zur Tür.

Sie umarmte mich flüchtig. »Grüß Trent und Rosemary von mir«, sagte sie.

»Mache ich.«

Auf halbem Weg zum Wagen blieb ich stehen und drehte mich noch einmal um. »Eigentlich bin ich hergekommen, weil ich dir sagen wollte, wie leid es mir tut, dass Dad dich so verletzt hat. Und ehrlich gesagt ist es mir egal, ob Tina die Liebe seines Lebens war. Die Wahrheit ist, dass du das Beste warst, was ihm hätte passieren können. Du warst das Beste, was *mir* passiert ist.«

»Ach, Samantha«, sagte Donna-Louise, und ihre grauen Augen glitzerten, als wären da tatsächlich Tränen, aber mehr sagte sie nicht. Stattdessen ging sie ins Haus und schloss sachte die Tür.

Ich fuhr zurück nach Perth, Kilometer für Kilometer entfernte ich mich weiter von der Vergangenheit. Erst als ich an der Ausfahrt für Mandurah vorbeisauste, fiel mir ein, dass ich mein Handy wieder einschalten sollte. Es klingelte sofort, die Freisprechanlage meldete mir, dass es Nicole war. Ich nahm den Anruf an, ohne weiter darüber nachzudenken.

»Wo bist du?« Nicole klang besorgt.

»Im Auto.«

»Das höre ich. Wohin fährst du?«

»Ich komme aus Busselton. Habe Donna-Louise besucht.«

»Was hat die Eiserne Lady gesagt?«

Dass sie diesen alten Spitznamen benutzte, regte mich schon wieder auf. »Eine Menge, wenn du's genau wissen willst.«

»Und?«

Ich sah keinen Anlass, Nicole vor der Wahrheit zu schützen, nicht, nachdem sie selbst die ganze Sache mit Dad ans Licht gezerrt hatte. Ich atmete tief durch. »Dad hat zugegeben, dass er auch Donna-Louise betrogen hat. Tja, das war mit Tina. Er hat mit *Tina* geschlafen.«

»Was?« Nicole klang verwirrt. »Ich meine, warum sollte er ...«

»Das ist der leichte Teil«, erwiderte ich, aber meine eigene Stimme war mir fremd. Wiederum hatte die Andere Samantha das Ruder übernommen. »Tina war die Liebe seines Lebens, und er ist nie über die Trennung hinweggekommen. Deswegen hat er mit ihr gevögelt. Die Frage ist, warum sie sich von ihm hat vögeln lassen. Darauf konnte sich Donna-Louise auch keinen Reim machen. Aber ich weiß es.«

»Warum?«

»Weil Tina eine miese Drecksau war, die alles kaputt machen wollte.«

»Ach, Sammy, du weißt selbst, dass das nicht stimmt.«

Natürlich hatte sie recht. Aber ich musste es trotzdem sagen. Tina war die beste Zielscheibe für meine Wut und Trauer. Und deswegen machte ich weiter: »Warum sonst, wenn nicht, um Dads und Donna-Louises Ehe zu ruinieren? Wahrscheinlich war sie besoffen und hatte ihre fiesen fünf Minuten. Oder komplett nüchtern und noch fieser. Ich weiß noch, wie sie aus der Kneipe angerufen und so getan hat, als täte es ihr leid, dass Dad und Donna-Louise sich getrennt hatten. Es tat ihr nicht leid. Sie war der verdammte Grund dafür.«

»Tu das nicht. Wir haben sie gerade erst beerdigt.«

»Nein, Nicole. *Du* hast sie beerdigt. Für mich gab es keine Mutter, die ich hätte beerdigen können.«

Das war's. Danach beendete ich das Gespräch und schaltete das Handy wieder in den Flugmodus, obwohl ich Nicole im tiefsten Inneren am liebsten zurückgerufen und mich entschuldigt hätte. Klar, Tina hatte mit Dad geschlafen, aber trotzdem führte kein Weg daran vorbei, dass Dad auch mit ihr geschlafen hatte. Auch er trug eine Mitschuld. Das Problem war, dass ich nicht bereit war, sie ihm zuzuweisen.

Dad war mein Retter. Er hatte mich aus meinem kaputten Leben mit Tina geholt, mir ein Heim, Ordnung gegeben. Ihm hatte ich Donna-Louise zu verdanken. Aber er selbst hatte das alles nicht zu schätzen gewusst, denn wie es aussah, hatte er sich die ganze Zeit nach genau dem Leben gesehnt, aus dem er mich gerettet hatte.

Ich hörte meinen Atem, schnell und lauter als der Motor. Ich schob alle Gedanken beiseite und konzentrierte mich mit aller Kraft auf den Atem, ein und aus, ein und aus, bis er sich irgendwann verlangsamte. Jetzt waren da nur noch das Surren des Motors und die fernen Lichter des Drive-through-Getränkemarkts.

Kurz nach acht war ich zurück in Perth. Das Haus war dunkel, nur der Fernseher flackerte.

»Wo bist du gewesen?«, fragte Trent. »Ich habe dich zig Mal angerufen.«

»Mein Akku war leer«, log ich.

»Na, deine Schwester hat's auch versucht. Und dein Dad. Sie haben dir Nachrichten aufs Band gesprochen, falls du sie abhören willst.«

»Nein, danke.«

Ich setzte mich neben Trent aufs Sofa und legte ihm den Kopf auf die Schulter. Flüchtig dachte ich an die soeben gekaufte Flasche Wodka, aber den Gedanken verdrängte ich gleich wieder. Das konnte warten, bis Trent im Bett war und schlief. In dem Moment war ich zufrieden damit, einfach neben ihm zu sitzen.

In dem Film, den er schaute, liefen eine Menge erschreckend blaue Leute durch die Gegend. »Was ist das? Warum haben die alle blaue Haut?«, fragte ich.

»Das ist *Avatar*. Und die blauen Leute sind wild gewordene Schlümpfe.«

»Die Schlumpfine sieht tatsächlich ziemlich wild aus«, bemerkte ich. Danach herrschte Schweigen.

»Aber echt jetzt«, sagte Trent in der Werbepause. »Du solltest deinen Dad und deine Schwester zurückrufen, Sam. Sie haben sich wirklich Sorgen gemacht.«

»Sollen sie doch. Ich ruf sie morgen früh an.«

Mir war natürlich klar, dass ich nichts dergleichen tun würde. Ich würde ihre Anrufe und Nachrichten ignorieren. Ich stellte mir vor, wie ich in ein paar Jahren Rosemary und sogar meinen Enkelkindern von diesem Sommer erzählen würde, als ich sie alle verloren hatte: erst meine Mutter, dann meinen Vater und schließlich meine Schwester. In jenem Sommer, würde ich zu ihnen sagen, habe ich beschlossen, ein Waisenkind zu werden.

Teil Nr. 17: 2013

Nach dem Termin beim Gynäkologen saßen Nicole und Jethro schweigend im Wagen. Draußen liefen Menschen hin und her, gingen ihrem Alltag nach, lebten ihr Leben. Aber im Auto war es, als hätte jemand die Pausetaste gedrückt.

»Nic …«, setzte Jethro schließlich an, aber Nicole hob die Hand.

»Ist schon okay. Wir müssen jetzt nicht darüber sprechen. Lass es uns erst mal verarbeiten. Kannst du mich einfach heimfahren?«

Jethro nickte und ließ den Motor an.

Nachdem Jethro sie abgesetzt hatte und zur Arbeit gefahren war, rief Nicole als Erstes bei Tina an.

»Sammy!«, rief Tina. Im Hintergrund war Lärm zu hören.

»Nein, Mum, ich bin's, Nicole.«

»Nicole?«

»Genau.«

»Natürlich! Steht ja auch auf dem Display. Wie blöd kann man sein! Hey, Leute, schaut mal, da steht Nicole, und ich rede sie mit Sammy an.«

Mittlerweile hatte Nicole die Geräuschkulisse als Gelächter erkannt, und sie verstand, dass Tina schon im Pub trank, obwohl es gerade mal Mittag war. Sie spürte förmlich, wie sie innerlich dichtmachte. »Ich merk schon, du hast zu tun. Mach dir keine Sorgen, es ist nichts Dringendes. Ich ruf dich später zurück.«

»Was?«

»ICH RUF DICH SPÄTER ZURÜCK!«

»Ciao, Ciao«, flötete Tina.

Nachdem sie aufgelegt hatte, saß Nicole noch lange da und starrte aufs Telefon. Gern hätte sie Jethro angerufen, aber der war noch auf dem Weg zur Arbeit. Sie scrollte durch ihre Kontakte, wusste aber eigentlich, dass sie mit niemandem sonst sprechen wollte.

Trotzdem blieb sie bei Samantha hängen. Es war schon so lange her, seit sie sich über Persönliches ausgetauscht hatten. In letzter Zeit hatten sie nur über unpersönliche Themen gesprochen. Sie beschloss, ins kalte Wasser zu springen, und wählte Samanthas Nummer. Schließlich waren sie Schwestern und sollten füreinander da sein.

»Hi, Nic. Was gibt's?« Samantha klang, als hörte sie nur mit halbem Ohr zu.

»Ich wollte mich einfach mal melden.« Nicole kam sich vor wie diese Frauen aus ihren Serien mit ihrer aufgesetzten Fröhlichkeit.

»Ach ja?«, fragte ihre Schwester misstrauisch. Zwischen ihnen war es nicht normal, sich einfach mal zu melden.

»Okay, nein, ich rufe aus einem anderen Grund an. Ich habe heute schlechte Nachrichten bekommen.«

»Was ist denn los?«

Samantha klang besorgt genug, dass sich Nicole weiter aus der Deckung wagte. »Tja, also, Jethro und ich waren gerade bei einem Facharzt und haben eine Fruchtbarkeitsuntersuchung machen lassen.« Vor dem nächsten Satz holte Nicole tief Luft. »Es hat sich herausgestellt, dass ich eine Zervixinsuffizienz habe und vermutlich keine Kinder bekommen kann.«

»Oh«, sagte Samantha. Es war nicht zu erkennen, wie sie empfand. »Tut mir leid, das zu hören.«

Danach entstand eine peinliche Pause, die Nicole rasch zu füllen versuchte. »Klar, ich bin einundvierzig«, sagte sie, »und man könnte argumentieren, dass die meisten Frauen über vierzig eine mehr oder weniger ausgeprägte Zervixinsuffizienz haben. Aber wie sich herausgestellt hat, ist mein Muttermund wie ein schlaffer Sack.«

»Na ja«, sagte Samantha nach einer weiteren Pause. »Wenigstens wurde dir die Entscheidung abgenommen.«

»Was meinst du damit? Welche Entscheidung?«

»Na, ob du Kinder willst oder nicht. Entscheidungen zu treffen war ja noch nie deine Stärke.«

Nicole umklammerte den Hörer fester. Samantha hatte keine Ahnung, weder von der Entscheidung, die sie damals getroffen hatte, als sie von Darren schwanger wurde, noch von den Folgen. »Ja, wahrscheinlich hast du recht.« Mit jedem Wort unterdrückte sie ihre Gefühle etwas mehr. Ein paar Minuten unterhielten sie sich noch über Belanglosigkeiten, eine verkrampfte Plauderei, die sich überwiegend um Rosemarys Aktivitäten drehte. Dann entschuldigte Nicole sich und legte auf.

Samantha anzurufen war ein Fehler gewesen.

Wieder überlegte sie, mit Jethro zu telefonieren. Er war jetzt sicher schon im Büro. Aber sie wollte ihm noch etwas Zeit geben, um die Nachricht zu verdauen. Zeit, ja, die brauchte sie auch. Die Information saß ihr wie ein Kloß im Hals.

Sie kuschelte sich mit der Kamelhaardecke aufs Sofa, als würde sie in diesem Kokon zu einer besseren, *fruchtbareren* Frau heranreifen. Doch am Ende fühlte sie sich nur schrecklich einsam, genau wie damals auf dem IKEA-Zweisitzer in Inglewood, am Tag nach der Fehlgeburt.

Als sie im Flur Schlüsselklirren hörte, ging es ihr gleich ein bisschen besser. Jethro war wieder zurück.

»Ich war schon fast auf der Arbeit, aber es ging irgendwie gar nicht. Also habe ich mich krankgemeldet.«

Jethro meldete sich *nie* krank. Er war seiner Arbeit so verpflichtet, dass er sogar mit Magen-Darm-Grippe eine zweistündige Telko geleitet hatte. Zwischendrin hatte er immer wieder das Mikro stummgeschaltet und in den Eimer unter dem Schreibtisch gekotzt.

»Hätte ich auch gemacht«, sagte Nicole. »Wenn sich jemand dafür interessiert hätte.«

Jethro hob ihre Beine an, damit er sich neben sie aufs Sofa setzen konnte. Seine Hände waren warm und weich.

»Tut mir leid«, sagte Nicole nach einer Weile.

»Es gibt nichts, wofür du dich entschuldigen müsstest.«

»Es ist mein Problem. Ich bin das Problem.«

»Nein, nein! Du bist kein Problem. Du bist meine Lösung«, erwiderte Jethro. »Weißt du eigentlich, wie einsam ich war, bevor ich dich getroffen habe? Ich war immer allein, sogar als ich mit Suzette verheiratet war.«

»Aber nur, weil sie keine miesen Serien mit dir geglotzt hat«, bemerkte Nicole.

»Ja, das auch. Aber es gab noch viele andere Gründe.« Jethro schwieg eine Weile. »Ich bin heute auch zurückgekommen, weil ich es furchtbar fand, dich mit deiner Trauer allein zu lassen«, sagte er schließlich. »Deswegen habe ich beschlossen, dir Gesellschaft zu leisten.«

Er massierte Nicole die Füße, sanft und langsam. Unter den regelmäßigen Bewegungen entspannte sie sich allmählich.

»Außerdem wollte ich dir was sagen.« Er holte tief Luft, offenbar wählte er seine Worte sehr vorsichtig. »Natürlich würde ich wahnsinnig gern Kinder haben. Aber wenn ich die Wahl treffen müsste zwischen Kindern und dir, würde ich immer dich wählen.«

Nicole spürte förmlich, wie alle Anspannung aus ihrem Körper wich. »Und ich dich.«

Sie beugte sich zu ihm vor. Er umschloss ihr Gesicht mit beiden Händen und küsste sie sanft.

»Lass uns Urlaub machen.« Jethro sah sie an, ihr Gesicht immer noch umschlossen. »Irgendwo, wo es schön ist, wo keine Familien mit Kindern hinfahren. Wir besuchen Musikfestivals, lernen Paragliding, besteigen den Mount Everest. Oder wir legen uns eine Sammlung besonders zerbrechlicher Fabergé-Eier zu und stellen sie auf Kniehöhe aus. Wir renovieren das Haus oder kaufen gleich ein neues, mit Glaswänden und Treppen ohne Geländer. Ich weiß! Wir kaufen eine neue Sitzlandschaft, eine unpraktische weiße, aus Wildleder oder Seide oder, noch besser, aus Krepppapier.«

Nicole lachte, obwohl ihr die Tränen übers Gesicht liefen. »Solange wir auf unserer Krepp-Couch miese Serien glotzen, bin ich mit allem einverstanden.«

»Wir können bis tief in die Nacht hinein glotzen, und das auf voller Lautstärke.«

»Okay. Du hast mich überzeugt. Ich bin dabei.«

Da erst begriff Nicole, wovor sie am meisten Angst gehabt hatte, nämlich nicht vor der Nachricht, dass sie keine Kinder kriegen konnte, sondern davor, dass Jethro sie dann verlassen würde. Jeder andere wichtige Mann in ihrem Leben hatte sie verlassen. Ihr Vater sogar zwei Mal, einmal, als er sich von Tina trennte, dann noch mal, als er Samantha zu sich holte. Darren mehrmals, aber am schlimmsten war es, als er sie mutterseelenallein und blutend im Krankenhaus zurückgelassen hatte. Vielleicht hatte sie mit Jethro endlich jemanden gefunden, der trotz ihrer vielen Fehler bei ihr blieb.

Doch statt sich besser zu fühlen, ging es ihr schlechter. Sie fragte sich, ob es Jethro in ihrer Beziehung genauso erging wie dem Flügel im zu kleinen Zimmer und er nur bei ihr blieb, weil er keinen anderen Ausweg sah.

Teil Nr. 18: 2006

Jetzt, da sie wieder arbeitete, konnte Samantha das Mutterdasein sogar fast ein wenig genießen. Während andere Mütter darüber klagten, dass sie Arbeit und Familie unter einen Hut bekommen mussten, konnte Samantha gar nicht genug Baustellen aufmachen. Jeden Abend gab es etwas anderes zu tun, sie musste Rosemary zum Volleyball oder zur Tanzstunde bringen und sie wieder abholen, an den vielen schulischen oder Gemeindeversammlungen teilnehmen, bei denen sie sich engagierte, bis spät in die Nacht für irgendwelche Büfetts Kuchen backen, Einladungen verschicken oder Pailletten an Kostüme nähen.

Nur sehr selten, meistens sonntags, tat sich noch diese gähnende Leere auf, die sie zu verschlucken drohte. Wenn sie an solchen Tagen erwachte und die freie Stelle im Kalender erblickte, keine Termine, keine Verpflichtungen, musste sie sofort an die Flasche Wodka denken, die immer noch im Kleiderschrank versteckt war. Aber selbst bei solchen Gelegenheiten suchte sie krampfhaft nach irgendeiner Ablenkung, dem fehlenden Knopf an Trents altem Hemd, den Bildern, die sie schon so lange ins Album kleben wollte. Diesen Beschäftigungen erteilte sie dann dieselbe Dringlichkeitsstufe wie der Evakuierung nach einer Atomkatastrophe.

Je mehr sie um die Ohren hatte, desto weniger dachte sie ans

Trinken. Genau das war Tinas Problem, redete Samantha sich ein. Sie hatte sich einfach nicht genug abgelenkt.

Doch dann kam der Anruf, der alles veränderte.

Sie war gerade am Kochen und stritt sich dabei mit Rosemary über deren Hausaufgaben, als das Telefon klingelte. Sie stellte auf Lautsprecher, damit sie weiter Gemüse schnippeln konnte.

»Hallo?« Hoffentlich wollte Trent nicht wieder Bescheid sagen, dass er sich verspäten würde. Sie hatte um halb sieben ein Treffen mit dem Elternbeirat des Finanzkomitees der Schulverwaltung.

»Hallo, Samantha!« Es war Donna-Louise.

Samantha sank das Herz. Wollte Donna-Louise etwa schon wieder nicht zu Rosemarys Tanzvorführung kommen? Seit Rosemary Stunden nahm, hatten DL und Craig schon drei von vier dieser Aufführungen verpasst. Rose schien das nicht weiter zu stören, aber Samantha empfand deren Ausbleiben als persönlichen Affront.

»Hi, DL! Es bleibt doch bei Samstag, oder?«, fragte sie vorsichtig.

»Es hat sich eine Komplikation ergeben.« Donna-Louises Ton war schärfer als Samanthas Gemüsemesser. »Dein Vater und ich werden uns trennen.«

Samantha hielt mitten in der Bewegung inne. »Ihr … was?«

»Wir trennen uns. Ich ziehe noch am Wochenende nach Busselton.«

Samantha legte das Messer ab. »Geh fernsehen!«, sagte sie zu Rosemary, die den Bleistift fallen ließ und sofort ins Wohnzimmer peste.

Sie schaltete den Lautsprecher aus und hielt sich das Handy ans Ohr. »Warum? Was ist passiert?«

»Samantha«, sagte Donna-Louise mit brüchiger, angespannter Stimme, »Paare trennen sich selten aus Gründen, die man mal schnell am Telefon erklären kann.«

»Ja, verstehe.« Samantha fühlte sich, als hätte sie gerade eine Ohrfeige bekommen. »Brauchst du Hilfe beim Umzug?«

»Nein, danke. Ich komme schon klar.«

»Und Dad?«

»Der auch. Wie immer«, erwiderte Donna-Louise in einem alles andere als tröstlichen Ton.

Nach dem Gespräch stand Samantha völlig neben sich.

Spontan rief sie zuerst bei Trent an, aber der Anruf ging direkt auf die Mailbox. Sie hinterließ ihm eine Nachricht und wählte dann Craigs Nummer. Auch der Anruf ging auf die Mailbox. Sie rief Nicole an.

»Dad und Donna-Louise wollen sich trennen!« Überrascht stellte sie fest, dass ihr mit den Worten auch die Tränen kamen.

»Was? Wieso?«, fragte Nicole.

»Was für eine dumme Frage! Als ob man so was am Telefon erklären könnte«, entgegnete Samantha.

»Die Frage ist völlig angebracht«, erwiderte Nicole. »Finde ich jedenfalls.«

»Dumm.« Samantha zwinkerte hektisch, um die Tränen zurückzuhalten.

»Sammy, alles in Ordnung bei dir?«

»Ich bin beim Zwiebelnschneiden.«

»Wie geht es Dad?«

»Weiß nicht. Sein Handy ist aus. Aber Donna-Louise klang ganz okay, falls es dich interessiert.« Sie wusste, dass Donna-Louise so ziemlich die Letzte war, an die Nicole einen Gedanken verschwendete, aber das brachte sie aus unerfindlichen Gründen erst recht zum Weinen. »Wie lange waren sie zusammen? Zwanzig Jahre? Donna-Louise war wie eine zweite Mutter für uns.«

»Für dich, meintest du wohl. Mich hat sie nie gemocht, weil ich ihre Sachen immer durcheinandergebracht habe.«

Es entstand peinliches Schweigen, das nur durch Samanthas gelegentliches Schniefen unterbrochen wurde.

»Weiß Mum Bescheid?«, fragte Nicole.

Das brachte Samantha zur Räson. »Ich glaube nicht, dass sie das irgendwas angeht.«

»Ich sag's ihr.«

»Damit geht man nicht hausieren, Nicole.«

»Ich sag's ihr«, wiederholte Nicole.

Kaum hatte sie aufgelegt, kramte Samantha den Wodka aus seinem Versteck. Sie konnte sich nicht erinnern, wann sie ihn das letzte Mal aus dem Kleiderschrank geholt hatte oder kurz davor gewesen war, aber an diesem Abend war ihr alles egal. Sie brauchte etwas, das die plötzlich losgetretene Gedankenspirale aufhielt.

Sie schenkte sich eine großzügige Menge ein, füllte mit Limo auf und gab Eis dazu. Aber als sie den ersten Schluck trank, regte sie das Klirren der Würfel derart auf, dass sie sie mit einem Löffel wieder herausfischte.

Der Wodka hatte eine tröstliche Wirkung, wie eine warme Hand auf ihrer Brust.

»Kann ich auch ein bisschen Limo?« Rosemary stand in der Küche, den Blick auf die Limonade gerichtet, aber nicht auf den Wodka.

»Zum Essen«, antwortete Samantha. Rasch schnappte sie sich beide Flaschen.

»Warum nicht jetzt?«

»Darum.«

»Aber warum kriegst du jetzt Limonade und ich nicht? Es ist ungerecht, dass Erwachsene alles dürfen!«

»Du darfst genug.«

»Aber nicht, wenn ich es will. Und jetzt *will* ich Limonade!«

»Kriegst du aber nicht.«

»Aber warum nicht? Du trinkst auch welche.«

»Du kriegst keine, basta!«

»Bei Dad hätte ich welche gekriegt.«

Dieser letzte Schlag traf Samantha hart. Schon immer war sie eifersüchtig gewesen auf Trents und Rosemarys unkompliziertes Verhältnis. Obwohl er sich von seiner Tochter um den kleinen Finger wickeln ließ, nutzte Rosemary das bei Weitem nicht so aus, wie sie es bei ihrer Mutter versuchte.

»Na gut«, sagte Samantha schließlich. Rosemary grinste.

Dieses Kind hat einen eisernen Willen, dachte Samantha. Es grenzte an ein Wunder, dass sie nicht jeden Tag einen Drink brauchte, um mit ihr klarzukommen.

Während sie den Rest des Abendessens zubereitete, trank sie langsam ihren Wodka und versuchte, nicht mehr an Donna-Louise und Craig zu denken. Stattdessen gefiel sie sich in der Vorstellung, ungemein kultiviert zu sein, weil sie beim Kochen trank, wie man es sonst nur in Filmen sah.

Sie hatte den Nudelauflauf gerade in den Ofen geschoben, als das Telefon erneut klingelte. »Hallo?«, sagte sie.

»Schätzchen! Nicky hat es mir erzählt. Geht es dir gut?« Tina rief sie offenbar aus der Kneipe ein, so laut, wie es im Hintergrund war.

»Wieso sollte es mir nicht gut gehen?« Samantha war sofort auf hundertachtzig. »Ist doch nicht meine Beziehung, die da kaputtgeht.«

»Na, ich dachte nur …« Tina ließ den Satz kurz in der Luft hängen. »Donna-Louise war immer wie eine Mutter für dich«, sagte sie schließlich.

Samantha leerte ihr Glas. »Na, eine musste es ja sein«, entgegnete sie. Ob Tina die Beleidigung als solche auffasste, konnte Samantha nicht erkennen, denn in diesem Moment brach im Hintergrund lautes Geschrei los.

»Sorry, Schätzchen! Das Spiel geht los. Ich weiß zwar nicht, wer spielt oder was sie spielen, aber es ist alles furchtbar aufregend.«

Wieder johlte jemand. Samantha fragte sich, warum Tina mitten in der ganzen Aufregung überhaupt angerufen hatte.

»Jedenfalls schien Nicole nicht zu wissen, warum sie sich überhaupt trennen«, rief Tina, um den Lärm zu übertönen. »Weißt du's vielleicht?«

»Nein.« Nie und nimmer würde Samantha mit ihrer Mutter über dieses Thema tratschen.

»Ich nehme an, dass Craig mal wieder sein Versprechen gebrochen hat«, sagte sie, bevor ihre Stimme in einem kollektiven Jubelschrei unterging. »Oha! Wir haben offenbar ein Tor geschossen. Oder ein Wicket? Keine Ahnung. Ich mach besser Schluss. Küsschen!«

Dann legte Tina auf und ließ Samantha mit einer inneren Leere zurück, die nur ein zweiter Drink füllen konnte.

Als Trent von der Arbeit kam, hatte sie bereits drei Wodka-Limo intus und Nachschub in einer Hannah-Montana-Trinkflasche, die sie in ihrer Handtasche deponiert hatte, damit sie auf dem Weg zur Beiratssitzung nicht ausnüchterte.

»Ich hab deine Nachricht gehört«, sagte Trent nach einem flüchtigen Begrüßungskuss auf die Wange. »Was ist passiert? Weißt du, warum sie sich trennen? Behält Craig das Haus?«

»Donna-Louise meinte, sie zieht nach Busselton, aber vielleicht nur vorübergehend.«

»Ja, könnte sein. Sie ist ganz vernarrt in das Haus in Mount Lawley und die ganzen weißen Möbel. Natürlich ist die wichtigste Frage, wie sie jetzt ihre Golfclub-Mitgliedschaften aufteilen. Ich wette, Craig bleibt in Mount Lawley und DL in Busselton, der Club hat nämlich mehr Prestige, wusstest du das?«

»Bist du jetzt ihr Vermögensverwalter?« Samantha war mittlerweile richtig wütend, vor allem auf sich selbst, weil ihr schon wieder Tränen in die Augen schossen. »Es ist noch viel zu frisch, um so darüber zu reden.«

»Was ist denn los?«, fragte Trent, der sie jetzt erst richtig angesehen hatte.

»Nein. Ja … es ist nur …«

»Nur was?«

»Es ist nur so, dass ich dachte, die beiden werden zusammen alt.« Sie heulte drauflos wie eine Dreijährige.

Trent war von diesem Ausbruch sichtlich überrascht. »Tut mir leid, Sammy! Ich bin blöd. Hätte ich mir auch denken können, dass es dich mitnimmt.«

Doch als er vortrat, um sie in die Arme zu schließen, ließ sich Samantha nur kurz darauf ein, damit er auf keinen Fall ihre Fahne roch. »Ich muss los. Beiratssitzung!«, sagte sie.

Die Beiratssitzung fand bei Dawn statt, gleich neben der Schule. Vor dem Haus leerte Samantha den Inhalt der Hannah-Montana-Flasche und schob sich danach ein Kaugummi in den Mund.

»Tut mir leid, dass ich so spät komme«, sagte sie mit mintfrischem Atem, als Dawn sie an der Tür begrüßte.

»Kein Problem, wir haben gerade erst angefangen.« Dawn führte sie ins Esszimmer.

»Entschuldigt die Verspätung«, wiederholte Samantha vor versammelter Mannschaft. »Schlechte Nachrichten in der Familie.«

Alle sahen sie erwartungsvoll an, doch da Samantha keine weitere Erklärung lieferte, richtete sich die allgemeine Aufmerksamkeit schnell wieder den ausgedruckten Bilanzen zu, die sie heute besprechen wollten.

»Also, wo waren wir stehen geblieben?«, fragte ein Mann im formlosen grauen Anzug, dessen Namen Samantha sich nie merken konnte. Stewart vielleicht?

»Wir sind gerade beim vorläufigen Ergebnis für Q3«, flüsterte Dawn, während sie ihr die Unterlagen hinlegte.

Samantha spähte auf die Tabellen, aber die Zahlen schwammen vor ihren Augen herum wie in einem Meer aus Wodka. »Wo ist das Bad, bitte?«, fragte sie und stand so schnell auf, dass ihr Stuhl umfiel. Das laute Krachen hallte wie ein Schuss durchs stille Zimmer.

»Hoppla!«, sagte sie.

»Diese Stühle sind irgendwie schlecht ausbalanciert«, sagte Dawn, die ihr dabei half, ihn wieder aufzustellen. »Den Kindern passiert das auch ständig.«

Samantha entschuldigte sich und floh mit heißen Wangen aus dem Esszimmer. Sie war sicher, dass der gesamte Beirat wusste, dass sie betrunken war.

Im Bad setzte sie sich auf den geschlossenen Toilettendeckel und überlegte, was sie tun sollte. Eine Ausrede erfinden und nach Hause gehen oder sich noch mehr blamieren? Beides erschien ihr wie etwas, das Tina tun würde.

Da fiel ihr Blick auf ein Buch im Zeitschriftenständer neben der Toilette. Sie zog es heraus und betrachtete das Cover. *The Secret – Das Geheimnis.* Mit einem zugekniffenen Auge versuchte sie, das Vorwort zu lesen. Hier wurde ihr ein strahlendes Leben voller Herrlichkeit versprochen.

Vielleicht ist der Wodka meine Herrlichkeit, dachte sie. *Vielleicht kann ich bleiben, ohne mich zum Affen zu machen.*

Sie stopfte das Buch in ihre Handtasche und kehrte erhobenen Hauptes zur Sitzung zurück.

Während die anderen etwas über Aktiva, Passiva und Rechnungsabgrenzungsposten murmelten, nahm sich Samantha die Quartalszahlen vor, ein Auge zugekniffen, bis sie zumindest ein paar Ziffern lesen konnte. »Warum entspricht der ausgewiesene Rechnungsüberschuss nicht der Summe auf der Bilanzaufstellung?«, fragte sie langsam und vorsichtig, damit ihr die Worte nicht durcheinanderpurzelten.

»Gute Frage«, bemerkte Vielleicht-Stewart sehr zu Samanthas Erleichterung. Selbst wenn sie ab jetzt schwieg, hatte sie ihren Beitrag geleistet, mehr konnte man nicht von ihr verlangen.

»Möchtest du ein Glas Wein?«, fragte Dawn.

»Nein, danke.« Samantha starrte immer noch auf die Tabelle, obwohl die Zahlen schon wieder davongeschwommen waren.

»Samantha trinkt keinen Alkohol«, sagte jemand zu Dawn.

»Stimmt. Ich trinke nicht«, bestätigte Samantha laut und schaute angriffslustig in die Runde, als warte sie nur darauf, dass ihr jemand widersprechen würde.

Nicole

Obwohl Mum in ihrer kleinen Wohnung ein kleines Leben geführt hatte, fühlte ich mich nach tagelangem Sortieren und Ausmisten überfordert von den vielen Dingen, die noch übrig waren. Zwischen Samantha und mir herrschte weiterhin Funkstille, ich war also allein mit dieser schlimmen Aufgabe. Noch schlimmer fand ich allerdings die Vorstellung, Fremde damit zu beauftragen, den Nachlass meiner toten Mutter zu entsorgen.

Über einen Monat blieb die Wohnung so, wie sie war, weder aus- noch aufgeräumt. Als das zweite Mal seit Tinas Tod Miete fällig war, brachte Jethro das Thema schließlich aufs Tapet.

»Du weißt, ich zahle gern so lange Miete, wie es sein muss«, sagte er. »Aber du weißt hoffentlich auch, dass ich dir gern beim Ausräumen helfe.«

Das überraschte mich. »Du würdest mir helfen? Aber du hast doch so viel zu tun.«

Er grinste. »Die Arbeit läuft nicht weg.«

Den ganzen Tag füllten wir Müllsäcke mit überflüssigem Zeug: Zuckertütchen, Kataloge, zerbrochene Stifte und Kappen, einzelne Socken, Strumpfhosen mit Laufmaschen, einzelne Spielkarten und eine stattliche Ansammlung halb leerer Nachtcremetiegel.

»Es sieht aus, als hätte sie es einfach nicht geschafft, eine Nachtcreme bis zum bitteren Ende zu benutzen«, bemerkte Jethro, aber ich reagierte nicht darauf, denn ich hatte unter der Fußleiste ein eingeklemmtes Puzzleteil gefunden. Ein Stück Himmel.

»Ich bin froh, dass Sam das hier nicht gesehen hat«, sagte ich. »Mums schlampiger Umgang mit Puzzles hat sie immer wahnsinnig gemacht. Wobei mir gerade einfällt ...«

Ich zog mein Handy aus der Hosentasche und rief Samantha an. Wieder mal. Der Anruf ging direkt auf die Mailbox. Wieder mal.

»Bist du diesmal wenigstens durchgekommen?«, fragte Jethro. Er hatte mich in der letzten Zeit so oft vergeblich bei Samantha anrufen sehen, dass er das Ganze mittlerweile wie einen Wettkampf verfolgte.

Ich schüttelte den Kopf.

»Sie wird sich schon melden, wenn sie so weit ist«, versicherte er mir. Aber er verstand meine Schwester nicht so wie ich. »Hey, hat dein Dad sich eigentlich zurückgemeldet und dir gesagt, ob er das Hochzeitsalbum haben will?«

»Noch nicht.«

In Wahrheit hatte ich Dad gar nicht angerufen. Seit Samantha mir eröffnet hatte, dass er Donna-Louise mit Mum betrogen hat, versuchte ich ihn zu meiden. Ich redete mir ein, dass er es vermutlich gar nicht merkte, weil er und Celine mit der neuen Runde IVF genug um die Ohren hatten.

»Deine Familie«, sagte Jethro kopfschüttelnd.

»Meine Familie«, wiederholte ich, obwohl in diesem Moment so gut wie nichts davon übrig war.

Mit dem letzten Gegenstand in der Hand - ein Marmeladendeckel, den ich hinter der Toilettenspülung gefunden hatte - drehte ich mich noch in der Haustür einmal um und betrachtete die leere Wohnung. Ich hatte Mum beim Einzug geholfen, damals war ich gerade aus der WG mit Kim und Tom in Inverness Crescent auszogen, und sie hatte unsere alte Wohnung in Morley gekündigt. Ich inspizierte die Küchenschränke, deren Türen schief in den Scharnieren hingen, und kickte gegen den Teppich mit seinen ekligen Flecken, während Mum durch die Wohnung flatterte, den Kopf voller Renovierungspläne. Die Chaiselongue käme hierhin, die Lampe dorthin, das restaurierte Regal aus den Fünfzigern würde an der Wand da drüben stehen.

»Ich hatte noch nie eine Wohnung für mich allein«, hatte Tina mir damals gestanden. »Bin direkt aus meinem Elternhaus mit Craig zusammengezogen, und dann seid ihr gekommen.«

Ohne Chaiselongue, Lampen und Sideboards wirkte die Wohnung kahler und desolater als damals vor ihrem Einzug.

Jetzt war sie von Tinas Abwesenheit gezeichnet.

Ich schloss die Tür.

Als wir schon fast zu Hause waren, versprach Jethro, mir ein Bad einlaufen zu lassen und für uns zu kochen. »Und vielleicht können wir uns dann endlich zusammensetzen und uns die Pläne des Architekten ansehen«, sagte er. »Der Immobilienmakler hat wegen eines Hauses in Jutland Parade angerufen, das liegt direkt am Wasser, also müssen wir uns langsam entscheiden, ob wie hier renovieren oder …« Mein Handyklingeln unterbrach ihn.

»Behalte das mal eben im Kopf«, sagte ich. »Es ist Trent. Vielleicht ruft er wegen Samantha an. Hallo?«

»Ähm, Nicole?« Trents Stimme klang seltsam. »Ich rufe aus dem Krankenhaus an. Samantha hatte einen Autounfall. Sie liegt im Royal Perth.«

»Was?« Meine Kehle war plötzlich wie zugeschnürt. »Ist ihr was passiert?«, stieß ich hervor.

»Nein, alles halb so schlimm«, versicherte er mir rasch. Ich entspannte mich wieder. »Nur ein paar Kratzer, nichts kaputt, außer dem Wagen. Sie behalten sie noch zur Beobachtung über Nacht.«

»Gott sei Dank«, sagte ich. »Ich besuche sie morgen Vormittag.

Wir haben den ganzen Tag Mums Wohnung ausgeräumt und fahren gerade zurück nach Hause.«

»Ähm, könntest du sofort kommen? Als sie sie aus dem Wagen gezogen haben, dachten sie zuerst, sie hätte das Bewusstsein verloren, aber in Wahrheit war sie ... Ach, könntest du einfach kommen? Bitte?«

Trents seltsamer Tonfall ließ bei mir alle Alarmglocken schrillen. »Gut, gut, ich komme.«

»Was ist los?«, fragte Jethro, kaum dass ich das Gespräch beendet hatte.

»Sam hatte einen Unfall. Ihr ist nichts passiert, aber sie liegt im Royal Perth, und Trent möchte, dass ich komme.«

»Wir sind gerade in der Nähe gewesen«, sagte Jethro ein wenig eingeschnappt.

Ich seufzte. »Ja, weiß ich. Aber er hat mich dringend darum gebeten. Ich glaube ... ich glaube, sie haben Probleme, obwohl das keiner von beiden vor mir zugeben würde.«

»Ist sicher nicht leicht, mit Samantha verheiratet zu sein«, bemerkte Jethro.

»Ja, mir reicht es schon, ihre Schwester zu sein, und ich muss nicht mal mit ihr leben«, stimmte ich ihm zu. »Hör zu, wir machen das so: Du fährst zuerst nach Hause, danach fahre ich ins Krankenhaus. Es dauert sicher nicht lange, zum Abendessen bin ich wieder zurück. Dann können wir uns gemeinsam die Pläne ansehen.« Ich drückte seinen Arm. »Versprochen.«

Jethros Blick war stur nach vorn gerichtet, seine Kiefermuskeln arbeiteten. »Ich versuche, geduldig zu sein, Nic, aber wir müssen uns jetzt echt hinsetzen und eine Entscheidung treffen. Es ist wichtig für uns. Für *dich*.«

Es war das erste Mal, dass wir eine Meinungsverschiedenheit hatten.

»Als deine Mutter krank geworden ist, haben wir alles auf Eis gelegt«, fuhr er fort. »Dann kam die Beerdigung und die Trauerfeier, danach war Celine im Krankenhaus, und wir mussten Tinas Wohnung ausräumen. Und jetzt das. Es kommt mir vor, als gingen immer alle anderen vor, während du zurücksteckst. Andauernd. Immer ist jemand wichtiger als du.«

Wie oft hatte ich mich Samanthas Willen gebeugt, für Tina oder Dad alles stehen und liegen gelassen, nie für mich Partei ergriffen. Ich wusste gar nicht mehr, was ich wollte oder brauchte, so lange hatte ich *anderen* geholfen, das zu erreichen, was sie wollten oder brauchten.

»Du hast recht«, sagte ich. Und das stimmte.

»Warum ist das so, Nic?«, fragte Jethro. »Dein Dad oder deine Schwester haben kein Problem damit, zuerst an sich zu denken. Sogar Tina hat das mühelos hingekriegt. Warum tust du dich so schwer damit?«

Eine schmerzhafte Erinnerung stieg in mir auf. »Es ist ziemlich albern«, sagte ich, überrascht, dass mir die Tränen in die Augen schossen. »Es ist alles wegen *Young Talent Time.*«

»Was?«

Wir waren mittlerweile zu Hause angekommen. Jethro fuhr die Auffahrt hinauf und stellte den Motor ab.

»Erinnerst du dich an den Unfall, von dem ich dir mal erzählt habe? Als ich elf war?«

»Ja, ich erinnere mich.« Seine Stimme war gedämpft.

»Kurz vor dem Unfall habe ich Mum in den Ohren gelegen, dass wir wegen der Sendung unbedingt pünktlich in Kalgoorlie sein müssen. Es war meine Lieblingssendung, und ich wollte sie auf keinen Fall verpassen.«

Er runzelte die Stirn. »Verstehe ich nicht. Was hat das mit dem Unfall zu tun?«

»Na ja«, setzte ich an, doch ich war so aufgewühlt, dass ich schwer schlucken musste, um weiterzusprechen. »Wie gesagt, ich bin Mum so richtig auf die Nerven gegangen, und sie ist sicher schneller gefahren, damit wir pünktlich ankommen.«

Tränen liefen mir übers Gesicht. Mir war klar, wie albern das alles war, aber in diesem Moment schämte ich mich so sehr, dass ich Jethro nicht mal ansehen konnte.

»Moment mal«, sagte er. »Glaubst du, dass Tina deswegen einen Unfall gebaut hat? Weil sie wegen einer Fernsehsendung rechtzeitig in Kalgoorlie sein wollte?«

Ich nickte unter Tränen.

Jethro atmete tief durch. »Also, selbst wenn das stimmen würde, selbst wenn Tina wegen *Young Talent Time* zu schnell gefahren sein sollte, wäre das immer noch nicht deine Schuld. Es war *ihre* Entscheidung. *Sie* war die Erwachsene.«

Er berührte meinen Arm. Das hatte ich noch nie jemandem erzählt, und nun, da es raus war, da ich die Worte und Gedanken aus meinem tiefsten Inneren ans Licht geholt hatte, erkannte ich, wie unsinnig es war, dass ich mir über Jahre die Schuld an dem Unfall gegeben hatte. Meine Gefühle überkamen mich wie eine mächtige Welle, ich ließ mich von Jethro in die Arme schließen und weinte bitterlich.

»Natürlich will ich ein Haus, das sich für uns beide wie ein Heim anfühlt und nicht wie ein Relikt aus deiner früheren Ehe. Ehrlich. Aber es ist, als würden mir meine Wünsche und Bedürfnisse in der Kehle stecken bleiben, ich kann sie einfach nicht aussprechen. Ich habe es nur ein einziges Mal geschafft, etwas nur für mich zu tun, und das war damals, als ich von Darren schwanger wurde. Und wir wissen beide, wie das ausgegangen ist.«

Jethro drückte mich noch fester an sich. »Damals warst du allein, aber das bist du nicht mehr«, sagte er. »Ich bin hier.«

Ich nickte und vergrub mein Gesicht tiefer in sein weiches Hemd.

Trent lief wie in einem Film vor der Schwesternstation auf und ab. Er sah wütend aus.

Als er mich erblickte, blieb er stehen. »Du bist gekommen«,

sagte er. »Gut. Ich muss Rosemary abholen, will Sam aber hier nicht allein lassen.«

»Weswegen bist du dann hier auf dem Flur?« Ich sah mich nach Samantha um. »Wird sie doch schon entlassen?«

»Nein, sie ist noch auf dem Zimmer. Ich halte es nur nicht mit ihr aus da drin.«

»Was?« Seine Antwort verwirrte mich.

Er sah mich an, sein Blick hart. »Deine Schwester hat einen Unfall gebaut, weil sie *besoffen* war.« Er spuckte die Worte aus, als wären sie bitter und widerlich.

»Besoffen?«

»Ja, besoffen. Oder besser, stockbesoffen. Sie hatte doppelt so viele Promille wie erlaubt.«

Ich schloss die Augen, öffnete sie wieder. »Aber Samantha trinkt keinen Alkohol.«

Trent lachte bitter. »Ja, nicht wahr? Auf jeden Fall hat sie uns allen damit das Leben schwer gemacht, selbst wegen einem Scheißbier beim Picknick, und dann tut sie so was! Gott sei Dank war Rosemary nicht im Wagen.«

»Was?«

»Rose hatte schon wieder eine Panne, sie hat Samantha eine Nachricht geschickt und sie gebeten, sie abzuholen. Sam war auf dem Weg. Die Polizei geht davon aus, dass sie mit überhöhter Geschwindigkeit in die Kurve gefahren ist, denn sie hat die Kontrolle verloren und ist in einen Ampelpfosten gesaust. Der Pfosten hat gewonnen.«

»Und die Polizei ist sicher, dass Samantha betrunken war?«

»Ja.« Trent nickte knapp. »Ich habe ihnen gesagt, dass sie Abstinenzlerin ist, aber die Polizisten meinten, es hätte sie gewundert, dass sie bei einem dermaßen hohen Promillewert überhaupt zu irgendwas fähig war. Sie waren überzeugt, dass …« Seine Stimme versagte.

»Dass was?«

»Sie waren überzeugt, dass sie regelmäßig trinkt.«

In diesem Augenblick verschwand der Flur vor meinen Augen. Erinnerungen, halb vergessen, halb verdrängt, stiegen plötzlich in mir auf, wie etwas, das lange gebrodelt hatte und endlich hochkochte. Ich sah die jugendliche Samantha, wie sie damals auf der Party am Boden lag, glücklich und so entspannt, wie ich sie danach nie wieder gesehen hatte. Mir fiel die Tequilaflasche mit dem roten Plastikhut von Silvester wieder ein. Die nach Wodka stinkenden Blumen in unserer Mülltonne. Der Alkoholgeschmack ihres Drinks beim Treffen mit Dad. Lauter Kleinigkeiten kamen mir jetzt wieder in den Sinn, und über allem wehte der Geruch von Pfefferminz, Samanthas ständiger Begleiter.

Mir fiel es schwer zu atmen, als ich schlagartig verstand, dass ich vor lauter Sorge um Samanthas und Trents Ehe das wahre Problem übersehen hatte. Meine abstinente Schwester war Alkoholikerin.

»Meine Güte«, sagte ich.

Trent nickte nur, als wüsste er genau, was ich dachte.

»Hol du Rosemary ab«, sagte ich zu Trent. »Ich bleibe bei Sam. Ich rede mit ihr.«

Obwohl Samantha auf einem anderen Stockwerk und auf einer anderen Station lag, sah es genauso aus wie in Mums erstem Krankenzimmer. Dass Samantha mit geschlossenen Augen auf dem Rücken lag und sich ihre Brust wie damals bei Mum hob und senkte, machte es nicht besser. Für einen kurzen Moment fürchtete ich, Samantha ebenfalls zu verlieren, weil ich unachtsam gewesen war und die Dinge zwischen uns hatte schleifen lassen. Meine Arme nicht rechtzeitig geöffnet hatte, um sie aufzufangen.

Ich holte tief Luft und machte mir klar, dass Samantha nicht Mum war. Es war nicht zu spät. Samantha war noch zu retten.

Nach einer Weile beschlich mich die Ahnung, dass Samantha sich schlafend stellte. Ihr Körper wirkte zu angespannt, ihr Atem zu übertrieben. »Du bist wach«, sagte ich.

Sie schlug die Augen auf. »Woher wusstest du das?«

»Ich weiß noch, wie du dich damals, als wir klein waren, immer schlafend gestellt hast, damit Mum dich ins Bett trägt.«

»Trent war vorhin hier, ihn habe ich ausgetrickst.«

Du hast uns alle ausgetrickst. Seit Jahren, hätte ich am liebsten gesagt. Stattdessen sagte ich: »Erzähl's mir.«

Samantha setzte sich langsam auf. »Was soll ich dir erzählen?«

»Alles.«

»Alles?« Sie lachte kurz auf, bedauernd, als hätte ich Unmögliches verlangt.

Ich ließ nicht locker. »Okay. Dann beginnen wir mit heute. Was ist passiert?«

»Da gibt es nichts zu erzählen«, erwiderte Samantha, den herausfordernden Blick fest auf mich gerichtet.

In solchen Situationen gab ich mich normalerweise geschlagen und zog mich zurück, das wusste sie ganz genau. Aber diesmal nicht. Diesmal blieb ich hart. Ich wollte sie nicht verlieren. »Das ist Blödsinn, und das weißt du auch.«

Samantha gab nicht auf, und während wir einander eine gefühlte Ewigkeit anstarrten, bohrte ich mir die Nägel in die geballte Faust. Der Schmerz würde mich bei der Stange halten. Ich ging hier nicht weg.

Auf einmal gab Samantha nach, sehr zu meiner Überraschung. »Na gut. Ich erzähl's dir«, sagte sie.

Ich entspannte die Finger. »Okay. Danke.«

Samantha holte tief Luft. »Ich war wütend. Auf vieles. Kleinigkeiten. Blödsinn. Aber es hat sich immer mehr angesammelt. Nickeligkeiten auf der Arbeit, falsch abgelegte Unterlagen, Computerprobleme, jemand hat meinen Becher genommen. Als ich nach Hause kam, habe ich mich mit Rosemary gestritten, weil die

Hälfte ihrer Tütensuppe an der Mikrowellentür geklebt hat, eigentlich albern, aber sie ist dann einfach abgerauscht, und dann hat Trent mich aus dem Pub angerufen – er hatte vergessen, mir zu erzählen, dass er noch mit seinen Kollegen was trinken gehen wollte –, die Fernbedienung war verschwunden, und, na ja, da habe ich schon früher angefangen zu trinken als sonst …« Sie schwieg kurz. »Ich habe viel getrunken«, sagte sie dann. »So viel, dass ich mich nicht an Rosemarys Nachricht wegen der Panne erinnern kann, und auch nicht, dass ich das Haus verlassen habe. Ich weiß nicht mehr, wie ich ins Auto gestiegen bin, den Motor angelassen habe, aus der Auffahrt und überhaupt herumgefahren bin. Sogar der Moment, als ich gegen die Ampel gekracht bin, kommt mir vor, als hätte ich es vor langer Zeit in einem Film gesehen.«

Wie gern hätte ich sie in den Arm genommen, doch dann wäre sie vielleicht verstummt, und ich musste alles wissen.

»Also«, sagte ich mit bewusst ruhiger Stimme, »gehe ich recht in der Annahme, dass es nicht das erste Mal war?«

»Das erste Mal, dass ich betrunken Auto gefahren bin, aber nein, nicht das erste Mal, dass ich mich betrunken habe.« Wieder sah sie mich an, aber diesmal ganz ohne Trotz. »Ich trinke schon seit Jahren, Nicole. Nachts, wenn es niemand sieht. Und tagsüber, wenn es niemand merkt. Ich trinke und trinke und trinke.«

»Weiß Trent Bescheid?«

Samantha schüttelte den Kopf. »Ich glaube nicht. Niemand weiß es. Die meiste Zeit über tue ich selbst so, als würde ich es nicht wissen.«

»Warum hast du es niemandem gesagt? Wieso hast du uns nicht um Hilfe gebeten?«

»Ich weiß es nicht.« Ihr Kiefer mahlte. »Doch, eigentlich weiß ich es. Ich wollte nicht zugeben, dass ich wie Tina bin.«

Ich dachte an Mum, lachend, voller Lebensfreude, barfuß durchs Wohnzimmer tanzend, einen Drink in der Hand. Was Samantha tat, war völlig anders.

»Ich habe diese Regeln, an die ich mich streng halte, um mich von Tina abzugrenzen. Sogar ein Punktesystem hab ich eingeführt«, sagte sie und lachte erneut bedauernd auf. »Punkte! Als wäre ich bei den verdammten *Weight Watchers*!«

Natürlich ist meine Schwester eine kontrollierte Trinkerin, wie konnte es anders sein.

»Als Tina gestorben ist, hab ich mir gedacht: ›Scheiß auf die blöden Punkte‹, und hab alle Regeln gebrochen. Einschließlich betrunken Auto zu fahren, die eiserne Regel, gegen die ich nie verstoßen wollte. Und jetzt? Was, wenn Rose im Auto gesessen hätte? Was, wenn ...«

Samantha schlug sich die Hände vors Gesicht und begann zu weinen. Ich hätte gern mitgeweint, riss mich aber zusammen. »Wir besorgen dir die Hilfe, die du brauchst«, sagte ich. »Die beste Therapeutin, die es gibt.«

Als Samantha die Hände senkte und mich ansah, erinnerte sie mich mit ihrem verängstigten Ausdruck an das kleine Mädchen, das weinend auf dem Bett gelegen hatte, während sich seine Eltern im Flur ankeiften. Ich wusste nicht, ob ich sie damals in den Arm genommen hatte, wahrscheinlich hatte ich mir nur das nächstbeste Buch geschnappt und war in eine Fantasiewelt abgetaucht.

»Ich hätte dir eine bessere Schwester sein sollen«, sagte ich. »Mir war klar, dass was nicht stimmte, aber ich habe mir einfach eingeredet, dass das Problem ganz woanders lag.«

»Ich mache es den Leuten auch nicht gerade leicht, mir zu helfen«, gab Samantha zu.

»Und ich habe mir nicht besonders viel Mühe gegeben.«

Sie sah mich kurz an, dann schloss sie die Augen.

»Trent ist heimgefahren«, sagte ich leise.

»Ich weiß. Er wird mir sicher nicht ein zweites Mal vergeben.«

»Ein zweites Mal?«

Samantha antwortete nicht. Während wir schweigend dasaßen, wanderten meine Gedanken zu Mums leerer, kalter Wohnung. In diesem Moment wusste ich, dass ich meine Schwester nicht im Stich lassen konnte. Ich musste Jethro anrufen und ihm alles erklären. Er wäre enttäuscht, vielleicht sogar wieder wütend, aber am Ende würde er es hoffentlich verstehen. Ich wusste auch, dass er bei meiner Rückkehr schlafen und ich im Dunkeln ins warme Bett kriechen und seinen warmen Körper neben mir spüren würde. Und morgen, wenn er und ich gemeinsam aufwachten, würden wir endlich eine Entscheidung treffen und schließlich für eine lange, lange Zeit miteinander glücklich sein, egal wo. Dies alles wusste ich mit einer Sicherheit, die ich nie zuvor empfunden hatte.

»Soll ich ein bisschen bei dir bleiben?«, fragte ich.

»Ja«, sagte Samantha. »Ich möchte nicht allein sein.«

Ihre Augen hatte sie immer noch geschlossen, aber sie streckte ihre Hand aus.

Ich hielt sie fest, bis Samantha tatsächlich eingeschlafen war.

Teil Nr. 19: 2001

Kaum schlief Rosemary die erste Nacht durch, redete Trent von einem zweiten Kind, und Samantha nahm wieder die Pille, allerdings heimlich.

Zuerst redete sie sich ein, es wäre nur vorübergehend (und nötig), um einen gewissen Abstand zwischen Trents Enthusiasmus für ein zweites Kind und der Realität des ersten zu schaffen. Doch ein Jahr später hatte sie die Pille weder abgesetzt noch Trent davon erzählt. Das Schuldgefühl schob sie in den dunklen Winkel ihres Verstandes, wo auch die anderen Schuldgefühle vor sich hin vegetierten.

»Schau dir ihr kleines Engelsgesicht an!«, schwärmte Trent mit Blick auf Rosemary, die mitten im Kinderprogramm auf dem Sofa eingeschlafen war. Die Tatsache, dass sie eben noch wie am Spieß gebrüllt hatte, weil sie die Geschenke der anderen unter dem Baum nicht aufreißen durfte, verschwieg er geflissentlich.

»Wenn sie jetzt schläft, geht sie heute Abend wieder nicht ins Bett. Dann ist der ganze Tagesplan durcheinander«, bemerkte Samantha, während sie die Objekte der Begierde sorgfältig in zwei Tüten packte, ein Geschenk für Trents Eltern, die sie zum Weihnachtsbrunch eingeladen hatten, das andere für Nicole, die sie zum Mittagessen besuchen würden.

»Ähm, sie hat uns heute um vier Uhr früh geweckt, weil sie nachsehen wollte, ob der Weihnachtsmann schon da war«, erwiderte Trent. »Ich glaube, es ist ziemlich klar, dass der Plan für heute passé ist. Wir sollten unser Engelchen einfach schlafen lassen, während wir uns fertig machen.«

Er half ihr mit den Tüten. »Ehrlich, Sammy, sie ist ein so tolles Kind«, sagte er dann. »Und wir machen das alles so gut, obwohl wir keine Ahnung haben. Stell dir vor, wie es sein wird, wenn wir unser zweites bekommen. Eine vollkommene Familie!«

Da fiel Samantha siedend heiß ein, dass sie die morgendliche Pille noch nicht genommen hatte.

»Ähm ... ich glaube, da fehlen noch Geschenke«, behauptete sie. »Könntest du oben auf dem Schrank nachsehen, ob ich sie dort hingelegt habe?«

»Klar. Aber mal ernsthaft, Sammy«, fuhr er auf der Treppe fort, »wir sind es der Menschheit schuldig, noch ein Kind zu bekommen.«

Während sie die Packung aus dem Innenfach ihrer Handtasche fischte, versuchte Samantha sich die Vollkommenheit ihrer Familie mit einem zweiten Kind vorzustellen, aber das Einzige, was ihr dabei einfiel, war ihre eigene Unvollkommenheit. Sie schluckte die Pille ohne Wasser. Es beruhigte sie ungemein, wie sie sie langsam ihre Kehle hinunterrutschen spürte.

»Nee, da oben ist nichts mehr.« Trent kam schon wieder nach unten, als Samantha rasch die Packung in die Tasche warf.

»Hast du genau nachgesehen?« Sie war verärgert, dass sie sie so schnell nicht gleich wieder ins Innenfach hatte stecken können, jetzt gab es wieder eine Sache mehr, die sie nicht vergessen durfte.

»Klar!«, antwortete Trent. »Bist du sicher, dass du sie nicht woanders hingelegt hast? Vielleicht *in* den Schrank?«

Samantha wurde es langsam zu bunt. »Natürlich bin ich sicher, sonst hätte ich dich bestimmt nicht gebeten, obendrauf zu suchen«, pampte sie ihn an.

»Na, sie werden schon wiederauftauchen«, sagte Trent achselzuckend. »Sollen wir schon mal alles ins Auto packen?«

Samantha nickte, aber ihre Gedanken kreisten um die Wodkaflasche, die sie unter dem falschen Boden im Kleiderschrank versteckt hatte. Seit letztem Silvester trank sie ein-, zweimal die Woche, wenn Trent nicht da war oder länger arbeitete. Wenn es in der Wohnung endlich still war, setzte sie sich ins dunkle Wohnzimmer und genoss den kurzen Moment der Freiheit, weit weg von Rosemarys ständig an ihr zerrenden Händchen. Dann trank sie, meist Wodka, denn den konnte man kaum riechen, und er ließ sich mit Orangensaft mischen, völlig unauffällig, falls Trent doch mal unverhofft zurückkehren sollte. Nicht dass das je vorkam. Sie war immer schon im Bett, wenn er nach Hause kam, und stand schon zur Unzeit wieder in der Küche, bei Kinderprogramm und schwarzem Kaffee. Wenn Trent endlich in der Küche aufschlug, fühlte sie sich fast wieder normal, wenn auch von Selbsthass und Schuldgefühlen zerfressen.

Um ihr schlechtes Gewissen zu besänftigen, hielt sich Samantha an folgende Regeln:

1. Sie trank nicht jeden Abend.
2. Sie trank nur, wenn Rosemary im Bett lag und schlief.
3. Sie trank nie durcheinander.
4. Ordnung und Sauberkeit gingen vor.
5. Alkohol am Steuer war tabu. Wenn sie getrunken hatte, durfte sie nicht fahren.
6. Sie trank immer allein, es sei denn, es ließ sich absolut nicht vermeiden.

Die letzten beiden Regeln waren besonders wichtig. Trunkenheit am Steuer gehörte für sie zu den schlimmsten Vergehen, deren sich ein Mensch schuldig machen konnte. Was den Kontakt zu anderen betraf: Sie schämte sich dafür, wie ihre Stimme klang, wenn sie betrunken war, als wäre ihre Zunge geschwollen, die Worte klebrig. Genauso hatte Tina herumgelallt, wenn sie Samantha und Nicole abends ins Bett gebracht hatte, und noch immer klang ihre Mutter so, wenn Samantha nach Mittag bei ihr anrief, egal an welchem Tag.

Solange sie sich an diese Regeln hielt, wäre sie nicht wie Tina. Und das tat sie, wenn auch mit Hängen und Würgen. Ein zweites Kind würde sie in den Abgrund stürzen.

Kaum waren sie bei Trents Eltern eingetroffen, ergriff Barb die erste sich bietende Gelegenheit, um Trents Worten Nachdruck zu verleihen und sie ebenfalls zum zweiten Kind zu drängen.

»Es wäre doch schön, wenn Rosemary einen kleinen Spielkameraden hätte«, sagte Barb, die mit einem Drink bewaffnet zu Samantha in die Küche trat. Alle tranken während der Bescherung Moët aus Sektflöten. Alle außer Samantha, die Tee trank, aus einem Becher mit der Aufschrift: *Don't let the turkeys get you down.*

»Jemand, bei dem sie sich über dich beschweren kann, wenn sie älter ist«, fuhr Barb fort, obwohl Samantha kaum eine Reaktion gezeigt hatte. »Trent behauptet zwar, er würde nie mit seinen Brüdern über uns, über mich lästern, aber das glaube ich ihm nicht. Wenn ich mit meinen Geschwistern spreche, geht es fast nur um unsere Eltern, obwohl sie seit Jahren tot sind.«

Samantha schenkte sich Tee nach. »Wir haben Zeit«, sagte sie. »Ich bin noch jung.«

»Zu viele Jahre Abstand sind nicht gut. Und auch du wirst älter«, warnte Barb. »Kein Kind will eine alte Mutter.«

Samantha trank ihren Tee, darauf bedacht, dass niemand bemerkte, mit wie viel Gin sie ihn angereichert hatte. Barb und sie waren sich immer höflich begegnet, sogar freundlich. Aber seit Rosemary auf der Welt war, kam es ihr vor, als hätte man Barb zu ihrer Vorgesetzten ernannt, die ständig ihre Arbeit bewertete und ihr Tipps gab, wie sie es besser machen könnte.

»Lass uns zu den anderen zurückkehren«, schlug Samantha vor.

»Ja, gute Idee. Ich hol uns nur noch eine Flasche Schampus«, sagte Barb und zog schwungvoll die Kühlschranktür auf. »Noch was anderes … wäre es nicht langsam an der Zeit, Rosemary aufs Töpfchen zu setzen?«

»Betrunken ist deine Mutter mit ihren Ratschlägen noch übergriffiger«, bemerkte Samantha auf dem Weg zu Nicole. Sie hatten bereits eine halbe Stunde Verspätung. Das war aber sicher kein Problem, denn bei ihrem Eintreffen wäre Nicole vermutlich sowieso erst beim Kartoffelnschälen.

»Du darfst sie nicht so ernst nehmen«, sagte Trent vom Rücksitz, wo er Rosemary bespaßte. »Wenn sie redet, leg ich einfach einen Schalter um, danach klingt alles, was sie sagt, wie bedeutungsloses Rauschen. Oder wie die Erwachsenen bei den *Peanuts*: ›Wah-wah-wah.‹«

Rosemary klatschte in die Hände. »Wah-wah-wah!«, krakeelte sie.

Samantha ignorierte sie. »Jetzt redet sie die ganze Zeit von einem zweiten Kind.«

»Hast du ihr erzählt, dass wir es bereits versuchen? Wo wir gerade beim Thema sind, vielleicht sollten wir Rosemary nachher bei Nicole lassen und es zu Hause ein bisschen ernsthafter versuchen …«

Er berührte sie an der Schulter, aber sie schüttelte ihn ab. »Sei nicht albern!«, zischte sie. »Es ist Weihnachten.«

»Weihnachten«, krähte Rosemary. »Noch mehr Schenke für mich!«

»Ja, meine Süße, noch mehr Geschenke für dich«, sagte Trent, bevor er sich wieder an Samantha wandte. »Sollten wir vielleicht mal einen Termin machen? Nur, um sicherzugehen, dass alles … ähm … in Ordnung ist.«

»Was meinst du genau?«

»Na, vielleicht hat der Notkaiserschnitt deine … wie soll ich sagen … Leitungen verstopft?«

»Für dich sind meine komplexen Reproduktionsorgane also ›Leitungen‹?«

»Du weißt schon, was ich meine.«

»Ja, leider schon.« Sie wurde zunehmend gereizter. »Nun, als Antwort auf deine taktlose Frage kann ich nur sagen, dass wir einfach Geduld haben sollten. Wir brauchen keine Hilfe.« Sie rieb sich die Schläfe.

»Hast du wieder deine Kopfschmerzen?«

»Nein. Alles gut.«

»Du solltest eine Tablette nehmen.«

»Ich hab nichts dabei.«

»Du hast doch immer was dabei.« Sprach's und wühlte in ihrer Handtasche herum.

»Lass die Finger von meiner Tasche!«, zischte sie panisch.

Aber es war schon zu spät. Trent zog eine kleine Packung voller bunter Pillen hervor, von denen nur eine fehlte. »Verdammte Scheiße! Was ist das?«, sagte er. Seine Stimme klang zentnerschwer.

»Trent …«

»Schweiße!«, rief Rosemary und klatschte mit nahezu diebischer Schadenfreude in die Hände. »Daddy hat Schweiße gesagt!«

»Rose! Bäh! Das sagt man nicht«, erwiderte Samantha, den Blick in den Rückspiegel gerichtet.

»Schweiße! Schweiße!«

»Ich habe dich was gefragt, Samantha! Was ist das für eine Scheiße?«, wiederholte Trent lautstark. »Wann gedachtest du, mir davon zu erzählen? Ich dachte, wir wollten ein zweites Kind?«

»Hätte ich ja, aber …« Sie konnte den Satz nicht mal beenden, denn die Wahrheit lautete, dass sie nie wieder schwanger werden wollte.

»Halt an!«, rief er, während Rosemary weiterhin klatschte und »Schweiße!« krakeelte.

»Wir sind fast bei Nicole.«

»Halt sofort an!«, brüllte er. »Ich gehe nicht zu Nicole, ich will nach Hause.«

»Daddy?«, fragte Rosemary, danach war sie still.

»Daddy macht einen langen Spaziergang«, sagte Trent zu ihr.

Samantha hielt am Straßenrand, Trent stieg wortlos aus und knallte die Tür zu.

»Trent, bleib stehen!« Samantha riss ihre Tür auf und lief ihm hinterher.

»Wie lange?«, fragte er mit wutverzerrtem Gesicht. »Wie lange nimmst du die Dinger schon?«

»Seit Februar.«

»Die ganze verdammte Zeit?«

Samantha nickte. Jetzt musste sie ins kalte Wasser springen. »Ich will kein zweites Kind, Trent.«

Da. Es war gesagt. Vor lauter Erleichterung, sich endlich von der Last eines ihrer schrecklichsten Geheimnisse befreit zu haben, war ihr glatt schwindelig.

»Warum hast du das nicht einfach gesagt? Du hattest ... zehn Monate Zeit! Stattdessen hast du mir vorgemacht, du wolltest dasselbe wie ich.«

»Ich ...«

»Das ist krank, Samantha. Wir sind verheiratet. Wir sollten Partner sein, keine Gegner. Was hast du sonst noch vor mir verheimlicht?«

Samantha öffnete den Mund, wollte noch mal reinspringen, ihm von der Tequilaflasche erzählen und von dem Wodka, den vielen Nächten der kompletten Auslöschung, aber dann fing Rosemary an zu schreien. Samantha schloss den Mund. Statt zu gestehen, streckte sie die Hand aus. Sie wollte Trents Haut spüren, musste die Situation wieder unter Kontrolle bekommen. »Komm zurück ins Auto. Komm mit zum Weihnachtsessen. Wir können das später in Ruhe besprechen.«

»Ich kann gerade nicht mit dir zusammen sein«, sagte Trent und schüttelte ihre Hand ab.

Samantha sah ihm hinterher, dann kehrte sie langsam zum Wagen zurück, zu ihrem schreienden Kind. Sie setzte sich hinters Steuer und überlegte, was sie tun sollte. Zu müde, um Trent hinterherzulaufen. Zu müde, um ohne Trent bei Nicole aufzuschlagen und dort auf Tina zu treffen. Aber wenn sie nach Hause fuhr und Rosemary sich weigerte, ihr Mittagsschläfchen zu halten, während Trent irgendwo draußen herumirrte, würde sie vielleicht komplett zusammenbrechen. Wenigstens könnte sie bei Nicole etwas schlafen, während ihre Schwester auf Rose aufpasste.

»Komm, wir fahren zu Tante Nic und Oma Tina«, sagte sie, als Rosemary sich ein wenig beruhigt hatte. »Das wird sicher lustig.«

»Ich will Daddy!«, stammelte Rosemary unter Tränen.

»Ich will ...« Samantha wusste nicht, wie sie den Satz beenden sollte. Sie biss die Zähne zusammen, startete den Motor und ließ ihn ein paarmal aufheulen, um Rosemarys Schniefen auszublenden. »Jetzt feiern wir erst mal richtig Weihnachten«, sagte sie schließlich.

Als sie »Weihnachten« hörte, beruhigte sich Rosemary auf Anhieb. »War der Weihnachtsmann auch bei Tante Nic?«, fragte sie.

»Ja, er hat auch Tante Nics Haus besucht.« Samantha hoffte inständig, dass Nicole sich zusammengerissen und ein bisschen Mühe gegeben hatte.

Komplette Fehlanzeige. Keine Deko, nicht mal ein Baum begrüßte sie in Nicoles Wohnung. Von Nicole fehlte jede Spur. Nur Tina saß im Wohnzimmer, wie der Geist der vergangenen Weihnacht, ihre Schminke schon ein wenig verschmiert, und natürlich mit einem Drink in der Hand.

»Hallöchen!«, rief Tina munter.

Rosemary blieb misstrauisch auf dem Absatz stehen. »Wo ist Weihnachten?«, fragte sie.

»Wo ist Nic?«, fragte Samantha. Keine Aussicht auf ein Schläfchen, und sie war so unendlich müde.

»Im Bett.«

»Im Bett?« Nicole hatte keine Kinder. Folglich hatte sie keine Ausrede, um diese Tageszeit im Bett zu liegen.

»Zum Glück bin ich früher gekommen und habe den Braten in den Ofen geschoben. Hoffentlich ist er in der Mitte aufgetaut. Wo ist Troy?«

»Trent.«

»Wo ist Trent?«

»Wir … wir haben uns gestritten«, brach es aus Samantha hervor. »Kann sein, dass wir uns trennen.«

Bei den Worten wurde ihr klar, wie die Dinge tatsächlich lagen, und sie brach in Tränen aus. Als Tina ihren Drink abstellte und sie in die Arme schloss – eine echte Umarmung –, weinte Samantha wie ein Schlosshund.

Teil Nr. 20: 2001

Ungefähr sechs Wochen nach ihrer Trennung von Darren kaufte Nicole sich einen Schwangerschaftstest. Ihre Periode, die stets pünktlich nach achtundzwanzig Tagen eintrat und die einzige zuverlässige Komponente in ihrem Leben darstellte, war bereits seit drei Wochen überfällig.

Während sie auf das Ergebnis wartete, fragte sie sich, wie es sein mochte, ein Kind zu haben, und ob es mit oder ohne Darren leichter wäre. Sie dachte daran, wie heftig Rosemary manchmal weinte, wenn sie auf sie aufpasste, und wie hilflos sie sich dann fühlte. Wie war es wohl, dieses Gefühl vierundzwanzig Stunden am Tag zu empfinden, dreihundertfünfundsechzig Tage im Jahr, ein ganzes Kinderleben lang? Es wäre sicher schwer, das allein zu stemmen. Doch beim Gedanken an Darren und seine Art, das Kinn vorzurecken, wenn sie etwas nicht so machte, wie er es wollte, was öfter vorkam, als es für sie beide erträglich war, fragte sie sich, ob es ohne ihn nicht am Ende leichter wäre.

Als sie schließlich den blauen Streifen sah, war ihr klar, dass in ihrem Leben nichts mehr leicht sein würde, ob nun mit oder ohne Darren.

Beim Sonntagsessen bei Tina drei Wochen – oder vier Schwangerschaftstests – später war Nicole immer noch schwanger. Sie hatte es niemandem erzählt. Nicht Darren. Nicht Tina. Nicht mal ihren Freunden in der Bar, wo sie arbeitete, denn die waren alle zehn Jahre jünger und würden sicher ausflippen. Und Samantha auch nicht, kam gar nicht infrage. Bei ihrer letzten Unterhaltung, bevor Nicole von ihrer Schwangerschaft wusste, hatte Samantha so getan, als bräuchte man einen Universitätsabschluss, um Mutter zu sein. Nicole wollte auf keinen Fall, dass ihre Schwester ihr das Gefühl vermittelte, sie würde es nicht schaffen.

Während der Braten in der Röhre schmorte, machten sie sich an Tinas neuestes Puzzle, eine Straßenszene von 1979, irgendwo in Europa, bonbonfarbene Häuser, Männer mit Schlaghosen.

»Ich hab dich schon seit Wochen nicht mehr gesehen«, bemerkte Tina. »Ist alles okay?«

»Hatte viel zu tun.« Klar, sich in ihrer Wohnung zu verbarrikadieren und die ständigen Schwangerschaftstests nahmen eine Menge Zeit in Anspruch.

»Ja, um diese Jahreszeit ist viel los«, sagte Tina. »Ich organisiere dieses Mal das Weihnachtswichteln im Pub. Jedes Jahr schwöre ich mir, es nächstes Mal zu lassen, aber bis November habe ich den ganzen Zirkus schon wieder vergessen.« Sie schenkte sich Wein ein. »Ein bisschen wie beim Kinderkriegen.«

»Ich bleibe bei Wasser, danke«, sagte Nicole, als Tina auch ihr ein Glas Wein einschenken wollte. »Hab … Kopfweh.«

Tina sah sie fragend an, hakte aber nicht nach. Stattdessen fragte sie: »Wie geht es Darren?«

»Keine Ahnung. Wir sind schon seit zwei Monaten getrennt. Dieses Mal schaffen wir es womöglich.«

»Na ja.« Tina lehnte sich zurück. »Ist vielleicht besser so. Obwohl er mir fehlen wird, auf Partys. Jetzt kriege ich wieder den Schwarzen Peter wegen schlechtem Benehmen.«

Nicole lächelte schwach. Laut Tina war Darren ungefähr so feinsinnig wie Marmorkuchen mit Vollkornmehl. Darren hatte das immer auf seine einmalige Japanreise geschoben, aber die lag nunmehr sechs Jahre zurück, und Nicole hatte die leise Ahnung, dass er schon immer so gewesen war.

Sie wühlte im Puzzlekarton herum, während Tina den Himmel zusammenfügte. Die meisten Puzzler warteten mit diesem Teil bis zum Schluss, aber Tina stellte sich der Herausforderung immer gleich zu Anfang.

»Mum?«, fragte Nicole, während sie ein blaues Puzzleteil herausfischte und auf die Tischplatte legte. »Hast du dir je gewünscht, dich früher von Dad getrennt zu haben? Also bevor du Kinder mit ihm hattest?«

»Und dich und Sammy dann nicht bekommen? Nein. Nie.«

»Okay, dann tun wir einfach mal so, als hättest du uns trotzdem bekommen, aber ohne Dads Wissen und Einmischung.«

»Ohne deinen Vater hätte ich das nie geschafft.« Tina hielt ihr Weinglas gegen das Licht und schwenkte die rote Flüssigkeit herum. »Für jeden von uns war der andere eine schreckliche Enttäuschung, aber ihr beide, ihr habt uns nie enttäuscht. Überhaupt nicht. Ihr seid das Beste, was wir beide geschaffen haben, niemals hätte ich ihn von dieser Erfahrung ausgeschlossen.« Sie trank einen Schluck und stellte das Glas auf den Tisch. »Wieso fragst du?«

»Nur so.«

Tina betrachtete sie eine Weile, bevor sie sich wieder ihrem Puzzle widmete.

»Ha! Diese beiden Wolkenteile könnten passen!«, rief sie auf einmal entzückt.

An diesem Abend saß Nicole in ihrer kleinen Wohnung in Inglewood und schaute einen neuen Film, den sie sich ausgeliehen hatte, *Bridget Jones – Schokolade zum Frühstück*. Sie hatte es sich auf dem Zweisitzer von IKEA gemütlich gemacht, den sie und Darren in einer glücklichen Phase ihrer Beziehung gekauft hatten, als es noch so aussah, als würde er dauerhaft bei ihr einziehen. Damals beim Zusammenbauen hatte sie höllisch aufgepasst, den Inbusschlüssel nicht fallen zu lassen, und zur Belohnung hatte Darren sie kein einziges Mal angeschrien.

Jetzt, bei der letzten Filmszene – Bridget rannte in Unterwäsche in den Schnee hinaus –, erkannte Nicole, dass sie eine große Geste brauchte. Sie hatte Darren kommen und gehen lassen, als wäre er ein Kater und nicht die Liebe ihres Lebens. Vielleicht hatte er ihr so wenig gegeben, weil sie nie mehr von ihm verlangt hatte.

Also beschloss sie, ihm von der Schwangerschaft zu erzählen. Nach ein paar vergeblichen Versuchen, ihn auf dem Handy zu erreichen, probierte sie es bei seinen Eltern.

»Ich hole ihn ans Telefon«, sagte Darrens Mutter zögerlich, bevor sie den Hörer mit der Hand bedeckte. Nicole hörte allerdings trotzdem, was sie von sich gab: »Es ist Wie-heißt-sie-noch.«

Wie-heißt-sie-noch? Sie und Darren waren fast sechs Jahre zusammen gewesen, aber seine Mutter nannte sie immer noch nicht beim Namen. Sie fragte sich, ob die Tatsache, dass sie mit Darrens Kind schwanger war, ihren Stand verbessern würde.

»Hallo?« Darren klang verärgert.

»Darren, könnten wir uns treffen?«

»Wir sind nicht mehr zusammen.«

»Ja, das weiß ich auch. Aber ich muss dir was sagen.«

»Das Zeug, was ich bei dir gelassen habe, brauche ich nicht mehr. Kannste spenden. Wie beim letzten Mal.« Er hatte ihr immer noch nicht verziehen, dass sie seine Platten von Steely Dan und Genesis mit Phil Collins an die Heilsarmee verschenkt hatte, obwohl sie ihn vorher fünf Mal gebeten hatte, sie abzuholen.

»Es geht um etwas anderes. Ist ein bisschen komplizierter«, sagte sie. »Ich bin schwanger. Wir bekommen ein Kind.«

In ihrer Fantasie rannte sie ihm in Unterwäsche im Schnee hinterher, die ganz große Geste.

Am anderen Ende der Leitung herrschte lange Schweigen, gefolgt von Darrens Räuspern, als wollte er etwas Wichtiges verkünden. »Woher willst du wissen, dass es von mir ist?«

Ihr sank das Herz. »Du weißt, dass es deins ist.«

Darren wusste genau, dass er der dritte Mann war, mit dem Nicole in ihrem Leben geschlafen hatte.

»Ich muss darüber nachdenken«, sagte er.

»Nachdenken ändert nichts an der Tatsache. Es macht mich nicht weniger schwanger. Ich will mit dir zusammen sein. Ich will das mit dir gemeinsam machen.«

»Ich muss darüber nachdenken«, wiederholte er. »Ich melde mich.«

Dann legte er einfach auf. Nicole lauschte dem Freizeichen, bis es irgendwann in einen Piepton überging.

Darren rief sie nicht zurück. Nach mehreren verheulten Tagen redete Nicole sich ein, dass es ihr egal war. Sie hatte das Richtige getan und ihn informiert. Was er damit anfing, lag bei ihm.

Statt weiter Trübsal zu blasen, versuchte sie, sich über die Schwangerschaft zu freuen. Ihre schlechten Erfahrungen beim Babysitten schob sie beiseite, stattdessen erinnerte sie sich an glücklichere Momente wie ihre Parkbesuche mit Rosemary, als die Leute sie für ihre Mutter gehalten und sie beide angelächelt hatten. In diesen Augenblicken hatte sie ein Gefühl von Zugehörigkeit verspürt. Allmählich empfand sie Vorfreude auf dieses Wesen, das in ihr heranwuchs, und auf das Gefühl der Zugehörigkeit, das es mit sich bringen würde. Vielleicht schenkte sie sich mit diesem Baby ihre ganz eigene große Geste.

Immer öfter fühlte sie sich in den Geschäften zu Kinderausstattung und Babykleidung hingezogen, betastete voller Verwunderung die zarten, winzigen Teile mit ihren großen Händen. Sie kaufte nie etwas, ein vager Aberglaube hielt sie davor zurück. Nur einmal ließ sie sich zu einem Spontankauf hinreißen, es war eine Keksdose, die aussah wie der Kopf des Krümelmonsters. Bei diesem Anblick konnte sie sich auf einmal eine Zukunft vorstellen, in der sie ihrem kleinen Kind aus ebendieser Dose Kekse geben und ihm Geborgenheit schenken würde, und das Kind blickte zu ihr auf, als wäre sie seine ganze Welt.

»Die ist für mein Kind«, entfuhr es ihr, als die Verkäuferin die Dose an der Kasse in Papier einschlug.

»Wie schön«, sagte die Frau. Offenbar war sie es gewohnt, dass ihre Kunden hier Sachen für ihre Kinder kauften.

An Heiligabend setzten die Blutungen ein. Sie war im Supermarkt, suchte gerade eine passende Cranberrysoße für das Mittagessen am Ersten Weihnachtstag aus, als sie spürte, wie es zwischen ihren Beinen nass wurde. Instinktiv griff sie sich in den Zwickel ihrer Shorts. An ihren Fingern klebte eine rosige, metallisch riechende Flüssigkeit, die ihr einen Riesenschrecken einjagte. Im Taxi zum Krankenhaus regte sich der Taxifahrer über Asylsuchende und steigende Hauspreise auf, während sie stumm und mit zusammengepressten Beinen auf dem Rücksitz saß. Sie fragte sich, ob sie jemanden anrufen sollte, hatte aber vergessen, über Nacht ihr Handy aufzuladen. Darren sollte davon erfahren, bevor das Kind ganz gestorben war.

Auf dem Gehweg vor der Notaufnahme wählte sie seine Nummer. »Darren, ich glaube, ich habe eine Fehlgeburt«, sprach sie ihm auf die Mailbox. »Ich bin im Charlie-Gairdner, mein Akku ist fast leer. Komm, wenn du kannst. Bitte.«

Sie schaffte es nicht, ihre Tränen oder ihre Panik bis zum Ende ihrer Nachricht zu unterdrücken.

Im Krankenhaus wurden ihr Fragen gestellt, und sie musste Formulare ausfüllen. »Hat Sie jemand begleitet?«, fragte die Frau an der Aufnahme.

»Nein«, erwiderte Nicole, das mittlerweile leere Handy fest umklammert.

Sie war mutterseelenallein.

Ein paar Stunden später bereitete man sie für die OP vor, doch von Darren fehlte immer noch jede Spur. Krankenhauspersonal kam mit Formularen und verschwand wieder, man redete von Küretten und Zervixinsuffizienz. Sie konnte sich auf kein Wort konzentrieren. Ihre Gedanken galten nur dem Glück, das aus ihr herausfloss, zusammen mit dem vielen Blut.

»Sollen wir jemanden verständigen?«, fragte eine Schwester. »Jemand muss Sie nach dem Eingriff abholen und die ersten zwölf Stunden zu Hause bei Ihnen bleiben.«

Nicole sagte die ersten Ziffern von Darrens Nummer auf, doch dann hielt sie inne. Sie dachte daran, wie er bei ihrem Anblick das Kinn vorrecken würde oder, schlimmer noch, gar nicht erst käme.

»Nein. Rufen Sie meine Mutter an«, korrigierte sie sich. »Aber sie wird nicht zu Hause sein. Versuchen Sie's in der Ambassador Tavern, Bassendean.«

Da fing das Narkosemittel an zu wirken, und sie ließ sich ins Nichts fallen.

Als sie aufwachte, brauchte sie eine Weile, um zu verstehen, wo sie war, und warum. Sie fühlte sich so zerbrechlich wie die ausgeblasenen Eier, die sie und Tina an Ostern bemalt hatten. Stocksteif lag sie im Bett, sie hatte Angst, sie könnte bei jeder Bewegung zu Staub zerfallen.

Tina kam um kurz vor sechs, sie stank nach Kneipe, hatte aber frische Kleidung und einen kleinen Strauß Rosen dabei. »Mein Baby!«, rief sie bei Nicoles Anblick.

Mein Baby, dachte Nicole und brach in Tränen aus.

»Es wird alles wieder gut!« Tina eilte ans Bett und schloss sie in die Arme. Nicole ließ es geschehen, nicht mal Tinas leere Worte störten sie in diesem Augenblick. »Sie haben gesagt, ich darf dich nach der Visite nach Hause bringen. Sollen wir Sam bitten, uns abzuholen?«

Nicole schüttelte den Kopf. Sie wollte ihre Schwester noch nicht sehen. Wie Darren würde Samantha die Dinge so verdrehen, dass Nicole am Ende selbst Schuld an der Fehlgeburt hatte.

Erst als sie und Tina im Taxi saßen und durch die weihnachtlich geschmückte Stadt fuhren, fiel Nicole wieder ein, dass sie mitten beim Einkaufen gewesen war.

»Wann machen die Geschäfte zu?«, fragte sie den Taxifahrer.

»Der Supermarkt an der Guildford Road hat vielleicht noch auf«, erwiderte er. »Ich könnten Sie auch nach Karrinyup fahren, ich glaube, da haben die Läden bis Mitternacht auf.«

Beim Gedanken an all die Menschen in Karrinyup, all die weinenden Babys in ihren Kinderwagen, war Nicole sofort klar, dass sie das nicht ertragen könnte. »Versuchen wir's mit der Guildford Road.«

Als sie auf dem Parkplatz ankamen, wurde der Supermarkt gerade geschlossen.

»Ich flitz schnell rein«, sagte Tina.

»Nein, ich habe euch eingeladen«, wehrte Nicole ab und schälte sich vorsichtig aus dem Auto. Wenigstens eine Sache wollte sie richtig machen.

»Haben Sie noch Weihnachtsschinken?«, rief sie dem nächstbesten Verkäufer zu, kaum dass sie durch die automatische Schiebetür gehechtet war. Sie kam sich vor wie in einem Weltuntergangsfilm.

Der Typ zuckte die Achseln. »Vielleicht in der Gefriertruhe?«

Ein einziger tiefgefrorener Braten war noch übrig. Marke *Black and Gold*, nicht gerade vom Feinsten, aber ihr blieb keine Wahl. Sie schnappte sich eine Tüte Kroketten und Tiefkühlerbsen dazu.

»Haben Sie was Besonderes geplant für Weihnachten?«, fragte

die Kassiererin mit Blick auf Nicoles Klinikarmband, das sie vergessen hatte abzureißen.

»Was ganz Besonderes«, erwiderte Nicole, während sie die Tiefkühlkost aufs Band pfefferte. Es war zwar nicht das Weihnachten, das sie sich vorgestellt hatte, aber das ließ sich nun mal nicht ändern.

Tina saß geduldig im Taxi und wartete. »Hast du alles gekriegt?«, fragte sie.

»Leider nicht.« Nicole fühlte sich auf einmal sehr erschöpft. Bei der Vorstellung, wie Tina sie in ihrer kleinen Wohnung zu bemuttern versuchte, ihr Fragen stellen oder, schlimmer noch, die offensichtlichen Fragen aussparen und so tun würde, als wäre nichts geschehen, wurde ihr klar, dass sie dringend allein sein musste. »Mum, ich glaube, wir sollten dich zuerst nach Hause bringen«, sagte sie.

»Aber die Schwestern haben gesagt …«

»Das ist mir egal. Ich muss schlafen.«

»Okay«, sagte Tina. »Aber gleich morgen früh komme ich zu dir.«

»Okay«, sagte auch Nicole. Sie gab dem Fahrer Tinas Adresse, lehnte den Kopf ans Seitenfenster und ließ die Welt hinter sich zurück.

Als Nicole endlich zu Haus ankam, legte sie den Weihnachtsschinken zum Auftauen in die Spüle. Samantha würde ausrasten, wenn sie mitbekam, dass es bei ihrer Schwester zu Weihnachten Tiefkühlbraten aus dem Supermarkt gab, aber damit müsste sie einfach klarkommen. Wenigstens würde Rosemary sich über die Kartoffelkroketten freuen.

Als sie ihr Spiegelbild im Küchenfenster erblickte, blieb sie abrupt stehen. Ihre eigene kleine Rosemary war nicht mehr da. Diese Spaziergänge im Park würden nie stattfinden. Und jetzt kam sie sich töricht vor, dass sie überhaupt daran geglaubt hatte.

Sie blickte aufs nachrichtenfreie Display ihres aufladenden Handys. Darren feierte vermutlich irgendwo, dass er doch kein Kind mit ihr haben würde. Sie drehte das Handy um und richtete ihre Aufmerksamkeit auf die Weinflasche auf der Küchentheke. Ein edler Tropfen, den sie ihr auf der Arbeit geschenkt hatten und den sie beim Weihnachtsessen an Tina und Trent hatte ausschenken wollen, während sie gemeinsam mit Samantha das Richtige tun wollte, nämlich brav auf Alkohol zu verzichten. Jetzt wollte sie das Falsche tun und die ganze Flasche leer trinken, um ihre albernen Wunschträume ein für alle Mal auszulöschen.

Während vor dem Haus gegenüber die Lichterketten blinkten, schenkte sie den Wein in das größte Glas, das sie besaß. Das Krümelmonster im obersten Regal sah ihr missbilligend dabei zu.

Samantha

Bei meiner dritten Therapiestunde bat ich darum, mich auf die Couch legen zu dürfen. Linda, meine Therapeutin, schien dies zu erfreuen. »Selbstverständlich«, sagte sie mit einem kleinen Lächeln, das viel verhieß, aber nichts verriet.

Ich mochte Linda sehr. Sie trug einen strengen, silbergrauen Bob, genau wie Donna-Louise, aber ihr Gesicht war weicher. Außerdem strahlte diese Frau eine Wärme und Offenheit aus, die ich bei Donna-Louise immer vermisst hatte.

»Freuen Sie sich, wenn Ihre Patienten auf die Couch wollen?«, fragte ich, während ich die Schuhe abstreifte.

»Haben Sie darum gebeten, um mir einen Gefallen zu tun?«

Ich zuckte die Achseln und legte mich hin.

»Wie geht es Ihnen heute?«, fragte Linda.

»Ganz okay. Gestern Abend wollte ich trinken, hab's aber nicht gemacht. Das liegt zum Teil daran, dass ich aufgeflogen bin. Solange niemand wusste, dass ich trinke, konnte ich sozusagen unterm Radar fliegen, aber jetzt beobachtet Rosemary mich mit Argusaugen. Egal, was ich tue, ihr Blick verfolgt mich. Ich glaube, sie wird mir nie wieder über den Weg trauen. Und Trent auch nicht, das weiß ich sicher.«

»Werden Sie sich selbst je wieder trauen?«

»Ich weiß es nicht.«

»Hatten Sie Kontakt zu Trent?«

Nach einer Woche im Gästezimmer hatte Trent schließlich die Koffer gepackt und war zu seinen Eltern gezogen. Seitdem war bereits eine Woche vergangen. Obwohl ich es nicht zugeben wollte, fühlte sich unser Haus nun nicht mehr wie ein Heim an. Ohne ihn war es nur ein Ort zum Essen und Schlafen.

»Wir haben ein paarmal telefoniert und Nachrichten geschrieben. Er hat ein lockeres Abendessen vorgeschlagen, nächste Woche.«

Es gefiel mir nicht, dass er von »locker« gesprochen hatte, denn das klang, als wäre ich eine Kollegin, nicht seine Frau.

»Was hat Sie sonst noch vom Trinken abgehalten?«

»Was meinen Sie damit?«

»Sie haben gesagt, dass es zum Teil daran gelegen hat, dass Sie aufgeflogen sind.«

»Ach ... na ja, jetzt, wo alle wissen, dass ich ein Problem habe, kann ich nicht mehr so tun, als hätte ich keins. Wenn Sie verstehen, was ich meine.«

»Hm.« Mehr sagte Linda nicht, doch sie machte sich Notizen. »Haben Sie Ihrem Vater schon erzählt, dass Sie trinken?«

»Nein. Wir haben schon eine Weile nicht mehr miteinander geredet.« Dad hatte ein paarmal angerufen, aber keine Nachricht hinterlassen.

Linda machte sich mehr Notizen.

»Sie haben es geschafft, es Ihrem Mann und Ihrer Tochter zu erzählen, aber nicht Ihrem Vater. Warum, glauben Sie, ist das so?«

Ich zuckte wieder die Achseln. »Ich glaube, ich bin immer noch wütend auf ihn, weil er Donna-Louise mit Tina betrogen hat. Tina! Ausgerechnet!«

»Und auf Ihre Mutter sind Sie nicht wütend?«

»Doch, aber nicht nur deswegen.« Für Tina hatte ich eine ganze Menge unbenannter Gefühle angesammelt.

Linda sah ihre Notizen durch. »Letzte Woche sagten Sie, dass Sie immer davon ausgegangen seien, Ihr Vater hätte Ihre Mutter verlassen, weil sie Alkoholikerin war. Gibt es vielleicht auch in Ihnen eine gewisse Furcht davor, dass Ihr Vater Sie wegen des Trinkens verstoßen könnte?«

Ich wollte ihr gerade widersprechen, doch dann hielt ich inne. So hatte ich meine grimmige Entschlossenheit, auf keinen Fall wie Tina zu werden, noch nie betrachtet. Ich schloss den Mund und betrachtete die Decke.

»Wissen Sie, Nicole hat früher behauptet, man könnte in der Stuckverzierung der Decke in unserem alten Zimmer Gesichter sehen, das seien unsere Freunde, hat sie behauptet, die auf uns hinunterblicken und uns beschützen. Keine Ahnung, woher sie das hatte. Es ist doch nur Stuck.«

Mir war schon klar, dass ich absichtlich das Thema gewechselt hatte. Linda schwieg. Sie ließ die Stille einfach wachsen und wirken.

»Sie finden, ich sollte auch mit Dad sprechen, stimmt's?«, fragte ich irgendwann. Ich fühlte mich wie eine aufsässige Jugendliche, die man gebeten hat, Wäsche aufzuhängen.

»Wieso glauben Sie, dass ich das wollen sollte?«

»Sie beantworten jede meiner Frage mit einer Gegenfrage.«

»Nicht immer.« Da war es wieder, Lindas besonderes Lächeln. Sie wusste, dass sie recht hatte. Es war Zeit, mit meinem Vater zu sprechen.

Als ich auf die Haustür zulief, sah ich bereits, dass Dad auf mich wartete. Er saß auf dem Gartensofa, das einst hinter dem Haus gestanden, aber jetzt einen Ehrenplatz im Vorgarten bekommen hatte, frisch gestrichen und mit hellorangefarbenen Kissen dekoriert. Er sprang auf, um mich zu begrüßen. »Das ging aber schnell. Der Tee muss noch ziehen.«

»Der Bus ist schnell gekommen«, log ich. Ich hatte ihn angerufen, um meinen Besuch anzukündigen, und dabei behauptet, ich würde gleich den Bus nehmen. In Wahrheit hatte ich bereits an der Ecke gestanden und überlegt, ob ich bereit war, ihm unter die Augen zu treten.

Während wir draußen auf den Tee warteten, plauderten wir über den Garten, Dads Arbeit und Rosemarys Studium. Die Worte quollen über, sprudelten aus mir heraus und flossen dahin wie klares Wasser über das dunkle Bett eines Bergbachs.

»Soll ich?«, fragte Dad schließlich und hob die Teekanne. Doch während er einschenkte, musste ich auf einmal an Gin denken und verspürte dabei ein unwiderstehliches Verlangen nach Alkohol. Bevor dieser Gedanke überhandnehmen konnte, begab ich mich innerlich in die Opposition, wie Linda es mir beigebracht hatte. *Ernsthaft, Samantha? Du brauchst Alkohol, um deinem Vater von deiner Alkoholsucht zu erzählen?* Schon bald verlor das Verlangen seine Kraft. Zumindest vorübergehend.

Ich sah mich um. »Wo ist Celine?« Noch eine von Lindas Strategien: Ablenkung.

»Sie gibt einen Schminkkurs für Elfjährige. Party-Make-up«, erklärte Craig. »Wollte mir weismachen, es wäre ein Gefallen für einen Kunden, aber ich glaube, sie hat sich richtig darauf gefreut. Du weißt, wie sehr sie Kinder mag.« Dad lächelte schwach.

»Wie geht es ihr?«, fragte ich. Mir fiel auf, dass ich Celine seit ihrem Krankenhausaufenthalt vor fast drei Monaten weder gesehen noch gesprochen hatte. Es war eine Erleichterung, sich erst mal über die Probleme der anderen zu unterhalten.

»Besser. Wir haben beschlossen, es noch einmal mit IVF zu versuchen, aber erst in ein paar Monaten. Wenn das nicht funktioniert, schauen wir mal, ob wir adoptieren können, vielleicht ein Kind aus China oder Korea. Die Kirche hat uns Hilfe zugesagt.«

»Sag Bescheid, wenn ich was tun kann«, sagte ich und meinte es tatsächlich ehrlich. Meine Einstellung zu Celine hatte sich verändert. Die ganze Zeit hatte ich sie behandelt wie Dads Anhang, aber mittlerweile war mir klar geworden, dass sie zur Familie gehörte und ich mir Zeit nehmen sollte, sie besser kennenzulernen.

Dad nickte. Eine Weile schwiegen wir, tranken unseren Tee. Ich konnte förmlich Lindas Stimme hören, die mich aufforderte, endlich zur Sache zu kommen. Mein Magen war völlig verkrampft, aber ich holte tief Luft und legte los. »Dad, ich muss dir was sagen, aber es fällt mir schwer, darüber zu sprechen.«

»Ich höre«, sagte er, die Hände im Schoß gefaltet. In dieser Geste glaubte ich den offenen, herzlichen Jungen zu erkennen, der er einst gewesen sein mochte, und ich fasste den Mut, ins kalte Wasser zu springen.

»Ich musste den Bus nehmen, weil ich den Führerschein verloren habe.«

Dad sah mich verwirrt an. »Wo hast du ihn verloren?«

»Nein, so meinte ich das nicht. Man hat ihn mir weggenommen, weil ich betrunken war, als ich den Unfall gebaut habe. Und jetzt muss ich vor Gericht.«

»Betrunken?« Jetzt wirkte Dad noch verwirrter. »Aber ich habe dich noch nie im Leben Alkohol trinken sehen. Nicht seit dieser einen Party auf der Highschool.«

»Niemand hat das. Aber ich habe trotzdem getrunken, die ganze Zeit.«

Ich erzählte ihm die ganze Geschichte, von Anfang an. Von der Party, Rosemarys Geburt, den Jahren mit den *Wiggles*, den Tagen nach Tinas Beerdigung bis zum Moment nach dem Unfall, als ich langsam wieder nüchtern wurde. Dad hörte aufmerksam zu, die Hände immer noch gefaltet.

»Jetzt habe ich meinen Führerschein verloren und vielleicht sogar meinen Mann. Trent hat so viel ausgehalten in den ganzen Jahren mit mir. Ich glaube, das war der Tropfen, der das Fass zum Überlaufen gebracht hat. Genau genommen habe ich auf alle Arten Mist gebaut, wie ein Mensch Mist bauen kann.«

Dad ergriff meine Hand. Ich war ihm so dankbar, dass ich fast losgeheult hätte. »Mehr Mist als ich hast du sicher nicht gebaut«, sagte er. »Ich habe dir gegenüber als Vater versagt, Samantha. Die ganzen Jahre über habe ich gedacht, dir geht es gut. Du warst so organisiert, hattest alles im Griff, sogar so sehr, dass es mich ehrlich gesagt ein bisschen eingeschüchtert hat. Und in Wahrheit hast du diese Last die ganze Zeit mit dir herumgeschleppt.« Er drückte meine Hand. »Mein armes Mädchen. Wieso hast du es vor uns verborgen?«

»Darüber rede ich gerade mit einer Therapeutin, aber ich glaube, der Hauptgrund lag darin, dass ich nicht sein wollte wie Tina.« Ich holte wiederum tief Luft und fuhr fort. »Genauer gesagt wollte ich nicht, dass du von mir denkst, ich wäre wie Tina. Ich glaube, ich hatte Angst, dass du mich dann auch nicht mehr liebst.«

»Wie bitte?« Dad wirkte ehrlich überrascht. »Glaubst du wirklich, ich hätte aufgehört, deine Mutter zu lieben, weil sie eine Trinkerin war?«

»Deswegen hast du sie doch verlassen, oder?«

»Vielleicht habe ich das als Grund vorgeschoben, aber das stimmt nicht. Überhaupt nicht. In Wahrheit habe ich nie aufgehört, sie zu lieben.«

»Warum hast du sie dann verlassen?«

»Ich habe sie verlassen, weil ich dachte, dass sie mich verlässt, und das konnte ich nicht ertragen, dafür war ich zu stolz«, gestand er. »Ich hätte bleiben und die Dinge wieder geradebiegen sollen. Sie war die Liebe meines Lebens, Sammy. Sogar, als ich mit DL verheiratet war, habe ich sie wie verrückt vermisst. Nie habe ich aufgehört, sie zu lieben. Nicht eine Sekunde.«

»Hast du deswegen mit ihr geschlafen, obwohl du mit DL verheiratet warst?« Das sagte ich ohne vorwurfsvollen Ton, schließlich hatte ich kein Recht, über andere zu urteilen, sondern mit aufrichtigem Interesse. Ich wollte es wirklich wissen.

»Ach«, sagte Dad, zog die Hand weg und faltete sie wieder im Schoß. »Das.«

»Ja. Das. Donna-Louise hat mir gesagt, was passiert ist.«

»Es war nicht das, was du denkst. Nicht mal das, was Donna-Louise denkt.«

Ich runzelte die Stirn. »Was war es dann, Dad?«

»Der größte Mist, den ich je gebaut habe. Noch größerer Mist, als dass ich mit Meg geschlafen habe.«

»Okay. Dann erzähl mir alles von Anfang an.« Mich überkam der plötzliche Impuls, Dad zu bitten, sich auf die Couch zu legen, und mir wie Linda Notizen zu machen. »Wann ist es passiert?«

»An Nicoles einundzwanzigstem Geburtstag.«

»O Gott!«, rief ich und schlug mir unwillkürlich die Hand vor den Mund. »Moment mal. Donna-Louise und du, ihr habt euch erst ... was ... zehn Jahre danach getrennt?«

»Es war fast zwölf Jahre später, als DL den Brief von Tina gefunden hat, in dem sie mich bat, es geheim zu halten.«

»Du liebe Zeit, Dad! Warum hast du ihn behalten?«

»Um mir zu beweisen, dass es wirklich passiert ist.«

»Was meinst du mit ›beweisen‹?«

Dad blickte verlegen zu Boden. »Ich schäme mich so, es zuzugeben, Sammy. In Wahrheit haben wir nämlich gar nicht miteinander geschlafen«, sagte er leise. »Ich hatte nur ein bisschen Bier getrunken an jenem Abend, weil DL und ich die Gäste, die nicht in diesen grässlichen Gobbles-Bus gepasst hatten, in die Stadt chauffiert haben. Als ich wieder zurückkam, ist DL wegen ihres Kopfwehs sofort ins Bett verschwunden, aber Tina und deine Schwester waren noch hinten im Garten. Ich habe sie beide nach Hause gebracht – zuerst Nicole, dann deine Mutter. Tina war völlig neben der Spur. So betrunken wie seit Jahren nicht mehr. Aber freundlich. Wir haben gelacht und geplaudert wie in den ersten Jahren. Dann bin ich mitgegangen in ihre Wohnung. Ich wollte nicht, dass wir uns nach diesem Abend wieder wie

Feinde begegnen würden, deshalb habe ich mich einfach eingeladen.«

Er hielt inne und beobachtete einen bunten Vogel, der im Rosenbusch gelandet war. »Das ist ein Gelbwangensittich«, sagte er, obwohl ich nicht gefragt hatte. »Die sind eigentlich immer paarweise unterwegs, allein sieht man sie selten. DL hat sie immer verscheucht, weil sie sich über ihre Obstbäume hergemacht haben, aber ich mag sie sehr. Diese Farben …«

»Dad?«, unterbrach ich ihn vorsichtig. Die Geschichte war noch nicht auserzählt, ich wollte unbedingt verstehen, was passiert war.

»Ach ja. Wo waren wir stehen geblieben?«, sagte Dad, als müsste er sich aus einem Traum reißen, und wandte sich wieder zu mir. »Ich bin mit zu ihr in die Wohnung. Eigentlich hatte ich erwartet, dass wir noch ein bisschen trinken und plaudern, aber sie ist einfach ins Bett gegangen und sofort eingeschlafen. Danach habe ich noch ein wenig im Wohnzimmer gewartet, aber dann – und auf diesen Teil bin ich nicht besonders stolz – bin ich ihr ins Schlafzimmer gefolgt und habe mich neben sie gelegt. Angerührt habe ich sie nicht, das schwöre ich. Ich wollte ihr nur nahe sein. Als sie eine Stunde später wach geworden ist, mich gesehen und vermutet hat, dass wir … da habe ich sie in dem Glauben gelassen …«

»Was hattest du davon, sie von falschen Tatsachen ausgehen zu lassen?« Diese Geschichte ergab überhaupt keinen Sinn.

»Das habe ich schon ein paar Mal mit meinem Seelsorger besprochen, aber ich weiß es immer noch nicht genau. Ich habe mir vielleicht eingebildet, dass wir wieder zusammenkommen, wenn sie denkt, wir hätten miteinander geschlafen. Dadurch wäre die Tür, die so lange fest verschlossen war, wieder einen Spaltbreit geöffnet, und sie würde sie womöglich weiter aufstoßen, zu mir zurückkehren. Aber als sie mir dann diesen Brief geschrieben hat, sah ich mit eigenen Augen, wie entsetzt sie war, wie sehr sie es bedauert hat. In Wahrheit hat meine Lüge sie nur dazu gebracht, die Tür ein für alle Mal zuzuschlagen. Als DL dann Jahre später den Brief gefunden hat, habe ich versucht, ihr zu erklären, dass in Wahrheit nichts passiert war, aber sie hat mir nicht geglaubt.« Dad löste die Hände und drehte die Handflächen nach oben, als wollte er den Himmel einfangen. »Wieso sollte sie auch? Ich bin kein guter Mensch, Samantha. Ich bin schwach. Mein Seelsorger hat gemeint, dass ich mich deswegen mit starken Frauen umgebe.«

»Aber Tina war nicht stark. Sie war eine Trinkerin.«

»Du glaubst, sie war schwach, nur weil sie getrunken hat?« Dad schien aufrichtig verwirrt. »Sie war stark, Sammy, stark genug, um zu wissen, wann sie festhalten und wann sie loslassen musste. Ich habe immer viel zu lange an den falschen Dingen festgehalten und die richtigen Dinge zur falschen Zeit losgelassen.«

Wir schwiegen eine Weile. Ich dachte an Donna-Louise, aufrecht und stolz. Sie hatte so viel mehr verdient, als sich vorzukommen wie eine Lückenbüßerin. Ob sich Celine genauso fühlte?

»Hast du Celine davon erzählt?«

»Ja. Sie ist zu einigen meiner Stunden beim Seelsorger mitgekommen, und wir haben gemeinsam gebetet«, sagte Dad, als würde das meine Frage beantworten.

»Und?«

»Wie ich hat auch Cee-Cee verstanden, dass man die Vergangenheit nicht ändern kann. Sie weiß, dass ich mich bemühe, ein besserer Mensch zu werden, und darauf vertraut sie.«

In diesem Augenblick kam mir die Vergangenheit vor wie eine von Rosemarys weichen Spielpuppen, verdreht und verbogen. Selbst wenn ich die ganzen Lügen und Feindseligkeiten auflösen könnte, wiedergutmachen konnte ich sie nicht. Warum sollte ich es also nicht Dad gleichtun und einfach nach vorn schauen? »Ich versuche auch, ein besserer Mensch zu werden«, sagte ich.

»Deswegen hat Tina auch dafür gesorgt, dass du bei mir lebst.« Dads Blick streifte durch den von ihm und Tina gemeinsam angelegten Garten und zu den Rosen, die sie versucht hatte zu zerstören. »Sie hatte Angst, dass du ihr zu ähnlich bist. Es war ihr wichtig, dir die Möglichkeit zu geben, ein besserer Mensch zu werden als sie.«

Mir klappte die Kinnlade herunter. »Aber ich dachte, das war, weil sie sich nicht mehr länger mit mir herumschlagen wollte. Ich weiß, dass ich nicht ... einfach bin.«

Das war noch milde ausgedrückt. In Wahrheit war ich eine echte Zimtzicke, das wusste ich dank meiner Therapiestunden. So sehr hatte ich mich darauf konzentriert, mit dem Fuß aufzustampfen und zu fordern, was mir vermeintlich zustand, dass ich mir nie die Mühe gemacht hatte, meinen Mitmenschen zuzuhören.

»Nein, darum ging es nicht. Sie wollte dich schützen. Und weil du ständig zwischen den beiden Häusern hin- und hergependelt bist, hat sie schließlich beschlossen, in eine kleinere Wohnung zu ziehen, in der für dich kein Platz mehr war.«

»Das hat sie mit Absicht gemacht?«

»Sie hat es aus Liebe gemacht.«

Ich senkte den Kopf. All die Jahre hatte ich gedacht, Tina mochte und wollte mich nicht mehr. »Ich wünschte, ich hätte das alles gewusst, bevor sie ...«

»Bevor sie gestorben ist?« Dad legte mir den Arm um die Schultern. »Nicole hat mir erzählt, dass du sie nicht mehr besucht hast, im Krankenhaus. Das ist eine schwere Last, die du da jetzt trägst.«

Ich begann zu weinen. »Nicole weiß das nicht, aber ich bin tatsächlich noch hingegangen. Zu spät. Ich habe zu lange gewartet.«

Dad drückte mir sanft die Schulter. »Lass es los, Schatz. Tina hatte ihre Fehler, aber wie gesagt, sie wusste, wann man etwas festhalten sollte und wann man loslassen musste. Wir können alle von ihr lernen.«

Teil Nr. 21: 1986

Wieder so ein Tag, an dem sogar der Himmel von der Hitze erschlagen wurde. Als Nicole in Tinas Schlafzimmer tappte und vorschlug, an den Strand zu geben, antwortete die zu ihrer Überraschung mit Ja. Seit Samantha vor sechs Monaten zu Craig gezogen war, waren die Nachwirkungen von Tinas durchzechten Nächten deutlich schlimmer als vorher, und der Kater an diesem Morgen war sichtlich von einem anderen Stern.

»Wir könnten auf dem Weg deine Schwester abholen«, murmelte Tina unter ihrem Coolpack hervor.

»Nicht nötig, sie ist schon hier.«

»Schon wieder?«

»Ja, schon wieder.«

Samantha wohnte zwar offiziell in Mount Lawley, flatterte aber ständig bei ihnen in Bassendean herein, wie eine nervöse Motte, die zwischen zwei Flammen herumirrt. Wenn Nicole am Samstagmorgen aufstand, um für sich und Tina Kaffee zu kochen, saß Samantha oft schon mit ihren Hausaufgaben am Esstisch oder sortierte leise die Bücher um, sodass sie hinterher in alphabetischer Reihenfolge im Regal standen. Einmal hatte sie Nicole gegenüber zugegeben, dass sie samstags nach Bassendean flüchtete, weil sie in Mount Lawley das Gefühl hatte, Donna-Louise im Weg zu stehen.

»Mum hat Ja gesagt«, verkündete Nicole, als sie wieder zu Samantha ins Wohnzimmer kam.

»Dann muss ich heute hier übernachten«, erklärte Samantha. »Donna-Louise mag keinen Sand im Haus, vor allem nicht, wenn sie vorher gewischt hat.«

»Noch eine Regel im Haus Nein.« Nicole tat, als würde sie sich Notizen machen. *»Kein Sand.«*

»Nenn es nicht so«, protestierte Samantha. »So schlimm ist es nicht. Jedenfalls nicht, wenn man dort wohnt.«

»Tut mir leid, Sammy, aber du kannst hier nicht übernachten!«, rief Tina aus dem Schlafzimmer. »Auf deinem Bett liegen ein paar Fahrräder. Ist eine lange Geschichte …«

Samantha sprang auf, ihre Miene finster. »Das ist immer noch mein Zimmer!«, murmelte sie und stürmte davon.

Nicole widmete sich wieder ihrem Roman, *Die Reisen des Mr. Leary*, aber sie konnte sich nicht konzentrieren. Erstens machte Samantha mit den aus ihrem Zimmer katapultierten Fahrrädern zu viel Lärm, zweitens grübelte sie immer noch darüber nach, warum Samantha überhaupt nach Mount Lawley gezogen war. Egal, wie viele Fragen sie gestellt hatte, direkt oder indirekt, an Tina, Craig oder Samantha, sie war immer noch nicht hinter den wahren Grund gekommen. Nicole vermutete, es hing damit zusammen, dass Samantha sich auf der Party betrunken hatte, aber dahinter steckte doch sicher noch mehr.

Wenn sie ihre Schwester fragte, sagte die nur: »Das ist eine Angelegenheit zwischen mir und Tina«, und zwar mit einer Stimme, die sie sich wohl bei einer Seifenopernschauspielerin abgeschaut hatte. Solche Heimlichkeiten zwischen Samantha und Tina war Nicole nicht gewohnt. Sie fragte sich, ob Samantha ihr nichts verriet, um sich an ihr zu rächen, weil sie sie auf der Party an Tina verpfiffen hatte, aber das ergab keinen Sinn. Gerade Samantha hätte an ihrer Stelle sicher dasselbe getan. Das musste ihr doch klar sein.

Samantha zerrte gerade eines der beiden Fahrräder aus ihrem Zimmer, als Tina auf den Flur trat.

»Lass es liegen«, sagte sie. »Wir kümmern uns später darum.«

»Aber ich will die Bettwäsche wechseln.«

Tina lachte. »Dazu müsstest du erst welche waschen.«

»Bei Dad gibt's immer frische Bettwäsche.«

»Tja, vielleicht solltest du dort schlafen«, entgegnete Tina leicht pikiert. »Wo wir gerade beim Thema sind ... ich muss mit dir sprechen.«

Sie bat Samantha mit ausschweifender Geste in ihr Zimmer. Die ließ endlich das Fahrrad liegen, halb in ihrem Zimmer, halb auf dem Flur, und stapfte Tina hinterher.

»Was ist mit mir? Ich gehöre auch zu dieser Familie«, rief Nicole ihnen nach.

»Das betrifft nur mich und Samantha«, erwiderte Tina, ebenfalls mit Seifenopernstimme, bevor sie die Tür hinter ihnen schloss.

Nicole spitzte die Ohren, hörte aber nur ein tiefes Murmeln. Sie legte ihr Buch weg, schlich über den Flur, am Fahrrad vorbei bis zum Schlafzimmer, doch bevor sie an der Tür lauschen konnte, flog die schon wieder auf. Tina strahlte heller als die Sonne, Samanthas Gesicht war hingegen gerötet und trug einen Ausdruck, den Nicole nicht recht deuten konnte.

»Schnapp dir die Badesachen, Nicole«, sagte Tina. »Wir haben ein Date mit dem Indischen Ozean.«

Nicole hätte Samantha vorn sitzen lassen. Normalerweise bestand sie als ältere Schwester auf diesem Privileg, aber heute wollte sie nur, dass Samantha wieder ein normales Gesicht zog.

»Ich setz mich gern nach hinten«, sagte Samantha leise.

Auf der Fahrt herrschte Schweigen. Nicole war froh, dass sie wegen der Hitze alle Fenster öffnen mussten. Das Rauschen des Fahrtwindes übertönte die befremdliche Spannung zwischen

Tina und Samantha. Ein paarmal drehte sie den Kopf nach hinten, um Samantha anzusehen, und schnippte leicht gegen ihr nacktes Bein, aber Samantha blieb still und stumm wie ein Zombie.

Sie waren schon fast am Strand, als Nicole eine Idee hatte, wie sie ihre Schwester wieder aufmuntern konnte. »Mum, könnten wir am *Jetsons*-Haus vorbeifahren?«

Tina lachte. »Klar!«, sagte sie und wechselte auf den West Coast Highway. Schon bald kamen sie an dem riesigen Konstrukt vorbei, lauter verschobene Etagen und Panoramablick aufs Meer. Das Haus würde sie sofort kaufen, wenn sie einen Sechser im Lotto hätte, behauptete Tina immer.

Nicole drehte sich nach hinten. »Siehst du unser Haus, Sam?«, fragte sie, aber Samantha hatte den Blick abgewandt.

»Wahrscheinlich gibt's da auch keinen Platz für mich«, murmelte sie.

Tina hielt an einer BP-Tankstelle, aber nicht vor den Zapfsäulen. »Geht und holt euch ein Eis. Egal welches, sucht euch eins aus«, sagte sie, was Samantha endlich aufheiterte.

»Echt? Was wir wollen?«, fragte sie, als wäre Weihnachten.

»Ja, freie Auswahl.«

»Also sogar eins von den teuren?« Nicole wollte sichergehen, dass sie Tina richtig verstanden hatte, denn manchmal meinte sie mit »alles« lediglich alles unter fünfzig Cent.

»Freie Auswahl. Jetzt zischt ab, bevor ich's mir anders überlege!« Tina drückte ihnen einen Fünfdollarschein in die Hand. »Und für mich ein Heart.«

Samantha kriegte sich gar nicht mehr ein. »Hm, Gaytime oder Bubble O'Bill? Oder vielleicht ein Funny Feet?«

Nicole fiel es schwer, sich aufs Eis zu konzentrieren. »Worüber hast du mit Mum geredet?«

»Nichts«, sagte Samantha knapp. »Vielleicht hole ich mir ein Vienna, das ist richtig lecker.«

»Sie muss doch was gesagt haben«, beharrte Nicole.

»Nein, nichts.« Wieder setzte Samantha eine finstere Miene auf, aber die war ihr lieber als das seltsam leere Wesen, das sie im Auto gewesen war. Nicole gab auf. Sie stellte sich vor die Eistruhe und versuchte sich einzureden, dass nichts passiert war. Am Ende nahm sie auch ein Heart. Es war leichter, dasselbe zu wählen wie Tina.

Das Eis aßen sie auf dem Strandparkplatz bei heruntergelassenen Fenstern im Auto. Am Horizont im Westen ballten sich dunkle Wolken über dem Meer zusammen.

»Sieht aus, als zieht da was auf«, sagte Tina, als sie ihren Kalender aus der Tasche zog. »Welches Eis hast du noch mal gegessen, Sam?«

Samantha, immer noch auf dem Rücksitz, hatte das Eis schon weggeputzt, nur die Kaugumminase war noch übrig, auf der sie jetzt geräuschvoll herumschmatzte.

Nicole antwortete für sie. »Bubble O'Bill. Aber wir beide, Mum, sind Eisschwestern!«

»Samantha gehört auch dazu«, sagte Tina und schrieb etwas in ihren Kalender.

»Ich glaube, ich bin bereit für eine Runde Schwimmen«, sagte Nicole.

»Dann aber schnell! Das sieht nach einem schweren Gewitter aus. Mindestens Marmorkuchenstärke.«

Als Nicole sich zu Samantha umwandte, erhaschte sie gerade noch einen Blick auf die Grimasse ihrer Schwester. Sie warf Tina einen hoffnungsvollen Seitenblick zu. Vielleicht würde ihr gemeinsames Schwimmen im Meer die Wirkung haben, die das *Jetsons*-Haus verfehlt hatte, nämlich sie alle wieder zusammenbringen. »Kommst du nicht mit?«

»Nein, ich bleibe hier und sehe mir das Naturkino an«, sagte Tina.

Am Strand zog sich Nicole das Strandkleid über den Kopf und wollte sofort losrennen, aber Samantha blieb einfach stehen.

»Ich habe meinen Badeanzug vergessen«, sagte sie.

»Dann gehst du eben in T-Shirt und Unterhose rein. Die trocknen schnell wieder.«

Samantha sah sich um, garantiert, weil sie sich vergewissern wollte, dass niemand von ihrer Schule am Strand war. Schließlich zog sie verstohlen ihre Shorts aus und legte sie über Nicoles Strandkleid.

Die beiden Mädchen schaukelten mit den und über die brechenden Wellen, sprachen aber kaum miteinander. Nicole konnte Tina sehen, sie saß jetzt oben auf den Dünen. Sie winkte, aber Tina sah sie nicht.

»Mum hat mir erzählt, dass ihr umzieht«, sagte Samantha plötzlich.

»Du meinst, dass *wir* umziehen. Du doch auch. Du wohnst doch noch bei uns. Zumindest manchmal.«

»Nein, nur sie und du. Ihr zieht in eine Zweizimmerwohnung. Sie hat mir gesagt, ich hätte kein eigenes Zimmer mehr bei ihr, aber wenn ich wollte, könnte ich immer noch auf dem Schlafsofa übernachten.«

Nicole konnte sich noch an das letzte Mal erinnern, als sie das Schlafsofa ausgezogen hatte. Selbst Tina war überrascht gewesen vom Staub und den Krümeln, die sich auf der dünnen grauen Matratze angesammelt hatten. Sie wusste, dass Tina eine günstigere Wohnung gesucht hatte, weil Craig für Samantha keinen Unterhalt mehr zahlte, war aber davon ausgegangen, dass auch in dieser Wohnung für sie alle Platz wäre.

»Ich teile mein Zimmer mit dir«, sagte Nicole, aber Samantha war schon abgetaucht und hörte sie nicht mehr.

Das Meer wurde zunehmend kabbeliger, und nachdem sie ein paarmal fast abgesoffen wären, schwammen sie zurück an Land. Beim Abtrocknen betrachtete Nicole den aufziehenden Sturm.

Die Wolken waren mittlerweile fast schwarz, am Horizont zuckten Blitze. Die ganze Welt begann zu beben.

»Lass uns zum Auto zurückgehen«, rief sie Samantha zu. Die beiden Mädchen schnappten sich ihre Sachen und flitzten an Tina vorbei über die Dünen ins Auto, wo sie in ihre Handtücher gewickelt auf den Sitzen kauerten, während draußen der Regen einsetzte.

Tina stand jetzt aufrecht auf der höchsten Düne. Nicole streckte den Kopf zum Fenster heraus und rief nach ihr, aber Tina rührte sich nicht vom Fleck.

»Was macht sie da?«, fragte Samantha. Sie klang verängstigt.

»Was machst du da?«, brüllte Nicole aus dem Fenster.

Tina wandte sich um und sah die Mädchen an. »Ich begrüße meine Dämonen!«, brüllte sie zurück. Nicole war sich nicht ganz sicher, aber es sah aus, als würde Tina weinen. Vielleicht hatte sie auch nur Sand in die Augen bekommen. Oder Regen.

Die Mädchen sahen zu, wie Tina sich wieder umdrehte und die Arme ausstreckte, als wollte sie den Sturm umarmen.

Teil Nr. 22: 2018

Als Nicole sie anrief und ihr sagte, dass man Tina ins Royal Perth eingeliefert hatte, fuhr Samantha sofort los. Aber als sie endlich vor dem Krankenhaus stand, konnte sie nicht aussteigen. Stattdessen saß sie eine Stunde lang im Auto und verfolgte das Kricket-Match im Radio, obwohl sie sich überhaupt nicht dafür interessierte.

Sie stellte sich vor, wie der Ball übers Spielfeld flog, bei jedem Schlag bildete die Flugbahn des Fantasieballs in ihrer Vorstellung eine Linie, es wurden immer mehr, bis in ihrem Kopf schließlich ein fest verwebtes Muster entstanden war. Ein Sicherheitsnetz.

Schließlich startete sie den Motor und fuhr nach Hause, mit einem Abstecher über den Getränkeladen.

Nicole würde mit den Ärzten sprechen, redete sie sich ein. Es war sowieso an der Zeit, dass sie auch mal was tat.

Am Anfang hinterließ Nicole ihr lange Nachrichten, sie berichtete im Plauderton über Tinas Zustand und schlug ihr die günstigsten Zeiten für einen Besuch vor. »Wenn du morgens vor der Visite kommst, haben die Ärzte sie noch nicht genervt«, sagte Nicole. »Morgens ist sie am besten drauf, dann bringt sie alle Schwestern zum Lachen.«

Doch mit jeder Woche ohne Samanthas Besuch wurden Nicoles Nachrichten kürzer. Die letzte Nachricht war die kürzeste: »Bitte, Samantha.«

Samantha ging nicht hin. Konnte nicht hingehen.

Stattdessen machte sie andere Sachen. Sie erledigte ihre Arbeit. Wusch Wäsche, ging einkaufen, putzte die Wohnung. Kochte Essen, wusch Geschirr, räumte Bücher aus und wieder ein, genau wie CDs und Videospiele, und als es nichts mehr zu tun gab, setzte sie sich neben Trent aufs Sofa und sah fern, bis sie sich schließlich ins Gästezimmer zurückziehen konnte, um sich über ihren geheimen Wodkavorrat herzumachen.

Nach drei Abenden mit Trent auf dem Sofa, an denen nichts als Kricket lief, konfrontierte er sie endlich. »Versteh mich nicht falsch«, sagte er, »ich finde es wunderbar, dich neben mir zu haben, echt jetzt, aber ich glaube, du solltest deine Mutter besuchen.«

»Ich weiß.« Sie legte ihm den Kopf auf die Schulter.

»Nicole hat mich auf der Arbeit angerufen. Sie meinte, es sei ernst. Tina macht es nicht mehr lange.«

»Ich weiß.«

»Das passt gar nicht zu dir, dich einfach wegzuducken. Das macht doch sonst nur Nicole.«

»Ich weiß«, flüsterte sie.

Sie sahen zu, wie der rote Ball über ein Meer aus Grün und Weiß flog. Wieder entstanden Linien in Samanthas Kopf, eine über der anderen. Trent nahm sie fest in den Arm.

»Ich könnte mitkommen«, sagte er und stellte die Werbung leise. »Wenn es dir helfen würde.«

Samantha schwieg. Nichts würde ihr dabei helfen. Nicht mal das Trinken.

In dieser Nacht, als der Wodka sie in den Schlaf lullte, sie sich langsam im Gästebett entspannte, stieg eine frühe Erinnerung in ihr auf. Es war spät am Abend, am Ende einer langen Autofahrt, vielleicht die Rückfahrt von Esperance. Sie lag mit Nicole auf dem Rücksitz, vorn unterhielten sich ihre Eltern mit gedämpften Stimmen und amüsierten sich über irgendeine Anekdote. Ihr Gelächter klang wie Musik. Als sie die Einfahrt hinauffuhren, schloss Samantha die Augen und stellte sich schlafend, damit man sie ins Bett tragen würde. Sie merkte, wie Nicole neben ihr vom Sitz gehoben wurde, dann spürte sie Tinas Arme, die sie fest umschlangen, und sie vergrub das Gesicht in Tinas Haar, das nach exotischen Blumen und Kokosnuss duftete.

Bei dieser Erinnerung wurde Samantha schlagartig klar, dass sie nie wieder erleben würde, wie es war, von ihrer Mutter getragen zu werden. Ihre Eltern würden sterben. Tina zuerst, sehr bald, und später auch Craig. Donna-Louise ebenfalls. Am Ende wäre niemand mehr übrig, der sie tragen könnte, nicht mal ein Stück des Wegs.

Als sie am Morgen erwachte, wusste sie, dass der Zeitpunkt gekommen war. Sie meldete sich auf der Arbeit krank und machte sich auf den Weg zum Mount, wohin man Tina dank Jethros Millionen verlegt hatte. Sie gab weder Trent noch Nicole Bescheid, sondern fuhr einfach los.

In ihrem teuren Privatzimmer auf der Palliativstation lag Tina im Bett wie eine schmächtige, zerbrochene Puppe, die man mit wirren Schläuchen an verschiedene Maschinen angeschlossen hatte. Ihre Haut war gelblich verfärbt, ihr Atem ging stoßweise, obwohl sie durch Schläuche in der Nase mit Sauerstoff versorgt wurde. Ihre Arme waren spindeldürr wie Finger, aber die Schwellung ihres Bauches zeichnete sich sogar unter der Bettdecke deutlich ab.

»Mum, ich bin's, Sammy. Ich bin hier«, sagte sie vorsichtig, als sie an Tinas Bett trat, aber sie hätte genauso gut mit dem wolkenlosen Himmel reden können. Tinas Augen blieben geschlossen, sie lag reglos da, nur ihre Brust hob und senkte sich langsam.

Als sie jünger war, hatte sie Tina einmal beim Schlafen auf dem Sofa beobachtet, dabei hatte ihre Mutter durch ihren vom Alkohol und Schlaf erschlafften Mund ständig kleine Pffft-Laute ausgestoßen. Damals hatte Samantha gewusst, dass ihre Mutter irgendwann aufwachen und sie bitten würde, ihr Kaffee zu machen, drei gehäufte Löffel International Roast, Zucker, ein bisschen Milch.

Jetzt gab es für sie keinen Instantkaffee mehr. Vielleicht auch kein Erwachen.

Samantha sah sich um, rund um Tinas Bett standen Blumen und Karten. Der größte Strauß, ein Meer von roten Rosen, stammte von Nicole und Jethro. Sie spürte den typischen Stich der Eifersucht, malte sich aus, wie ihre Schwester in den Blumenladen spazierte und den größten Strauß kaufte, ohne auf das Preisschild zu achten. Kurzerhand schob sie das kleine Arrangement, das sie im Klinikladen gekauft hatte, in die Vase mit Nicoles Extravaganz und setzte sich auf den Stuhl an Tinas Bett.

In ihren Fingern fühlte sich Tinas Hand so klein und zerbrechlich an, wie winzige Vogelknochen. »Mum«, sagte sie. »Entschuldige, dass ich nicht früher gekommen bin. Ich …«

Aber ihr fehlten die Worte. Ihr fiel nichts ein, woran sie sich festhalten konnte. Stattdessen spürte sie die alte Wut in sich aufsteigen, die Wut der Anderen Samantha. Wut auf ihre Mutter, weil sie sie nicht liebte, sie verstoßen hatte, weil ihr der Alkohol immer wichtiger gewesen war als sie. Wut auf ihre Mutter, die ihr dieselbe Krankheit vererbt hatte, und schließlich Wut auf sich selbst, weil sie der Krankheit verfallen war. Und nach einer Weile empfand sie nur noch Mitleid mit Tina, die so an der Flasche gehangen hatte, dass sie alle anderen ausgeschlossen hatte, sogar ihre Töchter.

Sie atmete im selben Rhythmus wie Tina, ein und aus, hielt ihre Hand und lauschte dem Brummen der Maschinen, bis eine Schwester kam und sie aus dem Zimmer schickte.

»Wir brauchen zehn Minuten«, sagte die Frau freundlich. »Wir müssen ihr nur Blut abnehmen und die Bettwäsche wechseln. Holen Sie sich einen Kaffee. Wenn Sie zurückkommen, sind wir hier fertig.«

Eigentlich wollte sie zur Cafeteria im Erdgeschoss, doch irgendwie war es leichter, einfach weiterzugehen, raus auf den Parkplatz, ins Auto zu steigen und wegzufahren, ohne ein Wort des Abschieds. Ein Teil von ihr wusste, dass Tina sie verstehen würde. Der andere Teil fühlte sich wie ein verlassenes Kind, mutterseelenallein, und sie wollte weinen, aber es kamen einfach keine Tränen.

Stundenlang fuhr sie herum, besuchte die alten Orte ihrer Kindheit, an denen sie sonst gedankenlos vorbeifuhr. Im Kings Park stieg sie aus, lief um die Blumenuhr herum, ließ den Blick über den Fluss schweifen, über die Narrows Bridge und die alte Mühle in South Perth, die sie einst für so exotisch gehalten hatte. Dann stieg sie wieder ins Auto und fuhr zur Rokeby Road, am Subi Farmers Market vorbei, wo Tina ihnen manchmal gefüllte Ofenkartoffeln zum Mittagessen gekauft hatte, wenn sie nicht zu verkatert gewesen war, danach ging es weiter zur Küste, zum City Beach.

Als sie den Indischen Ozean erreicht hatte, blieb sie kurz stehen und überlegte, ob sie nach links weiterfahren sollte, Richtung Cottesloe und zurück zum Ocean Beach Hotel. Stattdessen bog sie rechts ab und fuhr an der Küste entlang. Ehe sie sich's versah, landete sie in Dog Swamp, wo Nicoles Teilzeitfreund einst im Videoladen gearbeitet hatte. Es ging weiter Richtung Osten, nach Bassendean, zu der kleinen Wohnung, in der sie vor all den Jahren mit Tina und Nicole gelebt hatte. Eigentlich hatte sie von Anfang an gewusst, wohin ihre Reise gehen würde.

Sie parkte vor dem Mietshaus, betrachtete die mit Vorhängen dekorierten Fenster auf ihrer alten Etage und dachte an die vielen Nächte, die sie hier verbracht hatte: Tina im kleinen Wohnzimmer, mit einem Glas in der Hand vor dem laufenden Fernseher beim Puzzeln. Nicole, im Schein der Taschenlampe mit einem Buch unter der Bettdecke, und Samantha, die in ihrem Bett lag und von einem besseren Leben mit Rüschen und sauberen Laken träumte. Das bessere Leben hatte sie natürlich irgendwann gefunden, als sie bei Craig und Donna-Louise wohnte. Aber ein Teil von ihr war immer in Bassendean geblieben und wünschte sich etwas anderes.

Das Handyklingeln riss sie aus ihren Gedanken. Es war Nicole. Dieses Mal ging sie ran.

»Hallo?«

Am anderen Ende der Leitung herrschte lange Zeit Stille. Samantha wusste, was Nicole ihr sagen wollte. Aber sie wartete trotzdem, bis ihre Schwester es ausgesprochen hatte.

»Mum ist tot.«

Danach sagte sie noch mehr, aber das konnte Samantha nicht mehr verarbeiten. Sie dachte an Tina, im Krankenzimmer, endlich ganz still, kein Heben und Senken mehr, kein Ringen mehr, nicht ums Leben, nicht ums Nüchternbleiben, nicht ums Sich-Betrinken.

In diesem Moment sehnte sie sich nach derselben Erleichterung, egal in welcher Form.

Nicole

Wir rasten über den State 40 Highway, wirbelten den roten Staub auf, und mit ihm all unsere Geheimnisse. Im Auto fielen uns ehrliche Gespräche erheblich leichter, den Blick nach vorn gerichtet, während Perth hinter uns verschwand. Ich erzählte Samantha meine Geheimnisse und sie mir ihre, das Ganze untermalt von Musik der Achtziger, einem Mixtape: *Don't You Forget About Me, We Built This City, Total Eclipse of the Heart.* Der Soundtrack unserer Jugend.

»Während ich dich die ganze Zeit mit dem gefrorenen Weihnachtsschinken genervt habe, ist dir nie der Gedanke gekommen, mir von deiner Fehlgeburt zu erzählen?«, fragte Samantha. Sie klang verletzt, aber nicht auf die bockige Art wie früher, als sie noch kleiner war. Ich wusste, dass es sich dabei um die Reaktion einer Person handelte, die erkannte, wie viel Schmerz sie einem geliebten Menschen zugefügt hatte. Dieses Gefühl kannte ich selbst zur Genüge.

»Ich wünschte, du hättest mir erzählt, dass du Mum doch besucht hast«, sagte ich zu Samantha. »Dann wäre ich nicht so wütend auf dich gewesen und hätte mich vielleicht nicht so aufgeführt, als wäre ich die Einzige in unserer Familie, die das Recht hatte zu trauern.«

»Tja, ich hätte sie früher besuchen sollen. Ich hätte …«

Ich sah sie an, aber sie hatte das Gesicht abgewendet und blickte aus dem Seitenfenster. »Du hättest was?«

Sie wandte sich zu mir. »Eine Menge Dinge hätte ich tun sollen. Aber das ist egal, denn das lässt sich nicht mehr ändern. Was ich *jetzt* tue, darauf kommt es an. Zumindest hat Dad mir das so gesagt. Und schau uns an: Wir sind hier zusammen, ich rede mit dir, du redest mit mir. Am Ende haben wir es doch geschafft.«

»Amen«, sagte ich und drehte das Radio auf: *Everybody Wants to Rule the World.* Möglicherweise wogen unsere Geheimnisse gleich schwer und würden einander ausgleichen, sodass unser gemeinsamer Weg am Ende frei wäre, so frei wie die Straße vor uns.

Kurz vor der ersten Kurve zwischen Narembeen und Bruce Rock unterbrach Samantha unser kurzes Schweigen: »Ist es hier passiert?«

»Nein. Vielleicht. Ich weiß es nicht. Eigentlich glaube ich, dass wir vor dem Unfall schon ein paar Kurven hinter uns hatten.«

Ich fuhr langsam, viel vorsichtiger als Tina damals. Nach der vierten Kurve hielt ich am Straßenrand.

»Hier ist es«, sagte ich. »Ich erinnere mich an den Seitenstreifen hier, da liegt nämlich Schotter.«

Langsam stiegen wir aus. Erinnerungen bedrängten uns wie die Fliegen in der Luft.

Mir kamen erste Zweifel. »Ich kann mich auch irren. Da war ein Baum, aber hier steht keiner.«

»Das ist sechsunddreißig Jahre her. Vielleicht ist er gefällt worden?«

Während die Fliegen uns umschwirrten, ließen wir den Blick über die braune Landschaft schweifen.

»Ich frage mich, was hätte sein können, wenn wir uns hier nicht mit dem Auto überschlagen hätten«, sagte ich.

»Was meinst du damit?« Samantha verscheuchte eine Fliege.

»Die Scheidung und alles.«

Samantha spähte eine Weile in den Himmel. »Ich glaube, die Dinge wären genauso ausgegangen. Besonders, weil wir ja jetzt wissen, wieso Mum an diesem Tag hier entlanggefahren ist.«

»Ja, möglich. Aber es könnte doch sein, dass sie sich unter anderen Umständen getrennt hätten, die uns nicht den Eindruck vermittelt hätten, dass Mum die alleinige Schuld daran trug.«

Samantha zuckte die Achseln. »Man kann nie wissen.«

Wir blieben noch eine Weile stehen. Ich erinnerte mich an das Paar mit dem Kombi, die beiden hatten angehalten und uns in Decken gehüllt. Die Krankenschwester mit dem freundlichen Gesicht, die mir den Lolli gegeben hatte. Hunde zu unseren Füßen, während wir auf Dad warteten. Erstaunlich, wie man sich an das Nachspiel erinnert, aber nicht an die Katastrophe.

Im Bruce Rock Pub traten wir an dieselbe Theke, an der Mum vor so vielen Jahren gesessen und mit den Einheimischen gezecht hatte.

Ich bestellte uns zwei Limos und eine Tüte Chips, Salt and Vinegar.

»Auf die guten alten Zeiten«, sagte ich zu Samantha.

»Du kannst dir gern ein Bier bestellen. Das macht mir nichts aus.«

»Nein, hab gerade keine Lust auf Bier.«

Samantha zog ihren Geldbeutel hervor.

»Lass mal, das geht auf mich«, sagte ich.

Obwohl wir am Beginn einer neuen Ära standen, spürte ich sehr deutlich, dass sie am liebsten mit ihrer üblichen Antwort gekontert hätte. *Du meinst, es geht auf Jethro.* Doch sie steckte ihren Geldbeutel ohne eine Bemerkung wieder ein.

Diesmal wollte ich es aber wissen. Während wir auf unsere Limos warteten, fragte ich sie: »Warum regt es dich eigentlich so auf, dass Jethro so viel Geld hat?«

»Ha! Meine Therapeutin hat mir vor ein paar Tagen dieselbe Frage gestellt.«

»Und was hast du geantwortet?«

Samantha begann, einen Stapel Bierdeckel gerade zu rücken. »Obwohl ich weiß, dass du schon viele beschissene Jobs hattest, macht es mich echt fertig zu wissen, dass du dir nie wieder Gedanken über deinen Job, deine Finanzen oder dein Haus machen musst. Es ist, als wärst du die ganzen Jahre ziellos übers Meer getrieben und trotzdem rein zufällig genau im richtigen Hafen gelandet. Im Gegensatz dazu habe ich das Gefühl, die ganze Zeit wie wild zu rudern und trotzdem nirgendwo zu landen. Zumindest nicht an einem so wunderbaren Ort wie du.«

»Und trotzdem bist du reicher, als ich es je sein werde«, erwiderte ich. »Du hast Rosemary. Dafür habe ich die grässliche Krümelmonsterdose, die mich an meinen dauerschlaffen Muttermund erinnert.«

»Wir sollten die Dose feierlich zertrümmern«, schlug Samantha vor. »Um dich daran zu erinnern, dass du mehr bist als dein Muttermund.«

Ich grinste. Die Idee gefiel mir.

Wir nahmen unsere Gläser und setzten uns an einen Ecktisch. Samantha beobachtete mich, als ich den ersten Schluck trank. »Ich habe dich immer darum beneidet«, sagte sie, statt auch zu trinken.

»Worum?«

»Gerade eben hast du dir kein Bier bestellt, weil dir nicht danach war. Du kannst einen Drink bestellen oder Hunderte oder gar keinen. Es scheint dir nie etwas auszumachen oder einen Zwang auszuüben, wie es bei mir der Fall ist. Du hast ein ganzes Jahr lang jeden Tag gekifft und dann plötzlich aufgehört. Einfach so.«

»So habe ich das noch nie betrachtet.«

»Weil du überhaupt nicht drüber nachdenken musst. Jeder Tag

ohne Alkohol ist ein Kampf für mich. Jede Stunde, jede Minute. Jede Sekunde. Selbst jetzt muss ich ständig daran denken, obwohl ich beschlossen habe, nicht mehr zu trinken.«

»Ach, Sam. Ich hatte ja keine Ahnung.«

»Natürlich nicht. Weil ich es dir nicht erzählt habe. Ich habe dir eine ganze Menge nicht erzählt.«

»Zum Beispiel, warum ich auf deiner Hochzeit nicht deine Brautjungfer sein durfte?« Ich war selbst überrascht von meiner Frage. Klar, damals hatte es mich schon gekränkt, aber ich hatte tatsächlich jahrelang nicht mehr daran gedacht.

»O ja, das.« Samantha rutschte verlegen auf ihrem Stuhl herum. »Wenn wir uns schon alle Geheimnisse verraten, kann ich dir auch den wahren, schrecklichen Grund gestehen. Ich weiß, dass ich damals so getan habe, als wollte Trent dich mit Darren verkuppeln …«

»Warst du das nicht selbst?«

»Was war ich nicht selbst?«

»Wolltest du mich nicht selbst mit Darren verkuppeln? So ist es mir jedenfalls in Erinnerung geblieben.«

Samantha wirkte überrascht. »Ach, echt? Ich kann mich nicht entsinnen, Darren je nett genug gefunden zu haben, um ihn meiner geliebten Schwester auf den Hals zu hetzen. Aber falls ich es dennoch getan haben sollte, tut es mir aufrichtig leid. Die Wahrheit ist viel schlimmer. Ich wollte dich nicht als Brautjungfer, weil du zu groß warst.«

Mir blieb die Luft weg. »Was?«

»Trents Trauzeugen waren alle klein, und ich wollte einfach nicht, dass du meine Hochzeitsfotos ruinierst, weil du alle anderen überragt hättest«, gestand Samantha verlegen.

»Echt jetzt?« Ich musste lachen. »Ich wusste ja, dass du dich in die ganze Brautsache so richtig reingesteigert hast, aber dass es so eskaliert ist, hatte ich nicht geahnt.«

»Ich weiß. Zu Mum war ich noch fieser. Ich habe ihr praktisch geraten, nicht zur Feier zu kommen. Oder besser gesagt, ich habe gesagt, sie dürfe nur kommen, wenn sie nicht trinkt.«

»Oha.« Mir blieb das Lachen in der Kehle stecken. Ich wusste noch ganz genau, wie Mum sich nach der Kirche mit fadenscheinigen Ausreden aus dem Staub gemacht hatte.

»Jahrelang habe ich mir eingeredet, ihr wäre der Alkohol wichtiger gewesen als meine Hochzeit, doch in Wahrheit wollte ich sie gar nicht dabeihaben. Und dafür schäme ich mich. Sie hat dir vermutlich alles erzählt.«

Ich schüttelte den Kopf. »Nein, sie hat behauptet, sie hätte Kopfschmerzen.«

Samantha wirkte aufrichtig überrascht. »Gott, sie konnte Geheimnisse noch besser für sich behalten als wir.«

Ich betrachtete den Teppich, ausgeblichen und fleckig, und dachte an die Dinge, die Mum uns nie erzählt hatte und die jetzt mit ihr auf dem Friedhof von Karrakatta begraben waren. Wie fehlende Puzzleteile.

Da fiel mir das Geschenk ein, das ich für Samantha mitgenommen hatte. »Bevor wir nach Perth zurückkehren, wollte ich dir das noch geben«, sagte ich und zog es aus der Tasche. »Jetzt scheint mir der richtige Zeitpunkt dafür zu sein.«

Ich drückte ihr die Schachtel in die Hand. Samantha sah mich fragend an.

»Jethro und ich haben es beim Ausräumen in Mums Wohnung gefunden. Und ich habe es rahmen lassen.«

Samantha zog ein Foto von uns beiden in einem Glasrahmen aus der mit pinkfarbenem Seidenpapier ausgeschlagenen Schachtel. Es war entstanden, als wir elf und neun Jahre alt waren. In einer Ecke des Rahmens steckte das Puzzleteil, das ich unter der Fußleiste gefunden hatte.

Samantha lachte, als sie es entdeckte. »O Gott! Eines von Tinas fehlenden Teilen. Das hast du nur da reingesteckt, um mich zu ärgern.«

»Nein, nein. Es soll dich daran erinnern, dass wir nicht alle Teile brauchen, um das große Ganze zu erkennen.«

»Außer diesmal, weil wir das große Ganze nämlich nie erfahren werden«, scherzte Samantha. »Ich vermute, der Rest des Puzzles ist im Müll gelandet.«

»Dafür ist das Foto gedacht.«

Samantha betrachtete es genauer. Wir trugen identische Strandkleider, hatten einander eng umschlungen, Arme, Beine, Gesichter sonnengebräunt.

»Das Foto ist in jenem Sommer in Esperance aufgenommen worden. Direkt vor dem Unfall«, erklärte ich ihr.

»Oh!«, rief Samantha. »An die Kleider kann ich mich noch genau erinnern. Tante Meg hat sie uns zu Weihnachten geschenkt.«

»Und schau mal, was hinten steht.«

Samantha drehte das Bild um. Durch den transparenten Rahmen konnte man Mums Handschrift lesen.

Das hier sind die beiden Dinge auf der Welt, die wir am besten hingekriegt haben.

»Wir? Sie meint sich und Dad«, vermutete Samantha. »Meinst du, sie wollte ihm das Foto schenken?«

»Vielleicht. Obwohl ich mich schon gefragt habe, ob es einfach für sie selbst gedacht war, als ständige Erinnerung. Aber jetzt ist es eine Erinnerung für dich. Und für mich.«

Samantha lächelte, und das freute mich.

VOR DEM UNFALL

1982

Alle waren glücklich in der Woche, die sie bei Freunden in Esperance verbrachten, aber dann packte Tina den Wagen auf einmal einen Tag früher als geplant.

»Wir werden Dad nichts davon sagen«, erklärte sie den Mädchen. »Wir fahren heute Abend durch, so weit wir kommen, dann übernachten wir in einem Motel. Und morgen früh rufen wir ihn an und tun so, als würden wir gerade erst in Esperance aufbrechen, obwohl wir schon fast in Perth sind. Das wird eine Überraschung!«

Die Mädchen hatten nicht verstanden, warum Tina einen so komplizierten Plan aufgestellt hatte, aber sie mochten Überraschungen genauso sehr wie Dad.

Kurz vor zehn erreichten sie das Wave Rock Motel in Hyden, wo sie übernachteten. Am Morgen waren sie bestens ausgeruht, das Frühstück wurde auf drei Tabletts serviert, jedes mit eigener Metallglocke, unter der der Toast schwitzte.

Danach gingen die Mädchen auf dem Motelspielplatz schaukeln, während Tina an der Rezeption die Rechnung zahlte und Craig anrief.

Als sie die Münzen in den Schlitz schob und die Mädchen draußen lachen hörte, empfand sie große Zuversicht, ein Gefühl, das sie seit Monaten nicht mehr verspürt hatte, vielleicht sogar seit Jahren. Das Versprechen, das sie Craig gegeben hatte, war schwer einzuhalten, aber sie hatte es bis jetzt geschafft: kein einziger Drink, seit über drei Wochen. Sie konnte nur hoffen, dass auch er seinen Teil der Abmachung einhielt.

Nach dem zehnten Klingeln ging endlich jemand ans Telefon. Tina hörte Musik im Hintergrund, sie war leise, aber trotzdem erkannte sie das Stück: Rod Stewart, *Tonight's the Night*. Außerdem hörte sie einen Mann rufen.

»Hallo?«, fragte eine vertraute Stimme.

Vor lauter Überraschung sprach sie lauter als beabsichtigt. »Meg?«

Es ertönte ein Rascheln, das Rod Stewart verstummen ließ. Tina verstand, dass Meg die Muschel mit der Hand verdeckt hatte, aber Megs Stimme war immer noch zu hören, genau wie die Stimme des Mannes, sie klang wie ein Donnergrollen in der Ferne. Tina bemühte sich zu verstehen, was die beiden zueinander sagten, aber vergeblich.

»Hallo?«, fragte Tina erneut, als die Muschel wieder freigegeben wurde und erneut Rod Stewart zu hören war.

»Sorry, Teens. Ich habe einen Freund bei mir und er … ähm, wollte wissen, wo das Bad ist«, sagte Meg. Sie klang leicht überdreht. Tina fragte sich, ob sie high war.

»Warum bist du mit deinem Freund in meinem Haus?«

Meg lachte. »Was? Ich bin bei mir zu Hause. Du hast wohl aus Versehen meine Nummer gewählt. Mal wieder.«

Auch Tina musste lachen, dieser Fehler unterlief ihr immer wieder, denn Megs Nummer, die sie am häufigsten wählte, war stets die erste, die ihr in den Sinn kam.

»Und wer ist der nette Mann?«, fragte sie.

»Ach, niemand«, erwiderte Meg schamhaft.

»Soso. Na, mir geht hier langsam das Kleingeld aus, und ich muss auch noch bei Craig anrufen, also spare ich mir das Verhör für später.« Tina legte auf und rief zu Hause an, dieses Mal passte sie genau auf, welche Nummer sie wählte.

Craig nahm schon nach dem dritten Klingeln ab. »Hallo? Craig am Apparat.«

»Craig?«

»Teensy!« Er klang betont fröhlich und erfreut, von ihr zu hören. »Kommst du heute zurück?«

Tina biss sich auf die Unterlippe. »Nein«, antwortete sie automatisch, »ich rufe nur an, um dir zu sagen, dass ich mit den Kindern noch ein paar Tage in Esperance bleibe.«

Erstaunlich, wie leicht ihr die Lüge über die Lippen ging.

»Das wird dir sicher guttun. Ruf mich an, bevor du heimkommst.«

Tina starrte so lange auf die braunen Wirbel der Tapete am Motelempfang, bis sie das Gefühl hatte, hineingezogen zu werden.

»Bist du noch da, Teensy?«

»Ja. Ich muss los, die Mädchen wollen an den Strand.«

»Okay. Ich liebe dich!«

Tina legte den Hörer sachte auf die Gabel.

Weder Craig noch Meg hatten bemerkt, dass bei beiden im Hintergrund Rod Stewart lief.

Tina marschierte direkt zum Kofferraum ihres Wagens, wo sie das Geburtstagsgeschenk ihres Vaters verstaut hatte, eindeutig eine Flasche, in Papier eingewickelt. »Zu besonderen Anlässen darfst du dir doch immer noch ein Gläschen genehmigen, oder?«, hatte er gesagt, als sie ihm die Flasche zurückgeben wollte. In jenem Moment hätte sie sie am liebsten fallen lassen, direkt auf den Parkettboden, nur um allen zu beweisen, dass sie das nicht mehr brauchte. Nicht zu besonderen Anlässen. Überhaupt nicht mehr.

Aber jetzt war es doch wieder so weit. In ihrem Kopf ging es zu wie in einer Schneekugel, tausend Gedanken wirbelten durcheinander. Wie lange lief das schon? Wie konnte Meg so dumm sein? Und Craig so egoistisch?

Sie riss das Papier von der Flasche, Teacher's Whisky, den ihre Eltern immer im Haus gehabt hatten, als sie noch jünger war. Schon damals hatte sie heimlich davon getrunken. Sie sah schnell rüber zum Spielplatz, wo die Mädchen schaukelten. Auch jetzt würde es niemand merken, wenn sie sich einen schnellen Schluck genehmigte. Nur so würde sich der eiserne Griff lösen, der sich nach dem Telefonat um ihr Herz gelegt hatte.

Rasch wandte sie sich ab und hob die Flasche an die Lippen.

Nur einen Schluck, sagte sie sich.

Nicole schubste Samantha an.

»Doller!«, rief ihre Schwester. »Höher!«

Samantha lehnte sich auf der Schaukel zurück, streckte die Beine aus und schleuderte sie gen Himmel.

»Mummy!«, rief sie, bevor sie die Beine wieder einzog und Nicoles Hand im Rücken erwartete. »Schau, ich kann fliegen!«

Tina, noch am Wagen, drehte sich gerade in dem Augenblick um, als Nicole ihre Schwester mit voller Wucht anstieß und diese in hohem Bogen auf den Rasen katapultierte. Ohne nachzudenken rannte Tina los.

»Warum hast du das gemacht?«, heulte Samantha, wie ein Häufchen Elend kauerte sie am Boden.

Nicole war verwirrt. »Was? Du hast doch gesagt, ich soll dich doller anschubsen.«

»Nicht sooo doll!« Samantha hatte das Gesicht verzogen, sie war voller Rotze und Wut.

»Ich habe nur gemacht, was du wolltest.«

»Nicole! Sei doch vorsichtig!« Tina stand jetzt vor ihr. »Du musst besser auf deine kleine Schwester achtgeben.«

Aber als Tina sich vorbeugte, um ihre weinende Tochter zu trösten, fiel ihr auf, dass sie die offene Whiskyflasche noch in der Hand hielt. Sie stellte sie sofort hinter sich ins Gras.

»Hast du dich verletzt?«, fragte sie.

»Nein«, sagte Samantha, die Nicole immer noch anfunkelte. »Aber ich hätte mir wehtun können, richtig schlimm wehtun!«

Nicole verzog das Gesicht.

»Na, da hast du noch mal Glück gehabt. Komm, wir bringen dich ins Auto, mein kleiner Schatz«, sagte Tina. »Weißt du was? Du darfst ausnahmsweise mal vorne sitzen.«

»Aber Mum!«, protestierte Nicole.

»Aber nichts. Jetzt ist Sam mal dran.«

Kurzerhand hob Tina ihre Jüngste hoch und trug sie zum Auto.

Nicole blieb allein zurück. Ihr Blick fiel auf die Flasche.

»Komm schon, Nic!«, rief Tina.

Nicole rannte zum Wagen. Die Flasche ließ sie im Gras stehen.

Als Tina den Schlüssel umdrehte, dachte sie an die lange Fahrt nach Hause, wo sie nichts als Craigs Lügen und leere Versprechen erwartete.

»Wollen wir nach Kalgoorlie fahren, Nanna und Poppa besuchen?«

»Und was ist mit der Überraschung für Daddy?«, fragte Samantha.

»Er hat gerade viel zu tun«, sagte Tina.

»Aber es ist Samstag.«

Tina ignorierte sie. Sie drehte den Zündschlüssel, aber der Motor klickte nur.

»Was ist mit der Schule am Montag?«, warf Nicole ein.

Auch das ignorierte Tina. Wieder drehte sie den Schlüssel, diesmal ratterte der Motor kurz auf, bevor er erstarb.

»Wie lange bis Kalgoorlie?«

»Keine Ahnung, fünf Stunden vielleicht?«

Noch ein Versuch.

»Was ist mit *Young Talent Time*? Das verpassen wir dann doch!«, jammerte Nicole. Ihre Lieblingssendung.

Aber Tina hörte nicht zu. Der Motor war endlich angesprungen, und sie war viel zu sehr damit beschäftigt, darüber nachzudenken, was zum Teufel Craig mit ihrer Schwester abzog. Sie wollte wütend sein auf Meg, empfand aber nichts als Mitleid mit ihr. Craig würde sie rasch fallen lassen, genauso wie er es mit allen anderen getan hatte. Aber Tina und Meg waren Schwestern. In diesem Moment verstand Tina, dass Meg völlig ahnungslos war. Was hatte sie vorhin zu Nicole gesagt? *Du musst besser auf deine kleine Schwester achtgeben.*

Sie würde auch auf ihre kleine Schwester achtgeben.

Nicole machte es sich auf dem Rücksitz zwischen Kissen und Daunendecken bequem. Wenn sie gewusst hätte, wie kuschelig Samantha es hier hinten hatte. »Du kannst ruhig vorn sitzen bleiben, Sam«, sagte sie, aber niemand hörte sie, weil Tina den Motor aufheulen ließ.

Tina wollte gerade den Rückwärtsgang einlegen, als ihr die Flasche Whisky im Gras einfiel. »Bin gleich zurück«, sagte sie.

Sie ließ den Motor laufen, stieg aus und sprintete über den Rasen. Mit der Flasche in der Hand verzog sie sich hinters Motel, wo sie niemand sehen konnte, und schüttete den gesamten Inhalt weg.

Der Whisky in der Erde roch nach Versagen.

»Was hast du gemacht?«, fragte Nicole, als Tina wieder einstieg.

»Dafür gesorgt, dass ich mein Versprechen an mich einhalte.«

Sie legte den Gang ein, gab Gas und fuhr los.

Danksagung

Dank geht an:

das Team von Random House Australia, insbesondere an meine Verlegerin Meredith Curnow, für ihre Leidenschaft und Fürsorge; meine Lektorin Genevieve Buzo, für ihren scharfen Blick und ihre achtsame Hand (und für die Fortsetzung der kreativen Zusammenarbeit unserer Väter Alex und Aarne); Claire de Medici, für ihr detektivisches Korrektorat, und Alex Ross für das wunderschöne Cover.

Danken möchte ich außerdem meiner Agentin Jane Novak dafür, dass sie mir geduldig antwortet auf meine ständige Fragerei und meine Arbeit unterstützt.

Der Jury des Penguin Literary Prize 2019 dafür, dass sie mein Manuskript aus 490 anderen ausgewählt hat (ich kann das immer noch nicht recht glauben!). Außerdem Leading Edge Books für die Unterstützung des Preises und ihre großartige Arbeit.

Mein Dank geht an meine Testleser*innen Silvia Ercole, Rachelle Walsh, Kali Napier, Victoria Carless, Clive Wansbrough und Julie Hudspeth für ihre wertvollen Rückmeldungen (besonders die von Kali Napier, die die erste und die fünfte Fassung gelesen und in meinem Buch immer etwas Gutes gefunden hat, auch wenn ich den Glauben daran bereits verloren hatte).

Dank an meine Schreibgruppe, also Deborah Crabtree, Troy

Hunter, Karen McKnight und Clive Wansbrough, für das Lesen willkürlich ausgewählter Kapitel und dafür, dass ihr mir zugehört habt, wenn ich mal wieder lang und breit erklärt habe, wie die Struktur des Buches funktioniert. Ich bin froh, dass ihr mich immer wieder ermutigt habt.

Dank an Emilie Collyer, Jenny Green und Jane Rawson für die vielen Autorinnen-Brunches und die liebevolle Unterstützung. Ihr seid tolle Menschen! Antoni Jach und Alison Goodman, danke für die hilfreichen Tipps zum Thema Struktur. Anjanette Fennell und Ailsa Piper, danke für die Unterstützung und Ratschläge rund um die Verlagsfindung.

Der Eleanor Dark Foundation und der Henry Handel Richardson Society gilt mein Dank für den zweiwöchigen Schreibaufenthalt in einer kritischen Phase dieses Romans. Tracy Farr, Lisa Siberry, Helen Meany, Stef Johnstone und Heather Collins möchte ich danken für die angenehme Gesellschaft während meines Aufenthalts und ihre Leidenschaft für Puzzles.

Jacie Anderson, Chelsea Cruse, Phil Jeng Kane, Mel May und Chrissy Wilson für die Hilfe bei meiner Recherche zum Thema »Perth in den Achtzigerjahren«.

Dank geht an Glynis Traill-Nash für ihre Information zur Mode in den Neunzigern.

An Jo-Anne Zappia für ihre Hilfe bei meinen Schilderungen der letzten Tage in Tinas Leben.

An meine Mutter Helen für ihr geduldiges Warten auf den Tag, an dem aus diesem Text endlich ein echtes Buch wurde.

Dank an die früheren, heutigen und zukünftigen Ältesten des Wurundjeri-Stammes der Kulin-Nation, auf deren Land ich dieses Buch schreiben durfte. Und dem Noongar-Stamm, auf deren Land dieses Buch spielt.

Besonderer Dank geht an meinen verstorbenen Großvater, Künstler und Autor Gunnar Neeme, der mir Hingabe und Durchhaltevermögen beibrachte.

An die fünf ganz besonderen jungen Menschen in meinem Leben, Hal, Luke, Evie, Orla und Leo, die mir mit Geduld und guter Laune zur Seite standen, wenn ich mal wieder schrieb und schrieb und schrieb.

Und an meinen Mann Derek, der beste Grund für alles, was ich tue.